D1691649

STÄHELIN
STAEHELIN
STEHELIN

EINE
BASLER
FAMILIE
SEIT
1520

TOBIAS
EHRENBOLD
URS
HAFNER

STÄHELIN
STAEHELIN
STEHELIN

EINE
BASLER
FAMILIE
SEIT
1520

CHRISTOPH
MERIAN
VERLAG

VORWORT DER HERAUSGEBER

Stähelin, Staehelin, Stehelin, seit 500 Jahren. Eine Jubiläumsschrift. So hätten wir das vorliegende Buch auch nennen können. Wir taten es nicht, denn es ist keine Jubiläumsschrift.

Das Jubiläum ist nur Anlass. Der Inhalt zielt keineswegs auf ein Jubilieren über grosse Figuren und Taten herausragender Familienmitglieder, über eine besondere Stellung dieser Familie in Basel, über besonders positive Eigenschaften oder Werthaltungen der Familie.

Um all das geht es nicht. Worum geht es denn?

Ausgangspunkt ist tatsächlich ein Jubiläum: 1520, also vor fünfhundert Jahren, erhielt ein wohl aus der deutschen Nachbarschaft eingewanderter Handwerker namens Hans Stehelin das Bürgerrecht der Stadt Basel. Die Genealogie machte ihn zum Stammvater. Es ist der Stammbaum (seine Konstruktion und Bedeutung werden in der Einleitung erläutert), der die Träger und Trägerinnen der Namen Stähelin, Staehelin und Stehelin zu Mitgliedern einer alten Basler Familie macht, die heute in der ganzen Welt verteilt leben. Und es ist der ‹Familienvorstand›, der entschieden hat, diesem 500-Jahre-Jubiläum mit einer Publikation eine besondere Bedeutung zu geben.

Jubiläen sollen gefeiert werden. Sie dürfen aber auch zum Anlass genommen werden, neue Blickwinkel einzunehmen, die Freude an kritischer Auseinandersetzung mit Überlieferungen zu fördern und damit Neugier auf die dem Jubiläum zugrunde liegende Geschichte und deren Zusammenhänge mit dem Zeitgeschehen zu wecken.

Um diese Ziele zu erreichen, bedarf es einer guten Ausgangslage mit umfangreichen Dokumenten und historischen Quellen, wie sie für die Familie Stähelin-Staehelin-Stehelin in einer von Felix Stähelin 1903 verfassten, bis heute nachgeführten Familiengeschichte und vor allem im Basler Staatsarchiv vorliegen. Es braucht zusätzlich eine neutrale, wissenschaftlich fundierte Auseinandersetzung mit den Quellen. Diesem Anspruch wird das Buch gerecht, indem zwei von der Familie unabhängige Historiker, Tobias Ehrenbold und Urs Hafner, den Auftrag erhalten haben, eine Familiengeschichte aus der Sicht des Jahres 2020 zu schreiben, auf der Grundlage zeitgemässer historiografischer Wissenschaftlichkeit.

Entstanden ist ein Werk, das die Geschichte der Familie nachzeichnet als Spiegel des jeweiligen Zeitgeschehens. Der Leser erfährt dabei vieles über die Familie, aber auch viel Wissenswertes über Basel und Interessantes über die soziohistorischen Prozesse. Zudem arbeiten die Autoren heraus, in welchen Bereichen Familienmitglieder aktiv und produktiv die jeweiligen Zeitströmungen aufnahmen und manchmal auch mitprägten. Anteil zu haben am kulturellen Basel ergab sich auch hier nicht von alleine. Grundlage war die Tätigkeit der Stähelin'schen Geschäftsleute, Unternehmer, deren Erfolg und Misserfolg eng mit der Migration von Familienmitgliedern zusammenhängt. Für die Autoren war es eine Selbstverständlichkeit, auch jene Familienmitglieder in ihre Analyse zu integrieren, die von der familiären Geschichtsschreibung, zum Beispiel im Stammbaum, vernachlässigt oder gar ausgeschieden wurden. Dazu gehören, neben Unliebsamen, auch viele Frauen!

In diesem Sinne ist das vorliegende Buch nicht eine Familiengeschichte. Es ist die einen sehr grossen Zeitraum umspannende Geschichte anhand einer Familie. Eine historische Darstellung, die politische, gesellschaftliche und ideologische Entwicklungen nachzeichnet, sowohl im Kleinraum der Stadt Basel als auch auf internationaler Ebene. Im Bereich der Familiengeschichtsschreibung ist dies unüblich und innovativ.

Möglich wurde dies durch das breite Fachwissen der Autoren. Den dazu nötigen rechtlichen und finanziellen Rahmen gab die ‹Stiftung Stähelin'scher Famienfonds›; einzelne Familienmitglieder unterstützten das Projekt zusätzlich. Der Vorstand der Stiftung übergab die Projektbegleitung einer aus Familienmitgliedern zusammengesetzten Publikationskommission. Diese konzentrierte sich auf die Auswahl der Autoren, die Überprüfung der Einhaltung des zeitlichen und finanziellen Rahmens und auf die Zusammenarbeit mit dem Christoph Merian Verlag. Die Herausgeberschaft machte den Autoren keinerlei inhaltliche Vorgaben, brachte seitens der Familie keine Korrekturen oder Vorbehalte ein. Die Autoren sind allein für den Inhalt verantwortlich und zeichnen gemeinsam für den gesamten Text.

Das Buch ist ausdrücklich nicht nur an die Familie selbst gerichtet, sondern an all jene, die Interesse haben an Basel, an Familiengeschichte, an fünf Jahrhunderte umspannenden soziohistorischen und soziokulturellen Zusammenhängen, an Migrationsbewegungen und vielem mehr.

Die Autoren zeichnen die Vielfalt nach, die in einer einzigen Familie enthalten ist, die sich hinter einem Namen (und dessen Varianten) verbirgt. Vielfalt weiter zu entwickeln unter einem breiten Stähelin'schen Dach, dazu soll dieses Buch beitragen für die jetzigen wie auch für zukünftige Familienmitglieder.

Es bleibt all jenen zu danken, die zum Gelingen dieser Publikation beigetragen haben, auf welche Weise auch immer. Unser besonderer Dank gilt den Autoren für ihre grosse Arbeit und ihre Fähigkeit und Bereitschaft, mit der Publikationskommission in offenem Austausch zu stehen. Doris Tranter sei das kompetente und sorgfältige Lektorat verdankt. Produktiv und offen war auch die Zusammenarbeit mit dem Christoph Merian Verlag. Den Buchgestalterinnen von Groenlandbasel sei Dank dafür ausgesprochen, dass wir ein schönes und modernes Buch in der Hand halten können.

Für den Stähelin'schen Familienfonds: Benjamin Stähelin; Publikationskommission: David Staehelin, Gaudenz Staehelin, Johannes Staehelin, Katharina Staehelin, Konrad Staehelin, Luzius Staehelin, Martha Stähelin und Simone Forcart-Staehelin

EINLEITUNG:

WAS IST EINE FAMILIE?

Die Familie Stähelin ist, wie jede Familie, zugleich Faktum und Fiktion. Ein Fakt ist die Familie, weil die Stähelin, Staehelin, Stehelin existieren: Menschen dieses Namens, die sich der gleichnamigen Gemeinschaft zugehörig fühlen und sich qua Abstammung von ihr herleiten, also von anderen Menschen, die diesen Namen tragen oder mit Namensträgerinnen und Namensträgern ehelich verbunden sind oder sonst wie ein Paar bilden.

Die Menschen sind in den Archiven der Gemeinden, Kirchen und Staaten verzeichnet: ihre Geburten, Heiraten und Tode. Ferner zeugen Briefe und Bücher, Bilder, Häuser und Firmen von ihren Leben. Die heute noch bekannten Mitglieder der Basler Familie Stähelin sind im Stammbaum und im ‹Familienbuch› verzeichnet. Das 1903 vom Historiker Felix Stähelin vollendete Buch wird heute von einer Familienarchivarin weitergeführt, seit einigen Jahren auch als digitale Datenbank.

Der ‹Stammvater› Stehelin hat 1520, vor fünfhundert Jahren, das Basler Bürgerrecht erhalten. Das ist archivalisch verbürgt. Der Handwerker wanderte aus Süddeutschland in die Stadt am Rheinknie ein. Thomas Platter, der Basler Gelehrte aus dem Wallis, verfertigte in seiner berühmten Autobiografie eine kurze Charakterskizze des Seil- und Schnurmachers. Dessen Existenz ist so bezeugt. Die Stähelin haben gelebt, sie sind eine Tatsache.

Eine Fiktion ist die Familie, weil sie sich eine aus heutiger Sicht willkürliche Ordnung gegeben hat. Der Stammbaum verfährt patrilinear: Er folgt den männlichen, nicht aber den weiblichen Nachkommen. Wenn diese heiraten, verschwinden sie mit ihren Kindern aus dem Blick – und tauchen vielleicht in den Genealogien ihrer Männer auf, falls die neuen Familien welche führen. Würde man die Frauen und Töchter privilegieren statt der Männer und Söhne, entstünden ein neuer Stammbaum und damit ein anderes Familienbild.

Das Stähelin'sche ‹Familienbuch› setzt ferner einen Ursprung, wo keiner ist: Auch das ‹Stammpaar›, Hans Seiler und Magdalena Mieg, hatte Vorfahren und Geschwister, auch es war in eine Generationenabfolge eingebettet. Schliesslich ist das Verzeichnis unvollständig: Die illegitimen Kinder sind nicht aufgeführt und wohl auch nicht alle legitimen. Früher war die Geburtenrate höher, als die Angaben des ‹Familienbuchs› nahelegen.

Die Fiktion ist indes – und das macht die Sache für die Geschichtsschreibung nicht einfacher – ebenfalls ein Faktum. Dass und wie sie errichtet wurde, sagt etwas aus über die Mentalität der Menschen, die sie teilten. Wenn Menschen an eine Fiktion glauben, wird diese zum Faktum. Spätestens im 19. Jahrhundert legt man sich in den bürgerlichen Schichten nach dem Vorbild des Adels kunstvoll geschmückte und weit ausholende Stammbäume zu, die historische Tiefe suchen, am liebsten im Mittelalter. Die Stähelin lassen um 1870 einen riesigen Stammbaum malen, der knapp vier Quadratmeter misst. Er liegt heute im Basler Staatsarchiv.

Das heisst: Die Stammbäume zeigen nicht die Wirklichkeit der Familien, weder in der Vergangenheit noch in der Gegenwart. Vielmehr erzeugen sie Wirklichkeit. Sie regeln mit den väterlichen Namenslinien die männliche Herrschaft und ihre Erb- und Nachfolge. Sie inszenieren die Familie als altehrwürdiges Geschlecht, das erfolgreichen Nachwuchs hervorbringt: Zunftmeister, Kaufmänner und Professoren, ja sogar tapfere Ritter.

Die ‹ersten› Stehelin des 16. Jahrhunderts aber führten keinen Stammbaum. Für sie bedeutete Familie etwas anderes als für ihre Nachfahren. Wahrscheinlich zählten sie die Mägde auch zu ihrer Sippe, die Schwiegersöhne dagegen dürften erst dann voll dazugehört haben, wenn sie Nachwuchs gezeugt hatten. Im 17. und 18. Jahrhundert heirateten viele Stähelin mehrmals, weil die Frauen bei der Geburt oder im Wochenbett starben. Das begünstigte Patchwork-ähnliche Familienverhältnisse, wie sie den Bürgern um 1900 obsolet schienen.

Die Stähelin kannten die längste Zeit keine Genetik. Der Gedanke, dass das Blut Krankheiten oder edle Gesinnung weitergebe, wäre ihnen nicht in den Sinn gekommen. Die gefühlsintime Kleinfamilie der Gegenwart, die den Kindern einen pädagogisch hochwertigen Schonraum reserviert, der immer weiter in die Jugendzeit hineinreicht, wäre ihnen fremd gewesen – und selbstredend auch die vielen aussereuropäischen Familienformen mit ihren matriarchalen und polygamen Strukturen. Mit ihnen kamen zu ihrem Erstaunen die missionierenden und migrierenden Stähelin des 19. Jahrhunderts in Kontakt.

Was eine ‹Familie› ist, lässt sich also nicht eindeutig sagen – nicht einmal wortgeschichtlich. Der Begriff ‹Familie› kam in der deutschen Sprache erst im 18. Jahrhundert in Gebrauch. Er ersetzte das ältere Wort ‹Haus›, das sowohl das Gesinde als auch den Besitz umfasste. Die Blutsbande zwischen Vorfahren, Nachkommen und Verwandten sind immer auch eine ‹Kulturtatsache›. Wer warum zur Familie gehört, wer sie nach aussen repräsentiert, wer das Vermögen vererbt, den Stammbaum hütet und wer erinnert wird beziehungsweise vergessen geht – das variiert nach Raum und Zeit. Permanent verändert ‹Familie› sich, nicht erst seit heute, nicht erst mit Reproduktionsmedizin und gleichgeschlechtlichen Eltern.

Jede Familie ist mit der Politik des Gemeinwesens verbunden, dem sie angehört. Das gilt für die in Basel beheimateten

Stähelin in besonderem Masse. Sie gehören, wie das ‹Historische Lexikon der Schweiz› festhält – das daneben Thurgauer und St. Galler Stähelin nennt –, zu den ältesten noch existierenden Basler Familien überhaupt. Sie zählen zum legendären Basler ‹Daig›, zum vor allem im linksrheinischen Grossbasel ansässigen Patriziat, das sich traditionell durch ökonomischen Wohlstand und politische Macht auszeichnet und das Basel bis heute prägt, etwa mit seinen Stiftungen oder Büchern zu seiner Geschichte. Bis um 1870 wurde die Stadtrepublik Basel von einer Handvoll Familien regiert. Die Stähelin, Staehelin und Stehelin sind in einem Atemzug mit den Burckhardt, Merian und Socin zu nennen, auch wenn sie deren Machtfülle nicht erreichten.

Die unterschiedlichen Schreibweisen des Familiennamens rühren daher, dass die Orthografie bis in das 19. Jahrhundert kaum reglementiert war. ‹Stehelin› ist die älteste überlieferte Version. Manche ‹Zweige› der Familie grenzten sich voneinander ab, indem sie sich anders schrieben, mit ‹ae› eben oder mit ‹ä›. In jüngster Zeit hat ‹Staehelin› an Beliebtheit gewonnen. Wir, die Autoren des vorliegenden Buchs, schreiben ‹Stähelin›, wenn wir von der Familie im Allgemeinen reden. Damit folgen wir dem ‹Historischen Lexikon der Schweiz›.

Dieses Buch geht der Geschichte der Familie seit dem Jahr 1520 nach, als sie das Basler Bürgerrecht erhielt – im Wissen darum, dass der Anfang eine willkürliche Setzung und sowohl der Stammbaum als auch das ‹Familienbuch› selektiv sind. Wir haben dieses Defizit korrigiert, das heisst, wir haben uns über den Stammbaum hinweggesetzt, um ein möglichst vollständiges Bild der Familie zu gewinnen. Dass die weiblichen Angehörigen den Nachwuchs in die Welt gesetzt haben, steht in seiner existenziellen Bedeutung für die Familie ausser Frage, aber sie haben auch Geschäfte getrieben, Bücher geschrieben und die pietistische Mission organisiert.

Die Stähelin'sche Datenbank umfasst rund dreitausend Individuen. Unser Buch erzählt ihre Geschichte unter der Annahme, dass sie irgendwie zusammengehören. Einzelne Personen, deren Biografien aussagekräftig sind für unser Interesse – beileibe nicht nur die ‹grossen Namen›, sondern auch

Aussenseiterinnen –, tauchen prominent auf und verschwinden wieder. Ihre Genealogie bildet indes nicht unseren Leitfaden.

Wir haben unseren Stoff thematisch gegliedert: Wir werfen den Blick auf das Wechselspiel zwischen der Familie und der Politik, der Migration, der Religion, Ökonomie und Akademie, besonders der Universität Basel. Den Anfang macht die Basler Reformation: ein epochales Ereignis. Ohne sie sind der protestantisch-bürgerliche Habitus des Kerns der Familie und ihr sozialer Aufstieg nicht zu verstehen, der vom einfachen Handwerk bis in die Regierung der Stadtrepublik führt.

So stark verbunden die Familie mit Basel ist, so international und global ist sie zugleich. Das fängt an mit Hans, dem süddeutschen Einwanderer. Heute leben die Mitglieder der Familie auf vielen Kontinenten. Stark vertreten sind sie in Frankreich, Kanada und besonders Brasilien. Familien sind immer auch ökonomische Verbünde. Die geschickte Heiratspolitik verhalf den Stähelin immer wieder zu Kapital. Die Familie handelte mit Eisen und Kaffee, Stoffen und Lokomotiven, Immobilien und Aktien. Aber längst nicht alle ihre Mitglieder waren und sind reich.

Der Protestantismus und insbesondere der Pietismus haben den Alltag der meisten Stähelin bis in das 20. Jahrhundert stark geprägt. Der Glaube an eine ausserweltliche Macht hatte eine Bedeutung, die wir kaum mehr nachvollziehen können. Theologen und Pfarrer verbreiteten das Wort Gottes. Die Wissenschaften haben im Selbstbild des Familienkerns einen hohen Stellenwert. In der jüngeren Vergangenheit stellten die Stähelin eine Reihe von Professoren der Natur- und Geisteswissenschaften sowie Rektoren der Basler Universität. Die Familie sieht sich noch immer als Gelehrtengeschlecht.

In der Gegenwart verschwimmen die Konturen der Familie, die in ihren ‹Anfängen› in Basel, in Zunft und Reformation besser fassbar erscheint. Dabei zeigt sich eine Vielfalt: Der familienpolitisch aktive Kern ist ‹baslerisch›, gut gebildet, wohlhabend und vorwiegend reformiert, während die brasilianischen Stähelin, die sich für ihre ‹Wurzeln› interessieren, katholischer Konfession sind und die Stehelin in der Normandie mit grossem Respekt zu den Angehörigen des ‹Daig› aufschauen.

Manche Angehörige verstehen sich konservativ als Teil einer schwindenden patrizisch-protestantischen Kultur, andere fühlen sich dem gutbürgerlichen Kern der Familie entfremdet, wieder andere ziehen aus der aussergewöhnlichen Geschichte der Familie ein ‹freigeistiges› Selbstbewusstsein. Eines bleibt aber: Selbst das Mitglied der Familie, das zu deren Zentrum und zur Genealogie Distanz hält, kommt nicht darum herum, sich zum historischen Gewicht dieser Familie zu positionieren. Dass man ein Stähelin ist, sagt einem spätestens die Umwelt, zumindest in historisch informierten Kreisen und in Basel. Das passiert einem Meier oder Müller so nicht.

Unser Buch beruht auf der Auswertung unterschiedlicher Quellen. Neben den mündlichen Aussagen und einer Internet-Umfrage unter zeitgenössischen Stähelin haben wir uns insbesondere auf das ‹Familienbuch› und die reichhaltigen schriftlichen Bestände des Familienarchivs gestützt, das vom Staatsarchiv Basel-Stadt aufbewahrt wird. Bis in die erste Hälfte des 18. Jahrhunderts liegen nur wenig Quellen vor. In weiteren Sammlungen und Haushalten haben wir Objekte und bildliche Quellen ausfindig gemacht. Schliesslich haben wir die Familiendatenbank statistisch auswerten lassen.

Unser Buch folgt nicht der traditionellen Familienforschung. Für diese besteht Geschichtsschreibung vornehmlich darin, die Biografien der berühmten und erfolgreichen Exponenten einer Familie hervorzuheben. Noch immer erscheinen Genealogien dieses Genres, meist von städtischen Oberschichten. Dass ‹Familie› breiter zu fassen ist, darin haben uns – neben der einschlägigen Literatur – gesprächsweise Caroline Arni, Susanne Burghartz (beide Universität Basel) und Simon Teuscher (Universität Zürich) bestärkt.[1] Dafür sei ihnen gedankt.

Das Buch ist ein Gemeinschaftswerk. Tobias Ehrenbold hat die Kapitel zwei, vier, fünf und sieben verfasst, Urs Hafner die Kapitel eins, drei und sechs. Die demografische Analyse hat Lucas Rappo beigesteuert. Wir danken auch der Familienstiftung und Publikationskommission Stähelin für ihre grosszügige Unterstützung. Unsere wissenschaftliche Unabhängigkeit ist stets respektiert worden.

Daher knüpft unser Buch an Felix Stähelins Grundsatz an, der Zweck des von ihm 1903 verfassten ‹Familienbuchs› sei kein «panegyrischer», sondern ein «rein historischer», denn man finde darin «keinerlei Lobeshymnen auf das Geschlecht oder einzelne seiner Vertreter».[2] Sich ein eigenes Bild von der Familie zu machen, sich in ihren Vertreterinnen und Vertretern wiederzufinden oder gerade nicht, mit ihnen von Basel aus in die Welt zu reisen, mit oder ohne Stammbaum, das sei den Lesenden überlassen.

1. VOM HANDWERK INS REGIMENT:

DIE STÄHELIN IM ANCIEN RÉGIME

Am Anfang ist Hans, der ‹Seiler›. Der Handwerker, der aus Hanf Schnüre und Seile anfertigt, gilt als ‹Stammvater› der Familie. Im Jahr 1520 erwirbt Hans Stehelin das Basler Bürgerrecht, nachdem er aus dem süddeutschen Raum eingewandert ist.[3] Wieso ausgerechnet Hans? Der junge Historiker Felix Stähelin, der kurz vorher an der Universität Basel dissertiert hat und dort später als Professor Geschichte lehren wird, kommt 1903 aufgrund seiner archivalischen Forschungen zum Schluss, dass das «heute blühende Geschlecht» auf eben diesen Hans zurückzuführen sei.

In seiner ‹Geschichte der Basler Familie Stehelin, Stähelin und Staehelin› grenzt Felix sie von allen anderen Stehelli, Stheel, Stehelin, Stähelin, Staehelin, Stehlin, Stahellinus und so weiter ab, die seit dem 13. Jahrhundert nicht nur in Basel, sondern im ganzen oberrheinischen Raum nachweisbar sind. In der Einleitung listet er eine ganze Reihe von Stehelin auf, die im Lauf der Zeit nachweislich ausgestorben seien. Ebenfalls nicht zu seiner Familie, hält Felix fest, gehöre Bernhard Stehelin, der 1554 «wegen seiner tapferen Haltung auf dem Schlachtfeld von Renty von König Heinrich II. eigenhändig zum Ritter geschlagen und in den erblichen Adelsstand erhoben» worden sei.[4] Am Anfang der Familie, Felix hält es fest, steht ein einfacher Handwerker, kein adliger Ritter.

Das war nicht immer so. Felix stützt sich nicht nur auf die einschlägige historiografische Literatur und handschriftliche Archivquellen, sondern auch auf genealogische Skizzen, Ahnenbücher und Pläne, die heute im Staatsarchiv Basel im Privatarchiv der Familie ruhen.[5]

Der so gigantische wie kunstfertige, vom Basler Künstler Johann Jakob Schneider-Gyssler Ende der 1870er-Jahre geschaffene Stähelin-Stammbaum fängt zwar auch mit Hans an.[6] Dessen Name prangt prominent auf dem dicken, festen Stamm am unteren Bildrand. Aus Hans spriesst die Familie. Die Darstellung lässt aber mögliche Verbindungen zu anderen Stähelin offen. Unten steht, dass dieses Geschlecht von ungleicher Herkunft gewesen, sich ungleich geschrieben und genannt habe. Die ältesten Stehelin seien Tuchleute gewesen, hätten das Bürgerrecht schon 1470 erhalten und einen roten Ochsen im Wappen geführt. Ritter und Schlossherr Bernhard, der 1552 in der Schlacht von Nancy viertausend Schweizer befehligt habe, sei 1554 vom König von Frankreich in den Adelsstand erhoben worden und habe ein neues Wappen erhalten mit einem Löwen, drei Sternen und goldenen Lilien im blauen Feld – die königlichen Lilien! Schneider-Gyssler hat das Wappen sogar auf den Stammbaum gemalt, neben das Stähelin'sche mit dem eingerüsteten Arm mit Morgenstern und neben den roten Ochsen, der das Wappen der ältesten Stehelin schmückt. Er führt also drei Familienwappen auf.[7]

Johann Jakob Schneider-Gysslers Vorarbeiten für den Stammbaum liegen im 1913 eingerichteten Familienarchiv Stähelin. Sie zeigen, was auch auf dem Stammbaum zu sehen ist: Stammvater Hans hat vier Söhne, nämlich Bartolomeus, Apollinaris, Johannes, Martin.[8] Auf noch älteren genealogischen Skizzen, die undatiert, aber wohl Ende des 18. Jahrhunderts entstanden sind, ist wiederum Hans Stehelin der Urvater. Hier hat er aber einmal zwei Söhne (Johannes, Martin), einmal drei (Johannes, Johann, Jacob).[9] Von Rittern, Königen und Adel ist ebenso wenig die Rede wie von Tuchleuten. Und natürlich ist auch keine Rede von Frauen. Die Familiengenealogie ist hier reine Männergenealogie.

Am Ende des 18. Jahrhunderts halten also Angehörige der Familie Stähelin erste genealogische Filiationen fest, die mit Hans einsetzen, dem aus Süddeutschland eingewanderten Seiler. Am Ende des 19. Jahrhunderts, als die Familienforschung in den bürgerlichen Schichten populär wird, beauftragt die Familie einen lokalen Künstler mit der Schaffung eines prächtigen Stammbaums, der ebenfalls auf Hans rekurriert, aber Verbindungen zu älteren Basler Stähelin und einem Adligen offenlässt. Und 1903 schafft der Historiker Felix Stähelin das seither laufend ergänzte und noch heute gültige ‹Familienbuch›, das nun unzweideutig mit Hans und seinen drei Söhnen Bartholomäus, Johannes und Martin einsetzt, das Hans' zweite Ehefrau Magdalena Mieg, die ‹Stammmutter›, namentlich nennt – die erste bleibt unbekannt – und das sowohl Adlige als auch ältere Basler als mögliche Vorfahren ausschliesst. Das ‹Familienbuch› folgt der patrilinearen und primogenituralen Logik: Aufgeführt werden jeweils alle Nachkommen eines Paars, aber weitergeführt nur die männlichen, sofern sie heirateten und Kinder zeugten. Die Nachfahrinnen entfallen; bis auf ihre Namen und Lebensdaten erfährt man im ‹Familienbuch› kaum etwas über sie.

Auf dieser Grundlage erstellt ein Genealoge der Familie um 1937 den zweiten grossen Stammbaum, der ebenfalls im Staatsarchiv liegt. Dieser ist nicht künstlerisch gestaltet wie Schneider-Gysslers Werk, sondern ‹wissenschaftlich›. Statt dem klassischen Baum-Motiv kommen die genealogischen Zeichen zum Einsatz. Hans und Magdalena sind nicht unten, sondern am linken Bildrand aufgeführt. Nach rechts wandernd gehen fünfzehn Generationen aus ihnen hervor.[10] Bis heute sind zwei weitere dazugekommen. Es werden nicht die letzten gewesen sein.

WOHER KOMMT HANS?

Am Anfang ist Hans. Das ist der Wissensstand. Daran haben auch die Recherchen nichts geändert, die Johann Paul Zwicky, einer der bekanntesten Genealogen der Schweiz, der sich auf ‹führende› Familien spezialisiert hat, 1933 im Auftrag von in Zürich lebenden Stähelin in Süddeutschland durchführt.[11] Säuberlich listet Zwicky in seinem Rapport alle Quellen und Archive auf, die er nach des Seilers Ahnen durchforstet hat: Staatsarchiv Stuttgart, Stadtarchiv Reutlingen, Kirchenpflegearchiv Reutlingen, die ‹Beschreibung des Oberamts Reutlingen›, das ‹Württemberger Urkundenbuch›, den handschriftlichen Nachlass eines Hofrats in der Landesbibliothek Stuttgart und so weiter.[12] Die Ausbeute ist ernüchternd: Zwicky findet für das Jahr 1267 einen «Stahellinus», der «scultetus», also Schultheiss in Reutlingen war, im 16. Jahrhundert habe es in Stuttgart einen Stadtschreiber Johannes Stehlin gegeben. Vielleicht, meint Zwicky, sei Hans verwandt mit der Reutlinger Stadtschreiberdynastie. Der Name komme ferner vor in Rümlikon, Memmingen, Rottenburg, Solothurn, Schaffhausen, Villingen b. Freiburg, Börsch, Ulm und Nördlingen. Die katholischen Stähelin-Familien, die in St. Gallen und im Kanton Thurgau lebten, führt er nicht auf.[13]

1988 schliesslich teilt Andreas Staehelin, Staatsarchivar des Kantons Basel-Stadt und ausserordentlicher Professor für Geschichte an der Universität Basel, einem eifrigen Stehelin aus Strassburg, der den Ursprüngen der Familie in England nachgehen will, dezidiert mit, er halte solche Nachforschungen für sinnlos. Der Name komme im Mittelalter schlicht zu oft und in zu vielen verschiedenen Schreibweisen vor, als dass mehr über die «Aszendenz unseres Stammvaters Hans Stehelin» herauszufinden sei.[14]

Es bleibt dabei: Woher Hans kommt, ist ebenso unbekannt wie die Herkunft seiner Vorfahrinnen und Vorfahren. Gewiss hingegen ist: Hätte Felix Stähelin 1903 im ‹Familienbuch› die weiblichen und nicht die männlichen Vorfahren nachverfolgt, wäre eine ganz andere ‹Nachfahrentafel› herausgekommen als die heute vorliegende – ja eigentlich sogar, da Magdalena keine Töchter hatte: gar keine Tafel. Und hätte ein Sohn des Ur-Paars Stehelin-Mieg um 1550 eine Stammtafel der Vorfahren aufstellen wollen, die mehrere Generationen zurückreicht, wäre nochmals ein anderes Bild entstanden. Nicht Hans stünde am Anfang der Familie, sondern ein anderer ‹Stähelin› – einer aus Württemberg, aus Bayern, aus der Ostschweiz oder doch aus Basel?

Dass Hans am Anfang der Familie steht, hat lokalpatriotische Gründe: 1520 erwarb er das Basler Bürgerrecht. Wahrscheinlich war der junge Mann, dessen Geburtsdatum ebenso unbekannt ist wie sein Todeszeitpunkt, aus der schwäbischen Reichsstadt Reutlingen oder einer Ortschaft namens Riedlingen in Württemberg oder Bayern eingewandert. Ein Jahr zuvor hatte er sich in die Zunft zu Gartnern eingekauft.[15]

Von Hans ist eine Charakterisierung aus prominenter Feder überliefert. Thomas Platter, der Basler Buchdrucker und Gelehrte, der im Wallis als Hirte aufwuchs und bei Hans als Geselle arbeitete, schreibt in seiner berühmten Autobiografie, dass der «rote Seiler» – ob der Farbzusatz sich auf die Haare bezieht oder die Gesichtsfarbe oder ein anderes Merkmal, ist unbekannt – der «ruchest Meister» am Rhein und ein geiziger Schwabe sei, der nicht lesen könne. Niemand arbeite gern bei ihm.[16]

Sich zum Gelehrten stilisierend und seinen Meister als bornierten Bildungsfeind abwertend, schildert Platter, wie er während des Arbeitens immerzu in seinen Büchern habe lesen wollen, was den Seiler fuchsteufelswild gemacht habe. In der Werkstatt, die in die Wohnräume überging, sei es im Winter bitterkalt gewesen. Nie habe er genug zu essen gehabt, und wenn, dann billigen stinkenden Käse. Die Meistersfrau habe sich jeweils die Nase zugehalten und ihn, wenn der Seiler abwesend war, aufgefordert, den Laib wegzuwerfen. Platter entwirft gar eine Komplizenschaft zwischen Magdalena und sich. Er mochte seinen Meister nicht.

Platters unvorteilhafte, schwabenfeindliche Skizze hat in der Familiengeschichte Spuren hinterlassen. Nicht nur nahm Felix Stähelin sie in das ‹Familienbuch› auf. 1920 benutzte die Schriftstellerin Maggy Staehelin sie als Vorlage für ein kurzes

Theaterstück, das sie anlässlich des 400-Jahr-Jubiläums der Familie verfasste. Das Stück spielt 1529, im Jahr des Durchbruchs der Reformation, in Hans' Werkstätte.[17] Dieser tritt hier nicht nur als rauer und eigenwilliger, sondern als patriarchaler und latent gewalttätiger Charakter auf. Er interessiert sich weder für das Politische noch für den Glauben und schon gar nicht für reformatorische Ideen, sondern nur für das Geschäft und das Vaterland.

Hans ist ein geschäftstüchtiger, geistig beschränkter Patriot. Wieso entwirft Maggy Staehelin ein derart reduziertes Bild des Stammvaters? Zollt sie der militarisierten Zeit Tribut? Eben hat die bürgerliche Schweiz den für sie bedrohlichen Generalstreik niedergeschlagen. Oder übt sie verhaltene Kritik am patrilinearen System? Dann aber müsste Magdalena, Hans' Frau, bestimmter auftreten. Sie ist hier ganz Hausfrau des 19. Jahrhunderts, die sich um Kinder und Küche kümmert. Ihr Bild ist nicht weniger reduziert als das ihres Gatten.

Nun, wie ‹grobianisch› der Migrant Hans Stehelin auch immer gewesen sein mag: Mittellos war er nicht. Schon um 1521 besass er ein Haus an der heutigen Gerbergasse.[18] Entweder hatte er das Geld mitgebracht oder von seiner ersten Ehefrau erhalten, die unbekannt geblieben ist. Auch wenn die Gartnerzunft, in der vor allem Gärtner, Wirte, Köche, Karrer und Fuhrleute vertreten waren, am unteren Ende der Zunfthierarchie stand,[19] war die Mitgliedschaft wichtig für Hans. Die Zunft setzte sich für den Schutz seines Gewerbes ein. Wer als Mann ohne Zunftbrüder durchkommen musste, hatte einen schweren Stand, zählte zu den Unterschichten, zu den rechtlosen Einwohnerinnen und Einwohnern der Stadt Basel, die im 16. Jahrhundert etwa die Hälfte der rund 12 000 Köpfe zählenden Bevölkerung ausmachten: Zugezogene, Handwerksgesellen, Hausmägde, Knechte.[20]

Basel war eine Zunftstadt. Die Bezeichnung Zunft für gewerbliche Verbände findet sich im deutschsprachigen Raum erstmals 1226 hier.[21] Das politische und kulturelle Leben ruhte auf den fünfzehn gleichberechtigten Zünften, von denen sich die vier Herrenzünfte abhoben (Schlüssel, Hausgenossen, Weinleute, Safran). Wer sich politisch betätigte, musste Zunftbürger sein, anders als in den aristokratischen Stadtrepubliken Bern und Freiburg. In der männerbündischen Bruderschaft schwor er seine Eide auf die Zunftordnung und die Stadt, hier feierte er viermal jährlich den Bott – an Fasnacht, Pfingsten, Michaeli und Weinachten –, praktizierte abends Geselligkeit und beging Familienfeste. Der junge Genosse präsentierte seine Braut in der Zunftstube, wo man auf das Wohl des jungen Paars anstiess. Die Zunft war Versicherung, Genossenschaft, Interessenvertretung, Heimat.[22]

Hans leistete Militär-, Feuerwehr- und Wachtdienst und durfte den Zunftvorstand und damit den Grossen Rat, ja im Prinzip sogar den Kleinen Rat und damit die Regierung der Stadtrepublik wählen. Das 1501 der Eidgenossenschaft beigetretene Basel – kleiner als Strassburg, aber viel grösser als Zürich und Bern – ähnelte mehr einer deutschen Reichsstadt als einer eidgenössischen Stadt: Es besass kaum Territorium und war ökonomisch vor allem mit Baden und Vorderösterreich verbunden.[23] Basel war ferner eine aufstrebende Handelsstadt, aber auch Bischofs-, Universitäts- und Druckerstadt. Seit 1460, als die Universität im Chor des Münsters eröffnet wurde, prägten umherziehende Studenten das Leben am Rheinknie. Sie diskutierten theologische Traktate und humanistische Ideen, die in Druckschriften Verbreitung fanden.

Und Basel brodelte. Hans Stehelin, der sich vermutlich wie Hunderte andere Migranten vom beschleunigten Puls Basels, vielleicht auch durch bereits dort lebende Verwandte angezogen fühlte,[24] war in eine Stadt eingewandert, die politisch durchgeschüttelt wurde und vor noch grösseren Turbulenzen stand. Anfang des 16. Jahrhunderts musste der Bischof die Macht an den Rat abgeben. Damit erhielt die Dominanz der Kirche erste Risse. 1515 verlor die Hohe Stube, die Vereinigung der Adligen, ihre Privilegien im Rat; nun gaben die vier Herrenzünfte den Ton an, gefolgt von den elf Handwerkerzünften.[25] Vermutlich politisierte die Gartnerzunft den eingewanderten Hans, denn sie war die treibende Kraft der Reformation in Basel, die sich zu Beginn der 1520er-Jahre erstmals bemerkbar machte.

Reformation bedeutete zunächst: Die nicht mit der Elite vernetzten Handwerker lehnten den alten Glauben mit seinen Ablässen und Fegefeuerandrohungen ab. Die Gartnerzünftler wandten sich gegen die steilen Hierarchien der Kirche, den fürstlich sich aufführenden Bischof, den unproduktiven Klerus, den arroganten Adel. Die Reformationsanhänger und -anhängerinnen wollten nicht nur die Kirchen von Prunk und Tand säubern und direkt mit Gott kommunizieren, sondern auch die Oligarchie im Rat brechen und die Rechte der zünftischen Bürgerschaft stärken. Hans' Zunft forderte die Abschaffung des altgläubigen Gottesdienstes sowie den Rücktritt der Räte, die sich nicht für die neue Lehre einsetzten. Fast alle Zünfte unterstützten die Forderung.[26]

Im Dezember 1528 fand im Zunfthaus zu Gartnern die entscheidende Versammlung der Reformationsanhänger statt, worauf eine aufgebrachte fünfhundertköpfige Menge dem Bürgermeister eine Petition überbrachte, welche die sofortige Abschaffung der Messe verlangte.[27] In der Stadt herrschte nun eine bürgerkriegsähnliche Stimmung; der Bürgermeister floh mit Gleichgesinnten. Im Februar 1529 drangen rund zweihundert Bewaffnete zunächst in das Münster, das Gotteshaus des Patriziats, dann in die Kirchen St. Peter, Prediger, St. Alban und St. Ulrich ein, um Statuen und Bilder zu zerstören. Während die Priester sich verbarrikadierten, wurden ‹Götzenbilder› zerhackt und verbrannt.[28] Nun gab der Kleine Rat nach, der noch immer gespalten war zwischen Altgläubigen und Reformationsfreunden. Mit seinem Verbot, Andersgläubige zu verspotten, hatte er eine Politik der Mässigung und Vermittlung verfolgt. Jetzt führte er die evangelische Lehre ein. Die Katholischen mussten das Feld räumen. 1529 kam es zum definitiven Bruch zwischen der Stadt einerseits und Bischof und Domkapitel andererseits.

Hans Stehelin und Magdalena Mieg dürften die dramatischen Ereignisse hautnah miterlebt haben. Vor 1527 heirateten sie, also mitten in der heissen Reformationsphase. Zwei Jahre später zog der Seiler mit seinem Gesellen Thomas Platter und elf anderen Genossen der Gartnerzunft in den Ersten Kappelerkrieg gegen die altgläubige Innerschweiz, welche die Anhänger des reformierten Glaubens angriff. Beim zweiten Auszug 1531, der den Zürcher Reformator Ulrich Zwingli das Leben kostete, war Hans nicht dabei.[29]

Wahrscheinlich war er ein ehrgeiziger, aufstrebender, bald schon wohlhabender und wohl auch gläubiger Handwerker – sonst wäre er nicht der reformationsfreundlichen Gartnerzunft beigetreten, und sonst hätte ihn diese nicht 1542 in den Sechser gewählt, also in die Zunftführung. Damit wurde der schwäbische Migrant Basler Grossrat. Er gehörte nicht zum innersten Zirkel der Macht, aber er schnupperte daran.

Dieser Aufstieg wäre wohl ohne seine beiden Basler Ehefrauen nicht möglich gewesen. Magdalena Miegs Vater war Handwerker wie Hans. Magdalenas Grossvater väterlicherseits hatte das Basler Bürgerrecht 1470 erhalten.[30] Aber die Mieg waren keine ‹einfachen› Leute. Magdalenas Mutter war mit dem Stadtschreiber von Liestal verheiratet,[31] ihr Bruder, ein Müller, sass im Rat ein, dem auch andere Verwandte angehörten.[32] Magdalena Mieg wusste also, wie sozialer Aufstieg geht. Vermutlich gefielen ihr Hans' Ambitionen. Und vermutlich hatte sie Geld. 1527 kaufte das Paar ein weiteres Haus, heute Aeschenvorstadt, 1535 noch eines am alten Rindermarkt, das lange im Besitz der Stähelin bleiben sollte. Die beiden spekulierten gekonnt mit Liegenschaften.[33]

Hans Stehelin und Magdalena Mieg hatten, soweit bekannt, drei Söhne. Zwei setzten den sozialen Aufstieg der Familie fort, einer nicht. Dem wahrscheinlich erstgeborenen Bartholomäus wurde ebenfalls die Ehre einer Platterschen Erwähnung zuteil. Felix Platter, Sohn des Thomas, Stadtarzt und Professor für Medizin an der Universität, berichtete in seinem ‹Tagebuch›, dass Bartholomäus Tischgänger im Elternhaus war und am besten Hackbrett und Maultrommel gespielt habe.[34] Bartholomäus, der Sohn des Analphabeten Hans – so Thomas Platter –, wurde Buchdrucker und Verleger. 1547 heiratete er Sara Wolff, die zuvor schon zweimal verehelicht gewesen war.[35] Ihr Vater war Buchdrucker und Grossrat, die Mutter Tochter eines Ratsherrn. Bartholomäus ehelichte also nicht nur in das Druckermilieu hinein, was seinem Geschäft zugute kam, sondern auch die Enkelin eines Ratsherrn.[36] Das Paar hatte sechs Kinder, darunter vier Knaben; zwei davon starben früh.

Über Hans' und Magdalenas zweiten Sohn Johannes ist nicht viel bekannt, dafür aber über dessen Sohn Johannes

(1555–1615), Hans' Enkel. Als erfolgreicher Würzkrämer kaufte er mit Hilfe seines Schwiegervaters 1580 das Haus der Safranzunft, deren Mitglied er war – einer Herrenzunft. Daneben besass er weitere Liegenschaften, unter anderem am Rindermarkt. 1605 wurde er Sechser zu Safran, also Grossrat, 1609 Meister zu Safran – und damit Kleiner Rat. Damit war Hans' Enkel in der politischen Elite angekommen, die im Ancien Régime mit der ökonomischen gleichzusetzen war. Zusammen mit Katharina Beckel hatte er zehn Kinder. Die ersten neun waren Mädchen. Das letztgeborene Kind, Johannes (1600–1660), stieg politisch noch höher auf als der Vater: 1656 in den exklusiven Dreizehnerrat, in den innersten Zirkel der Macht. Er zeugte mit drei Frauen zwölf Kinder.[37]

Hans' und Magdalenas dritter Sohn Martin führte den Beruf des Vaters am Rindermarkt fort, er blieb Seiler. Das ‹Familienbuch› nimmt kein Blatt vor den Mund: 1555 wurde Martin bevormundet, 1573 gar verurteilt, weil er sich alle Tage betrinke und in den Wirtshäusern herumhänge. Martins Lebenswandel war den Sittenwächtern, von denen die reformierte Stadt nicht wenige hatte, ein Dorn im Auge. Er war zweimal verheiratet, zuerst mit einer Metzgers-, dann mit einer Wagnertochter, doch Kinder hatte er scheinbar keine.[38] Das ‹Familienbuch› erwähnt Martins Abstieg. Felix Stähelin, der Autor, hätte sich mit den Lebensdaten begnügen können. Aber wie er im ‹Familienbuch› betont: Man finde darin keine Lobeshymnen, sondern lediglich «historische Tatsachen».[39]

Uneheliche Nachkommen indes sind nirgends verzeichnet. Und doch muss es sie gegeben haben, nur schon aufgrund der rudimentären Verhütungsmethoden. Illegitime Kinder gehörten im 15. und 16. Jahrhundert zum Alltag, weil die Lebensweise des Konkubinats verbreitet war. Mit der Reformation dürfte sie seltener geworden sein, doch verschwunden ist sie nie.[40] Zugleich war die Kindersterblichkeit hoch; viele Säuglinge überlebten das erste Lebensjahr nicht. Ein Grund waren die vielen Epidemien, darunter die Beulenpest. Die Handelsstadt Basel war besonders davon betroffen.

Viele Staehelin'sche Babies starben früh, wie das ‹Familienbuch› dokumentiert. Geburt und Wochenbett bargen grosse

Risiken auch für die jungen Mütter. Daher sind Mehrfachheiraten verbreitet und mit ihnen Patchworkfamilien. Es ist anzunehmen, dass in der Stähelin'schen Liegenschaft am Rindermarkt mehrere Generationen, ledige Verwandte, Mägde und Lehrlinge unter einem Dach lebten in einer Art Hausgemeinschaft. Das ‹Haus› umfasste mehr als die Mitglieder der ‹Familie› im heutigen Sinn. Es bildete eine Einheit von Wohnen und Arbeiten.[41]

DAS RATSHERRENREGIMENT

Im 17. und 18. Jahrhundert zählte die Familie Stähelin zu den führenden Basler Geschlechtern, den ‹ratsfähigen Familien›. Im 18. Jahrhundert waren zudem ausgewanderte Angehörige als Kaufleute und Bankiers im Elsass tätig. Ihren politischen und ökonomischen Aufstieg verdankte die Familie der Reformation. Die Stähelin waren nicht die einzigen, die von dieser Konjunktur profitierten.

Im 16. Jahrhundert wurde ein beträchtlicher Teil des neuen Patriziats in Basel eingebürgert: neben den Stähelin im Jahr 1517 die Familie Ryhiner, 1523 Burckhardt, 1546 Bachofen, 1560 Socin, 1591 La Roche[42] – die beiden Letzteren, obschon die Regierung die Einwanderung ab 1550 und bis zum Ende des Ancien Régime massiv erschwerte.[43] An erster Stelle der führenden Geschlechter standen die Burckhardt. Zwischen 1650 und 1800 wurden die wichtigsten Regierungsämter von 58 Familien besetzt. Die zehn einflussreichsten hielten allerdings die Hälfte dieser Stellen in ihren Händen, die Burckhardt allein ein Fünftel.[44] Sie stellten 25 Dreizehner, die Faesch acht, die Socin und Merian je fünf, die Sarasin vier – und die Stähelin ebenfalls vier.[45] Einen Bürgermeister hatten sie nie in ihren Reihen.

In der Terminologie der Zeit war Basel seit der Einführung des Handwerksregiments 1515 eine demokratische Republik: Die Zunftgenossen verkörperten die Gemeinde. Sie wählten den Zunftvorstand, die Meister, die in der Regierung die Bürgermeister und Oberstzunftmeister stellten, die Häupter. Aus den Sechsern der Zünfte setzte sich der Grosse Rat zusammen, der insgesamt 282 Mitglieder zählte. Noch im 18. Jahrhundert waren mehr als die Hälfte der Basler Grossräte Handwerker.[46] Das war im Kontrast zum monarchischen Gottesgnadentum, aber auch zu einer aristokratischen Republik wie Bern bemerkenswert.

Nun funktionierte allerdings die an sich ‹demokratische› Verfassung mit ihrem Wahlprinzip in der Praxis oligarchisch. Die meisten Zunftvorstände ernannten sich selbst, statt dass sie von der Basis gewählt wurden – eine Ausnahme bildete lange die Gartnerzunft, der Hans angehörte.[47] Der Grosse Rat kooptierte sich, und zwar jeweils auf Lebenszeit. Gleiches galt für den Kleinen Rat, an dessen Spitze die vier Häupter standen. Die Ämter wurden sozusagen innerhalb der Familien vererbt. Die Kleinräte widmeten sich grösstenteils den Regierungsgeschäften. Ein Dreizehner hatte keine Zeit für die Ausübung eines Berufs, er musste ‹abkömmlich› sein, was hiess: Er musste sich das Amt leisten können. Unter den 24 Bürgermeistern und 13 Oberstzunftmeistern, welche die Stadt von 1650 bis 1800 regierten, befand sich, im Gegensatz zum Grossen Rat, kein einziger Handwerker.[48]

Der wichtigste Ausschuss des Kleinen Rats war das Gremium der Dreizehner, auch Geheimer Rat genannt. Ihm gehörten die vier Häupter der Stadt und neun Kleinräte an. Die Dreizehner besorgten die täglichen Regierungsgeschäfte, vollzogen die Beschlüsse des Kleinen Rats und bestimmten die Aussenpolitik, die wichtigste Politdomäne.[49] Der innerste Führungskreis Basels war ein exklusives und komplexes Gebilde. Die Oberschicht verheiratete sich kaum mit Auswärtigen und schon gar nicht mit den Unterschichten.[50]

Privatleben und politische Aktivitäten der Räte waren weniger getrennt als heute. Sie bildeten ein von aussen kaum durchschaubares Konglomerat, das die Machtbalance der Stadt zu bewahren suchte. Während die von der Macht ausgeschlossenen Familien nicht viel zu melden hatten, mussten die Ratsgeschlechter permanent darauf bedacht sein, niemanden derart zu bevorteilen oder zu benachteiligen, dass das System aus den Fugen geriet. Sie mussten die Ämter – nicht nur die Ratsstellen, sondern die zahlreichen Verwaltungsämter, darunter die Landvogteien – möglichst geschickt verteilen. Andreas Ryff, der vom Grossrat bis zum Dreizehner aufstieg, notierte 1603 über die ‹besseren› Bürger: «Die hangen zusammen wie Kraut und Käs, wickeln einander auf, bleiben auf ihren alten Geigen.»[51]

Doch die Geschlechterherrschaft, also die Dominanz einiger weniger Familien, insbesondere der Burckhardt und Socin, blieb nicht unangefochten. Die ausgeschlossenen Bürgerfamilien und die Zunftbasis wollten den engen Zirkel immer wieder aufbrechen.[52] Das ‹1691er-Wesen›, wie die Bürgerrevolte von 1691 genannt wird, war die grösste politische Krise der Stadtrepublik im Ancien Régime. Um die sechshundert Bürger und Bürgerinnen besetzten den Kornmarkt, die Türen am Martinsgässlein und die Stadttore. Ein Umsturz drohte, doch das Regiment überstand die Zerreissprobe – und reagierte scharf.

Die öffentliche Hinrichtung dreier ‹Rädelsführer› auf dem Marktplatz, darunter des Arztes Johannes Fatio, war allen künftigen Opponenten eine deutliche Warnung.[53] Benedict Stähelin (1628–1703), Ratsschreiber und Sohn eines Webers, hätte eigentlich 1691 den drei zum Tode verurteilten Rebellen das Urteil verkünden müssen, delegierte aber die Aufgabe an den Ratsdiener, weil er jeweils von Dr. Fatio, einem der ‹Rädelsführer›, behandelt worden sei.[54]

Ein weiterer Opponent, Jacob Petri, Vetter des Fatio, floh aus der Stadt. Er wurde für vogelfrei erklärt, sein Bild am Galgen aufgehängt. Im Exil schrieb er den Traktat ‹Basel, Babel›. Die Vorfahren der regierenden Geschlechter, heisst es da, seien «erst weiss nicht wie viel Jahr hernach aus Italien / oder ab dem Schwartzwald / oder sonst einem Fündel-Hauss nacher Basel entloffen». Petri zielte auf die im 16. Jahrhundert eingewanderten Familien, die nun die Stadt regierten – auch auf die Stähelin.[55]

Zugleich aber führte die Obrigkeit im Gefolge der Revolte eine Regierungsreform durch. So wurde die Stellung des Grossen Rats gestärkt – und damit eine grössere Zahl von Familien in die Regierung eingebunden. Formal wurde der Grosse Rat zur höchsten Gewalt im Staat. Er verfügte neu über die Einbürgerungsgesuche. Und auch der Kleine Rat öffnete sich.[56] Ein Nutzniesser davon war Martin Staehelin (1631–1697): Er wurde zum Oberstzunftmeister gewählt, dem zweithöchsten Amt in Basel. Daneben wirkte er als Bauherr und Holzherr.[57]

Der Goldschmied Martin war Ende des 17. Jahrhunderts einer der wenigen Handwerker im Dreizehner, aber kein schlichter. Um seinen Beruf und Fremdsprachen zu lernen, absolvierte er die bürgerliche ‹grand tour›: Im Alter von dreizehn fuhr er nach Neuenburg, vom siebzehnten bis zum dreissigsten Lebensjahr hielt er sich in Deutschland, Holland und Frankreich auf. Sein Vater Johannes (1600–1660) war der erste Stähelin'sche Dreizehner gewesen. Auch Martin erwarb fleissig Liegenschaften, wie seine Vorfahren (am Fischmarkt und am Kellergässlein). Besitz war vorhanden und wurde vermehrt. Martin war nicht nur Goldschmied, er handelte auch mit «Spezerey- und Material-Waren».[58] Seine Zunft: die Hausgenossen, eine Herrenzunft. Er hatte mehrere Ämter inne, darunter das Inspektorat des Waisenhauses und die prestigereiche Gesandtschaft zu den ennetbirgischen Vogteien in Lugano. Seine erste Frau: eine Stähelin, deren Mutter eine Falkeysen war, seine zweite: eine Forcart, verwitwete Socin.[59]

Martins Familie residierte nicht etwa in Seiler Hans' Handwerkerstube, sondern im Reinacherhof am vornehmen Münsterplatz. Sechs Kinder hatte sie. Die Tochter heiratete ein Mitglied des Kleinen Rates. Der jüngste Sohn (zweimal verheiratet, erst mit einer Buxtorf, dann einer Fäsch) schlug die politische Laufbahn ein, ging dann aber bankrott, worauf er floh und in Wien zum kaiserlichen Rat ernannt wurde, als welcher er sich dem Bischof von Basel präsentierte.[60] Auch das Sorgenkind erwischte also am Ende noch die Kurve, wenn auch der Konfessionswechsel zum Katholizismus ein Skandal gewesen sein dürfte. Der zweitjüngste Sohn machte in Strassburg Karriere als Bankier und Kaufmann.[61] Und der erstgeborene Sohn, Martin (1665–1728), trat in die Fussstapfen des Vaters: Goldschmied, Hausgenossenzunft, Bauherr, Holzherr, Dreizehner. Er heiratete Judith Fürstenberger (1668–1720), deren Mutter eine De Bary war.[62]

Im 17. und 18. Jahrhundert sassen selbstredend nicht alle männlichen Stähelin im Kleinen Rat oder gar im Dreizehner. Zwischen 1656 und 1800 waren es vier: neben den erwähnten auch noch Benedict (1708–1787).[63] Sie waren alle eng miteinander verwandt.[64] Diese Ratssitze waren auch für die anderen Mitglieder der Familie, insbesondere für die Söhne, eminent wichtig. Erst gegen Ende des Ancien Régime waren Kaufleute nicht mehr in jedem Fall erpicht, im Rat zu sitzen, sondern zogen das Kontor vor, weil dieses ihnen mehr brachte für das Geschäft.

Die politische Macht, welche die vier regierenden Stähelin besassen, färbte auf die gesamte Familie ab, auf die Verwandten, die Namensträgerinnen und Namensträger und Befreundete. Wer mit ihnen in Kontakt stand, profitierte von ihrem «sozialen» und «symbolischen Kapital», wie der Soziologe Pierre Bourdieu diese Art von Besitz bezeichnet hat.[65] Und die Regenten waren informiert über die Geschicke der Republik, die im Geheimen verhandelt wurden – daher ‹Geheimer Rat› –, und sie hatten Ämter und Pfründen zu vergeben: «ökonomisches Kapital».

Viele Stähelin der Frühneuzeit machten Karriere in der Politik, in der Wirtschaft, in der Kirche – und in der akademischen Welt. Dank dieser breiten Abstützung zählte die Familie zu den führenden in Basel. Wer Geld hatte, konnte sich den Sitz im Rat leisten, wer im Rat sass, bestimmte die Wirtschaftspolitik, und der Universitätsprofessor machte die Familie vertraut mit den herrschenden Lehren in Kirche und Staat und verschaffte ihr Bildungsrenommee: ‹kulturelles Kapital›. Auf diesem Feld punktete die Familie besonders. Johann Heinrich (1668–1721) war der Erste einer Reihe von Stähelin, die als Professoren an der Basler Universität lehrten. 1719 wurde er sogar Rektor der Universität Basel.[66]

DIE HEILIGE INSTITUTION EHE

Zu den politisch einflussreichsten Stähelin des 18. Jahrhunderts sind Benedict und Johann Rudolf zu zählen. Beide waren Kaufleute, gehörten also zur Berufsschicht, die im 18. Jahrhundert im Rat die Oberhand gewann. Benedict (1708–1787) führte mit seinem Bruder eine Eisenhandlung. Er war Dreizehner, Weberzünftler, Gesandter Basels an den Tagsatzungen in Frauenfeld und Baden. Am Marktplatz besass er die beiden Häuser ‹Neuenburg›. Erst war er mit Anna Margaretha Sarasin (1719–1743), Tochter einer Burckhardt, dann mit Susanna Merian (1716–1798) verheiratet, ebenfalls Tochter einer Burckhardt.[67]

Johann Rudolf (1750–1832) war ebenfalls Kaufmann, Safranzünftler, Dreizehner – und Anhänger der von Frankreich forcierten Helvetischen Republik. 1798 wurde er von den Stadtbürgern zum ‹Volksrepräsentanten› gewählt. Der Zusammenbruch der Helvetik 1803 schadete ihm nicht, seine politische Laufbahn ging im Kleinrat weiter. Er besass unter anderem das Haus ‹Fürstenberg› an der Gerbergasse. Mit seiner Familie lebte er im Haus ‹Zum Wilhelm Tell› in der Aeschenvorstadt,[68] wo die reichen Basler und Baslerinnen residierten.

Nicht alle Stähelin hatten solche Lebensläufe. Zur ‹ratsfähigen Familie› gehörten auch die männlichen Mitglieder, die als einfache Schuhmacher arbeiteten und eine Auswärtige heirateten, die als Rotgerber tätig waren oder die fünfzehn Jahre in holländischen Kriegsdiensten verbrachten und erblindeten.[69] Nicht jede Biografie war eine Karriere nach oben. Einer kam ins Zuchthaus und verstarb dort, ein anderer sprach immer wieder zu sehr dem Wein zu, ein dritter konvertierte zum Katholizismus.[70] Auch mit Aussenseitern und Abweichlern war die Familie konfrontiert. So gut es ging, platzierte man sie so, dass sie keinen Ärger machten und der Familie keine oder nicht noch mehr Schande brachten. Während die Illegitimen wohl im Waisenhaus verschwanden und im Familiengedächtnis vergessen gingen, beförderte man Querulanten der besseren Kreise in Ämter, wo sie nicht weiterkamen. Vorherrschend war unter den regierenden Geschlechtern der paternalistische Grundsatz: «Wir wissen, was gut ist für Dich.» Nützte er nichts, hiess es: «Jetzt haben wir die Geduld verloren.»[71]

Heiraten waren neben Patenschaften die wichtigsten Mittel, um Allianzen zwischen Familien zu schmieden. Die tonangebenden Familien in Basel heirateten untereinander – die Stähelin die Merian, Bernoulli, Respinger und so weiter. Die Ehe war der Dreh- und Angelpunkt im Ancien Régime. Über die Ehe regelte die Gesellschaft die Geschlechterverhältnisse, die Macht- und Besitzverteilung und die Sexualität. Hätten sich die ersten männlichen Stähelin nicht mit wohlhabenden Frauen verbunden, wäre der Aufstieg der Familie nicht geglückt. Indem die Söhne die Töchter einflussreicher Familien heiraten, mehren sie das Renommee und das Vermögen der Familie. Die Ehe war die zentrale Agentur der Vergesellschaftung. Sie war Arbeits- und Wirtschaftsgemeinschaft, diente dem Kapitaltransfer und ermöglichte neue Unternehmungen. Eheschliessungen vernetzten Familien und sicherten Dauerhaftigkeit durch Reproduktion legitimer Genealogie.[72]

Mit der Reformation wurde die Ehe zu einer nachgerade heiligen Institution aufgewertet. Die Stähelin teilten diese Auffassung. Nicht nur waren sie mit der Reformation gross geworden; als Teil der herrschenden Schicht stützten sie die Institution Ehe. Diese gab vor, was erlaubt ist und was nicht, was richtig und was falsch ist. Die Ehe stabilisierte die soziale Ordnung und die Hierarchie zwischen den Geschlechtern. Der Mann, der Hausvater, war das Oberhaupt, dem die restlichen Mitglieder des Familienverbands zu gehorchen hatten. Die Reformation brachte sogar eine neue Institution hervor: das Ehegericht. Die Ehe verband nicht nur Frau und Mann, sie verzahnte auch Kirche und Obrigkeit.[73]

War die Ehe das Ideal, so lebten doch manche Stähelin als Ledige und Witwer und Witwen. Die Positionierung im Familienverbund dürfte nicht immer einfach gewesen sein, auch wenn die Frühneuzeit Ledigen gegenüber toleranter war als das 19. und 20. Jahrhundert. Chrischona Stähelin-Hoffmann (1672–1740) kaufte 1733 nach dem Tod ihres Mannes Johannes das Haus ‹Zum Gold›, heute Marktplatz 6, und betrieb das Geschäft unter dem Firmennamen ‹Johann Stähelin› als selbstständige Tuchhändlerin weiter. Der Betrieb wurde 1761 von Helena Stähelin-Merian (1717–1794) nach dem Tod ihres Mannes fortgeführt, der Chrischonas Sohn gewesen war.[74] Die beiden Frauen hielten das Familienunternehmen am Leben.

Anfang 1762 schrieb Ratsherr Benedict Stähelin (1708–1787) seinem Neffen Balthasar (1739–1797) nach Danzig.[75] Dieser hielt sich dort zu Ausbildungszwecken im Handelshaus Schwartz auf, vorher hatte er in Genf und Strassburg gelebt.[76] Onkel Benedict hatte eine frohe Botschaft – «o welch kostbares Neujahrgeschenk von oben herab»! Man habe endlich eine Braut gefunden: Dorothea Gemuseus (1742–1829), die Tochter seines Freundes Peter Gemuseus, der über die Sache hocherfreut sei. Wieso die Zeit für den 23-jährigen Jüngling drängte, wird nicht klar, aber seine Familie war intensiv aktiv auf dem Heiratsmarkt: «Deine Liebe Gross-Mamma, deine tantes, deine oncles meine Brüder nebst mir waren ohne ausnahm umb die schicksall und fürteres ergehen besorgt (...). Die alles Leitende gütige Götliche Vorsicht hat solche Versuche dergestalten begünstiget und gesegnet ja ausnehmend beglückt gerathen lassen.» Er, der Neffe, werde wohl erst überrascht, ja versteinert sein, meinte der Onkel, dann aber auf die Knie sinken und Gott für die Vorsehung danken.

Und dann gab Benedict die Anweisungen durch: «Ich zweifel gar nicht diese wichtige begebenheit werde von dir die schleunigste antwort ausswürcken, und uns allen, sonderlich der Gross-Mamma dein danckbares gemüth an den tag legen, nicht weniger wie gerürt dein Hertz über Herrn Frau und Jungfrau Gemuseus grossmütiges betragen.»[77] Der Neffe sollte also einsehen, dass dieses Arrangement zu seinem Besten sei, auch der Familie danken und – so schloss Benedict – die weiteren Instruktionen abwarten. Selbstverständlich sei noch alles geheim zu halten.

Hatte der Junge eine andere Braut im Kopf? Oder gar keine? Jedenfalls regelte sein einflussreicher Onkel die Sache, und zwar, wie er im Brief betonte, im Interesse der ganzen Familie. Die Bande zum reichen Geschlecht der Gemuseus – Dorotheas Vater besetzte den einflussreichen Posten des Direktors der Kaufmannschaft, die Brüder amteten unter anderem als Dreizehner, Gerichtsräte und Landvogt auf der Homburg[78] – wurden gestärkt. Der Brief verkündete das Fait accompli und duldete keine Widerrede. Noch im gleichen Jahr kehrte der Sohn aus Danzig nach Basel zurück und heiratete Dorothea in angemessenem Rahmen. Erhalten ist die dreiseitige Rechnung des Stubenknechts der Schmiedenzunft für das üppige Hochzeitsmahl. Allein am Mittag wurden dreissig verschiedene Speisen aufgetragen, darunter Wildschweine, Würste, Wildbret, Ragout, Salate, Terrinen und jede Menge Mandelschnitten, Lebkuchen, Pralinés und Macarons.[79] Vom Ehepaar Stähelin-Gemuseus sind aristokratisch anmutende Porträts erhalten.[80] Beide sind gut genährt, tragen eine Perücke und feine Rüschen aus Seide. Sie überlebte ihn um rund drei Jahrzehnte.

Heirat und Ehe waren in der Frühneuzeit nicht Privatsache, sondern Familienangelegenheit und, angesichts der politischen und gesellschaftlichen Bedeutung der Familie Stähelin, auch eine Art Staatsaffäre. Eine Eheschliessung ohne elterliche Zustimmung war unerwünscht. Im 17. Jahrhundert kursierte in Basel das ‹Werbungsbüchlein›, das die Formulare für alle zu führenden Gespräche und zu absolvierenden Rituale rund um die Hochzeitsanbahnung enthielt. Das Zeremoniell erinnert mehr an höfische denn zünftisch-bürgerliche Kultur.[81] Es stand viel auf dem Spiel. Eine Familie, die aus dem Gleichgewicht geriet, und sei es nur durch einen Fauxpas, drohte ihr Inneres wie das öffentliche Machtgefüge zu bedrohen.

Vor der Heirat wurde oftmals eine ‹Eheabrede› getroffen und vertraglich festgehalten. Sie war die ökonomische Basis der heiligen Institution. Als 1732 Katharina Bernoulli (1707–1737) und der Eisenhändler Balthasar Stähelin (1704–1755) heirateten, setzten die Familienhäupter drei Monate zuvor eine Vereinbarung «zu Vermeidung künftiger Verirrung» auf, die nicht weniger als acht Siegel und Unterschriften von Verwandten aufweist. Auch Balthasar siegelte und signierte, nicht aber Katharina. Geregelt wurde in acht Punkten, wer wie viel Bares in die Ehe mitbringt – er dreitausend Pfund, sie fünftausend – und was mit dem Vermögen passierte, wenn einer der beiden starb, «mit oder ohne Hinterlassung ehelicher Leibeserben». Der Prolog der Abrede bekräftigt den Zweck der Ehe: «zum Lob Gottes des Stifters des heiligen Ehebundes, zu Fortpflanzung menschlichen Geschlechts».[82] Die Eheabrede des Balthasar und seiner zweiten Gattin Anna Katharina Respinger (1707–1756) von 1739 wartete gar mit dreizehn Siegeln auf.[83]

Viel Gravität und religiöse Strenge waren mit der Ehe verbunden, mit der Einleitung der Verlobung durch einen Onkel, mit der solennen Eheabrede und mit der hoheitsvollen Zeremonie in der Kirche. Ob wohl wenigstens die Feier auf der Zunftstube Ausgelassenheit zuliess? Am Heiratsfest von Margareth Stähelin (1751–1832), Tochter des Dreizehners Benedict (1708–1787) und dessen zweiter Gattin Susanna Merian (1716–1798), die den Ratsherrn, Kaufmann und Bankier Johann Jakob Vischer ehelichte, trugen 1773 zwei Freunde ein Gedicht vor. Ein bisschen Schalk blitzte zwar zwischen den hölzernen Zeilen auf, doch wiederum sprach deutlich die Moral. Der «holden Stähelin», sind sich die Freunde sicher, würden Mode und Toupets nicht viel sagen, dafür aber schmücke sie der «Seele dunkles haus / Mit solchen Wissenschaften aus, / Die keine Mode raubt und jeder Kluge segnet».[84] Oder hatte die junge Dame doch sehr wohl ihre Freude an edlen Stoffen und raffinierten Frisuren?

2. VERWANDTE IN ALLER WELT:

KANADIER, FRANZÖSINNEN, BRASILIANER

Am 3. November 1990 liess Andreas Staehelin eine Bombe platzen: «Liebe Vettern und Cousinen», begrüsste der Familiengenealoge die gut einhundert Gäste, die sich zum Familientag getroffen hatten. Der Redner – Basler Staatsarchivar und Professor für Geschichte von Beruf – verkündete «eine eigentliche genealogische Sensation, wie ich sie in meiner bald dreissigjährigen Berufstätigkeit als Archivar noch nie erlebt habe»: In Brasilien lebten Hunderte ihm bislang unbekannte Stähelin, die sich ebenfalls auf Hans, den Basler ‹Stammvater›, zurückführen liessen. Die Brasilianer, erklärte Staehelin, seien Nachfahren eines vor 150 Jahren ausgewanderten Ahnen und schrieben sich immer noch mit einem ‹ä›.[85]

Der damals Weggezogene habe in Basel nicht mehr hinterlassen als das anhaltende Gerücht, «es gebe Stähelin auch in Brasilien», erzählte Andreas in seiner Rede.[86] Der Historiker selbst hatte bereits früher an der lateinamerikanischen Fährte geschnuppert, doch erfolglos.[87] Die «genealogische Sensation» verdankte er einem Brasilianer: Anselmo Stähelin, geboren 1965, hatte sich Ende 1988 beim Zivilstandsamt Basel-Stadt gemeldet. Er wollte ein Rätsel lüften, das seine im Süden des riesigen Landes lebende Familie beschäftigte: Woher kamen ihre Ahnen, und leben dort noch Menschen mit dem gleichen Namen? Hatte man etwas gemeinsam mit ihnen, persönliche Neigungen, eine ähnliche Nase vielleicht?

Für den Familientag 1990 war eine Handvoll brasilianischer Stähelin nach Basel gereist. Ihre Präsenz bezeugte die «Erweiterung unserer Familie», die Andreas Staehelin so sehr entzückte: «Und nun ist ein gewaltiger Zweig unserer Familie gewissermassen vom Himmel gefallen.»[88] Als «unsere Familie» verstand der Genealoge jene Personen, die im patrilinear geführten ‹Familienbuch› einen Platz fanden, also männliche ‹Nachfahren› von ‹Stammvater› Hans. Der brasilianische Zweig wurde später in den Stammbaum eingefügt. Dieser umfasst heute ziemlich genau dreitausend biografische Einträge. Nur etwa die Hälfte aller verzeichneten Personen sind im Gebiet der heutigen Schweiz zur Welt gekommen, gut 15 Prozent in Brasilien. Der genealogische Datensatz widerspricht also dem Bild einer Familie, die immer wieder mit «echtem Basler Milieu»[89] gleichgesetzt wurde: Stähelin kamen in Australien, Italien oder Ägypten zur Welt, viele in Kanada oder den USA, fast jeder Fünfte in Frankreich.

Archäologen sagen, der Homo sapiens habe Afrika spätestens vor 60 000 Jahren verlassen. Seither wanderte er über die Kontinente. Doch man muss nicht so weit zurückschweifen, um Migration als eine historische Normalität zu begreifen. Am Anfang waren Einwanderer, diese Binsenwahrheit gilt nicht nur für die Geschichte der Schweiz,[90] sondern auch für die Familie Stähelin. Am Anfang war Hans, so bestimmt es das ‹Familienbuch›: ein aus Baden eingewanderter Schwabe. Nach ihm kamen viele, die Basel verlassen haben.

Simon Teuscher hat für die Berner Patrizier eine Beobachtung hervorgehoben, die auch auf die Familie Stähelin zutrifft: Die Repräsentation als lokal verwurzelte – in diesem Fall: als typische Basler – Familie schloss Migration nicht aus, sondern ging mit Auswanderung Hand in Hand.[91] Ein Grund dafür lag in der Ökonomie: Kaum eine der Familienfirmen war genug gross, um gleich mehrere Kinder zu unterhalten. Ein Beispiel schilderte die Kunsthistorikerin Gertrud Lendorff (1900–1986),[92] Tochter einer Stähelin, in ihrer beliebten Radiosendung: Ihr Grossvater hatte Basel verlassen, da das Familiengeschäft nur den älteren Bruder «nebst grosser Familie trug».

Er gründete daher ‹Stehelin & Ozanne› in Paris, von wo aus er Mitte des 19. Jahrhunderts Porzellan und Kleider nach Mexiko exportierte.[93] Als Rentier kehrte er schliesslich nach Basel zurück, verbittert ob des Unfalltodes des einzigen Sohnes, der das Geschäft hätte weiterführen sollen. «Sein Leben in Basel war sowieso nur ein Leerlauf gewesen», so Lendorff: Grossvater Stehelin «half manchmal Geschäftsfreunden bei ihrer spanischen Korrespondenz, ging in die Lesegesellschaft, las viel und rauchte noch mehr.»[94]

Im Falle von ‹Stehelin & Ozanne› ging das Muster allerdings nicht auf, das im ‹Familienbuch› bis in das 20. Jahrhundert zu beobachten ist: Der älteste Sohn führte das Geschäft des Vaters weiter, die Töchter heirateten in andere Bürgerfamilien der Stadt, und für die jüngeren Söhne wurden Karrieremöglichkeiten gesucht, sei es in Basel, in Paris oder anderswo. Migration war demnach lange vor allem für die männlichen Stähelin eine Normalität, die kein Familienunternehmen weiterführen konnten.

FRANKOPHILE STEHELIN

Abgesehen von der Schweiz haben sich am meisten Stähelin in Frankreich niedergelassen, genauer im Elsass, in einer Region, die Basel historisch näher stand als die heutige Schweiz. Die wirtschaftlichen, sozialen und kulturellen Bande zeigen die zahlreichen Heiraten zwischen Bürgern und Bürgerinnen aus Basel und dem Elsass wie Koechlin, Reber oder Schlumberger. Im Gegensatz zu den Refugiantenfamilien des 16. und 17. Jahrhunderts, darunter Battier (aus Lyon), Sarasin (Metz) oder Forcart (Köln),[95] waren die führenden Elsässer Familien nicht flüchtig, sondern Teil eines engen familiären Netzwerks, das die Industrialisierung des Oberrheins stark prägte.

Im Elsass handelten Stehelin, die sich hier ohne Umlaut schrieben, seit dem 18. Jahrhundert unter anderem mit Tabak, im 19. Jahrhundert betrieben sie mehrere Fabriken.[96] Die älteste und wirtschaftlich bedeutendste Geschäftsbeziehung in das Elsass betraf das Geschäft mit Eisen, das in der Schweiz Mangelware war. Um das Erz aus den Nordvogesen zu verarbeiten, entstanden im 17. Jahrhundert Minen und Hochöfen, Drahtzüge und Giessereien. Die Energie, die für ihren Betrieb nötig war, lieferten vorerst die Flüsse und die Kohle, die aus dem Holz der ausgedehnten Wälder des Elsass hergestellt wurde.[97] Auch Balthasar Stähelin (1640–1686) zog in das Elsass, um das aufstrebende Eisengewerbe zu studieren. Später bezog er dort Waren, die er in Basel verkaufte. Die Eisenhandlung ‹Stähelin› im Haus ‹Neuenburg› blieb fast zweihundert Jahre in Familienbesitz, lange war sie ein florierendes Unternehmen.[98]

Der Produktion von Eisen wendete sich Hieronymus Stähelin zu, im Elsass nannte er sich Jérôme Stehelin (1741–1803). Er war einer dieser nachgeborenen Söhne, für die im väterlichen Geschäft kein Platz mehr war. Während sein älterer Bruder die Eisenhandlung in der ‹Neuenburg› weiterführte, versuchte sich Hieronymus zunächst gemeinsam mit einem Bruder als Strumpffabrikant – ohne Erfolg. Mit seiner neuen Firma ‹Hieronymus Stähelin› widmete er sich schliesslich dem Eisengeschäft, das in seiner Familie Tradition hatte. 1781 kaufte Hieronymus in Basel den ‹Rosshof›, den er zur Zentrale einer weiträumigen Organisation ausbaute: Im elsässischen Bitschwiller pachtete er Minen und Hochhöfen; um das aus den Vogesen gelieferte Erz so schnell wie möglich in Basel abzuladen, liess er in der Stadtmauer ein zusätzliches Tor anbringen. Über den kurz vorher zugeschütteten Petersgraben gelangte das schwere Gut schliesslich in den ‹Rosshof›. Dort residierte 1795 der französische Diplomat François Barthélemy, als er mit Preussen den ‹Friede von Basel› verhandelte. Sein Gastgeber war der umtriebige Hieronymus alias Jérôme.[99]

In der nächsten Generation übernahm der älteste Sohn von Hieronymus die Leitung des baslerisch-elsässischen Unternehmens. Der prädestinierte Nachfolger wurde 1811 als Geisteskranker unter Kuratel gestellt und aus der Stadt gebracht, er starb in einer Irrenanstalt in Avenches.[100] Sein jüngerer Bruder Hans Heinrich (1774–1842) führte das Eisengeschäft des Vaters weiter und expandierte im Elsass und im Baselbiet massiv.[101] 1830 verkaufte der ledige Geschäftsmann den ‹Rosshof›, im gleichen Jahr investierte er einen Teil seines Kapitals in ein Unternehmen, das sein Vetter Charles Stehelin in Bitschwiller aufgebaut hatte.[102]

Charles Stehelin (1805–1848) war einer jener «hommes résolus, efficaces et entreprenants», die die Industrialisierung im Elsass vorangetrieben haben. So steht es in einer Publikation, die zu Ehren von Charles' 200. Geburtstag erschienen ist. Charles zog als junger Mann von Basel nach Bitschwiller, wo er die Giesserei des Vaters in eine Fabrik für Maschinen und Eisenteile umformte. 1830 gründete er mit Geld aus der Basler Verwandtschaft eine Firma, die er gemeinsam mit seinem Cousin Henri Huber betrieb.[103] ‹Stehelin et Huber› beschäftigte rund 700 Arbeiter – so gross war wohl kein anderes Unternehmen der Familie.

Die Fabrik lag an der Elsässer Thur, einem Nebenfluss des Rheins. In diesem Tal florierte die Textilindustrie, für die ‹Stehelin et Huber› Dampfmaschinen produzierten. Doch solche «machines à vapeur» waren nicht die Spezialität von Charles Stehelin, vielmehr gilt er als «figure emblématique de la construction de locomotives». In seinem Atelier wurde 1838 die erste Elsässer Lokomotive gebaut. Das Know-how dazu hatte Stehelin aus Grossbritannien, wo er seinen Chefingenieur und einen einfach replizierbaren Prototypen fand. Die Lokomotiven aus seinem Haus verkehrten auf zahlreichen Bahnlinien, die zu dieser Zeit die Mobilität der Menschen revolutionierten; unter anderem von Paris bis Saint-Germain, von Mulhouse bis Thann, von Mailand bis Venedig – oder von Strasbourg bis Basel.[104]

Charles, unterdessen in Frankreich eingebürgert, hatte sich 1840 vergeblich um Konzessionen für den Bau der ersten Bahnverbindung in die Schweiz bemüht. Die Verbindung Strasbourg-Basel war vorerst ein französisches Projekt, erst 1844 erreichte die 132 Kilometer lange Linie die Basler Stadtmauern.[105] Von ‹Stehelin et Huber› verkehrten darauf zwei Dampflokomotiven, die ‹Strasbourg› und die ‹Bitschwiller›, zudem lieferte das Familienunternehmen Material für den zögerlichen Aufbau eines nationalen Bahnnetzes, darunter Bahnräder für die Schweizerische Centralbahn. Bei den Aufträgen aus der Schweiz konnten Charles Stehelin und seine Nachfolger in der Elsässer Maschinenfabrik auf Familienbande nach Basel zählen: Vetter August Stähelin war Mitglied der staatlichen Eisenbahnkommission und Verwaltungsrat der Centralbahn (ab 1871 Präsident). Zudem vertrat er Basel-Stadt im Ständerat des 1848 gegründeten Bundesstaats.[106] Zwar trennte die Staatsgrenze Basel und das Elsass, wirtschaftlich und sozial blieben sie eng verbunden.

Auch jenseits des Elsass haben sich Stehelin niedergelassen, die meisten von ihnen bezeichneten sich als Französin oder als Franzose. Im 18. Jahrhundert waren mehrere Familienmitglieder in französischen Kriegsdiensten tätig,[107] gleichzeitig etablierte sich an der Atlantikküste ein besonders geschäftstüchtiger Zweig der Familie. Die vier Geschwister Martin, Matthias, Franz Rudolf und Franziska Margaretha hatten alle ihre Rolle in einem Netzwerk, das französische Meerhäfen mit Geschäften in Basel und Plantagen in der Karibik verband. In Bordeaux arbeiteten die beiden mittleren Brüder in einem Handelshaus, das ihr Onkel Johann Georg Streckeisen aufgebaut hatte. Die Schwester heiratete einen Preiswerk, der in Nantes ein ähnliches Geschäft betrieb. In Basel führte derweil ihr ältester Bruder eine Handlung mit sogenannten Spezereien, also Importwaren wie Kaffee, Baumwolle oder Zucker. Er verkaufte am Spalentor Kolonialwaren, die er wohl zu wesentlichen Teilen von den Handelshäusern bezog, die seine Verwandten in Bordeaux und Nantes aufgezogen hatten. Nantes und Bordeaux waren nicht nur Umschlagplätze für exotische Konsumgüter, sondern auch die beiden grössten französischen Märkte für Sklaven.[108]

Einer der beiden Brüder, die sich Ende des 18. Jahrhunderts in Bordeaux niedergelassen hatten, wohnte im schicken Vorort Caudéran, wo sein Sohn Jean-Baptiste Stehelin (1784–1854) in das Geschäft mit Wein einstieg. Im berühmten

Bordelais besass er das Château de Sorlut und das Château La Haye (Médoc). Der Weinhändler und Winzer sei in der Gemeinde als Philanthrop bekannt gewesen, steht im ‹Familienbuch›: zu Ehren der Familie wurde der ‹Faubourg des Chartrons› umbenannt in ‹Chemin Stéhélin›.[109] Im Südwesten Frankreichs schrieb die Familie das ‹e› im Namen mit ‹accent aigu› und betonte es: Stéhélin. Auch das Familienwappen modifizierten sie: Zwei blaue Flügel flankierten in Bordeaux die Schlagwaffe, die in Basel seit dem 16. Jahrhundert als Siegel verbürgt ist.[110]

Basel war für die Stéhélin offensichtlich längst in weite Ferne gerückt, als Wilhelm Richard Staehelin (1892–1956) im Sommer 1921 nach Bordeaux reiste und dem Historiker Felix Stähelin von seinen genealogischen Recherchen berichtete. Väterlicherseits waren Felix und Wilhelm Richard, der sich W.R. abzukürzen pflegte, nicht verwandt, die ‹Abstammungslinien› der beiden Genealogen hatten sich bereits im 18. Jahrhundert getrennt. Dennoch schrieb W.R. in seinen Briefen aus Frankreich «von unseren Verwandten». Noch vor dreissig Jahren, so sei ihm versichert worden, hätten die «Stéhélin (...) mit Allem was in Bordeaux zur Gesellschaft gehört» verkehrt. Doch jetzt lebten hier nur noch zwei Schwestern, die einander hassen würden und geerbte Bilder und Siegel verkauft hätten, um an etwas Geld zu kommen.

Den Niedergang der Familie erkläre W.R. mit Versatzstücken der Erbbiologie: «Von der Syphilis des Vaters Stéhélin her» würden wohl die «Unterleibsleiden» und die «Geistesumnachtung» des südfranzösischen Zweigs herrühren. Zu allem Übel habe dieser Jean Emile Stéhélin (1839–1889), «der ein ‹Freund der Feste und der Frauen erster Ordnung› gewesen sein muss», auch noch eine geisteskranke Frau geheiratet: Julie Virginie Pepita de Santa Coloma (1845–1906), Tochter des Konsuls von Argentinien und Chile. «Cette nouvelle à tué mon grand-père», habe ihm eine der beiden noch lebenden Töchter erzählt, die Stéhélin-de Santa Coloma «lachte oder weinte ganze Tage lang». Die andere Tochter hatte einen Pariser geheiratet. Sie sei fast blind und lebe «in dürftigen Verhältnissen ausserhalb Bordeaux und pflegt ihre Tochter die 25 Jahre alt und vollständiger Idiot ist», berichtete W. R. nach Basel. «Ihre vier anderen Kinder sind zum Glück früh gestorben: keines konnte aufrechtgehen.»[111]

W. R. Staehelin sollte zu einem der bekanntesten Genealogen der Schweiz werden. Seine Beschreibungen aus Bordeaux fanden im ‹Familienbuch›, das sein Kollege Felix betreute, Niederschlag: «Weinhändler in Bordeaux, verprasste das väterliche Erbgut» – mit dem Eintrag zu Jean Emile Stéhélin-de Santa Coloma erlischt der Zweig.[112]

DEUTSCH-FRANZÖSISCHE KRIEGE

Auch in der Provence betrieben Familienmitglieder Weinbau. Mitte des 19. Jahrhunderts kaufte ein Basler Spezereihändler in Bédarrides das Landgut Mont Thabor einem Postkutschenunternehmer ab. Es liegt unweit von Avignon und wurde während Generationen von Stehelin bewirtschaftet. Einer der Gutsherren wurde für Leistungen, die er im Ersten Weltkrieg erbracht hatte, zum ‹Chevalier de la Légion d'Honneur› ernannt. Ein funkelndes Andenken an den Glanz der ‹Grande Nation› hatte Alexander Gustav Stehelin erhalten: Prinz Louis Bonaparte schenkte ihm 1834 einen fein ausgearbeiteten Spazierstock. Die beiden hatten sich bei der Ausbildung in der Artillerieschule in Thun kennengelernt. Das edle Stück ging später an das Basler Historische Museum.[113] Aus Prinz Bonaparte wurde nach dem Staatsstreich vom 2. Dezember 1851 Napoléon III., Kaiser der Franzosen. Seine aggressive Aussenpolitik mündete 1870 in den Deutsch-Französischen Krieg, der die Bevölkerung in Elsass-Lothringen – darunter auch die dort ansässigen Familien Stehelin – hart traf.

An der Versorgung der zahlreichen Verletzten beteiligte sich 1870 Léon Stehelin (1843–1905). Nachdem Colmar und Strassburg gefallen waren, zog er nach Belfort, wo ihm der Bürgermeister die Organisation der Versorgung übertrug; die «expérience qu'il a acquise au siège de Strasbourg» prädestiniere ihn dazu.[114] Die Lage in Belfort war während der 103-tägigen Belagerung durch preussische Truppen prekär, gegen fünftausend französische Soldaten starben. Die von Léon geleitete Ambulanz musste zahllose Verwundete und Kranke versorgen, in der Stadt grassierten Typhus und Hunger. Belfort war die letzte französische Bastion in einem Krieg, der eine Wachablösung in Kontinentaleuropa besiegelte: 1871 liess sich Wilhelm I. im Spiegelsaal von Versailles zum Kaiser proklamieren, das Deutsche Reich umfasste nun auch das im Krieg gewonnene Elsass-Lothringen, mit Ausnahme von Belfort. Léon Stehelin wurde in der Frankreich überlassenen Stadt Präfekt. 1897 wurde er zum Commandeur der französischen Ehrenlegion erklärt. In der Familie hält seine Tochter Louise Marie Madeleine Stehelin (1889–1992) den inoffiziellen Titel der ältesten Stähelin: Sie wurde 103 Jahre alt.[115]

Die Elsässer Stehelin reagierten unterschiedlich auf die Niederlage Frankreichs. Einige zogen in französisches Staatsgebiet um, andere wussten sich mit der deutschen Herrschaft zu arrangieren. Ein besonders erfolgreicher Filzfabrikant zog nach dem Krieg von Bitschwiller, das nun Bitschweiler hiess, nach Baden-Baden, dem mondänen deutschen Kurort.[116] Auch in Basel veränderte sich mit dem politischen Aufstieg Deutschlands die kulturelle Orientierung. Einige Stähelin machten nun, was vorher nicht vorkam: Sie heirateten eine Deutsche.

Die Affinität, die Rudolf Staehelin (1875–1943) für Deutschland hegte, hing mit dem ausgezeichneten Ruf der dortigen Wissenschaften zusammen. Der Basler Mediziner hatte in Tübingen und München studiert, 1907 bis 1911 war er Oberarzt in Göttingen und an der berühmten Charité in Berlin, wo er zum königlich-preussischen Professor ernannt wurde.[117] In Berlin-Schöneberg lernte er Johanna Helene Emma Kracht kennen, Tochter eines vermögenden Versicherungsdirektors und Verlegers. Sie heiratete Rudolf und folgte ihm nach Basel. Ihr Mann wurde Professor für innere Medizin und Direktor der medizinischen Universitätsklinik, wo er seine Schwägerin Malta Kracht als Lernschwester anstellte. Sie wurde seine zweite Frau, nachdem ihre Schwester, Rudolfs erste Gattin, an der Grippe verstorben war. Den Weg von «Tante Malta» zu «Frau Professorin» und schliesslich zu «Grossmalti» beschrieben Verwandte in einem Nachruf.[118]

Professor Staehelin nahm im Zweiten Weltkrieg eine Einladung des Deutschen Auswärtigen Amts an, der in der Schweiz als ‹Fall Stähelin› die Gemüter erhitzte. Wieso nahm ein Basler Arzt einen Auftrag des nationalsozialistischen Regimes an? Zweifellos hätte der Wissenschaftler gute Gründe vorschieben können, damit er im September 1939 nicht an die Front hätte reisen müssen. Während der Überfall auf Polen in vollem Gange war, untersuchte Staehelin Vergiftungen, die im deutschen Heer aufgetreten waren. Im ‹Handbuch der inneren Medizin›, einem von ihm herausgegebenen Standardwerk, hatten andere über Vergiftungen geschrieben, Staehelin seinerseits war eigentlich ein Spezialist für Tuberkulose und zahlreiche andere Krankheiten.[119] In seinem Gutachten schrieb er: «Am 20. September habe ich in Jaslo zehn deutsche Soldaten untersucht und bei neun von ihnen mit Sicherheit die Folgen von Gelbkreuz-Vergiftungen festgestellt (…). Das Vorherrschen der Hautsymptome führt zu der Annahme, dass das Gift der sogenannte Lost-Kampfstoff (Dichlordiaethylsulfid-Yperit) sein muss.»[120] Polnische Truppen hatten den Kampfstoff, besser bekannt als Senfgas, am 8. September bei einer Sprengung eingesetzt.

Der Befund von Staehelin diente der nationalsozialistischen Propaganda, die den Schweizer als neutralen «Kronzeugen» inszenierte. «Das unerschütterte Gutachten» beweise eindeutig, «dass die Polen englische Giftgaskampfstoffe angewandt haben», schrieb etwa die ‹Frankfurter Zeitung›. In Basel führte die damit publik gewordene Reise von Staehelin zu Debatten im Kantonsparlament und in der Öffentlichkeit. «Wir wollen nicht gegen die Person des Herrn Prof. Staehelin einen Krieg führen», schrieb die ‹Arbeiter-Zeitung›. Über die Motive könne man nur rätseln: «Wir wissen nicht, ob Naivität, die Lockung eines hohen Honorars, falscher Ehrgeiz oder besondere Sympathien zu den Landsleuten seiner Gattin den Basler Professor bewogen, diese Mission zu übernehmen.» Letztlich tendierte die politische Linke zu einem milden Urteil, der Naivität: «Die Aussprache im Grossen Rat hat erreicht, dass niemand mehr ernstlich im Zweifel sein kann darüber, dass Prof. Staehelin sich für ein plumpes Täuschungsmanöver missbrauchen liess.»[121]

Auch das Politische Departement in Bern beobachtete den ‹Fall Stähelin› aufmerksam. Es vertrat die Haltung, dass es sich «um eine private Angelegenheit handelte»; der zuständige Bundesrat Giuseppe Motta betonte die wissenschaftlichen Fähigkeiten und die Integrität von Staehelin.[122] Im Angesicht eines Vernichtungskrieges, der sich weltweit ausbreitete, liess das Interesse an der Affäre rasch nach. Ein Jahr nach dem Gutachten zeigte Professor Staehelin dem Schweizer General Henri Guisan sein Spital in Basel. Rudolf starb 1943, zwei Jahre vor Kriegsende.[123]

Der Zweite Weltkrieg rückte bedrohlich nahe an Basel; bis auf zwei versehentliche Bombardements blieb die Grenzstadt jedoch verschont. Der Hass auf die Deutschen und ihren Führer Adolf Hitler sei riesig gewesen in der Bevölkerung, erinnert sich Christine Staehelin-Telschow, die 1933 in Berlin geboren wurde und während des Kriegs zu Verwandten nach Basel gezogen war. So schnell wie möglich lernte sie den lokalen Dialekt, um nicht als ‹Sauschwob› beschimpft zu werden. Ein Zeugnis ihrer Assimilation war die Heirat in ein Bürgergeschlecht der Stadt.[124] Mit ihren deutschen Geburtsorten zählen sie oder Malta Staehelin-Kracht zu einer Minderheit in der Familie: Nur zwei Prozent der im ‹Familienbuch› erfassten Personen sind im Gebiet des heutigen Deutschlands geboren worden. Einer von ihnen war der ‹Stammvater› Hans Stehelin.

DAS EXOTISCHE UND DAS FREMDE IN BASEL

Neben Zu- und Auswanderern gab es viele Stähelin, die das Ausland bereisten. Seit dem 17. Jahrhundert hatten sie Metropolen wie Amsterdam, Paris oder London besucht, einige für eine Lehre oder ein Studium, andere führte eine Bildungsreise durch Europa.[125] Nach der Rückkehr erschienen ihnen die Verhältnisse in Basel – und anderen eidgenössischen Städten – eng. Die Bevölkerung von Basel betrug bis in das 19. Jahrhundert relativ konstant um 15 000 Einwohner; in Amsterdam waren es gegen 250 000 (um 1700), in Paris weit über 500 000, in London eine Million (1800). Im Gegensatz zu Basel waren das Hauptstädte von Imperien, deren Herrschaft im 19. Jahrhundert bis nach Nederlands-Indië, Côte d'Ivoire oder New Scotland reichte. Obwohl die Schweiz keine solchen Kolonien hielt, reisten Schweizer schon früh in das heutige Indonesien, an die Westküste Afrikas oder nach Kanada.

Die Reise nach Übersee war für viele Stähelin eine grosse Sehnsucht. Einige konnten sich eine Forschungsreise in die Anden oder nach Polynesien leisten,[126] viele wanderten im Namen der Religion durch die Welt: Eine Stähelin war für die Basler Mission in Indien tätig, einer für die Brüdermission im heutigen Guyana, eine andere missionierte in Sendai (Japan) und El Biar (Algerien). Familienmitglieder gingen als Pfarrersfrauen nach Belgien, Südafrika oder Dänemark, einer gründete die evangelische Buchhandlung ‹Stähelin & Lauenstein› in Wien. Auch in der Schweiz spielte Religion bei der geografischen Verteilung der Familie eine Rolle: Kinder von Pfarrern wuchsen im thurgauischen Hüttwilen-Uesslingen oder im aargauischen Thalheim auf.[127]

Auf internationale Beziehungen im Bereich der Politik spezialisierten sich derweil Diplomaten und Botschafter, die in der Familie ebenfalls vorkommen. Immer häufiger wurden Reisen auf dem Feld der Wirtschaft, etwa für die chemisch-pharmazeutische Industrie, die im 20. Jahrhundert zur lokalen Leitbranche und dem wichtigsten Schweizer Exporteur aufstieg. Für die ‹Basler Chemie› reisten Stähelin nach China oder Syrien, bildeten sich in Ardsley bei New York weiter, leiteten das Controlling in Jakarta oder eine Abteilung in Bogotà.[128] Sie waren Manager in multinationalen Konzernen, heute würde man sagen: sie waren Expats.

Von vielen Stähelin sind Briefe erhalten geblieben, die sie aus dem Ausland nach Basel schickten. Die internationale Korrespondenz ist oft umfangreich, das Papier dicht, teils schier lückenlos beschrieben. Es gab viel zu berichten. Die zu Hause gebliebenen Familienmitglieder antworteten mitunter in Rundschreiben: Mutter, Vater und Geschwister schrieben nacheinander ihre Zeilen, die in der Ferne wohl einen ähnlichen Effekt hatten wie in Basel: In Briefen wird das Leben geteilt. Über Korrespondenz funktionierte die Familie als «translokales Netzwerk».[129] Die Weggezogenen behielten einen Platz in der Familie, gleichzeitig lieferten sie willkommene Neuigkeiten nach Basel: Beschreibungen der Eingeborenen, Klatsch aus der Fremdenkolonie, schliesslich auch Schätze aus den Tiefen des Dschungels oder ‹primitive› Kunst.

Im Basler Grossbürgertum etablierten sich im 19. Jahrhundert Ethnografie und Zoologie. Zu den Pionieren zählten die Cousins Fritz und Paul Sarasin, die Teile Südasiens bereisten und dort Fremdes sammelten, klassifizierten und in die Museen brachten.[130] Auch Stähelin beteiligten sich am Aufbau der Sammlungen in Basel.[131] Im Katalog des Museums der Kulturen sind über ein Dutzend Schenkerinnen und Schenker dieses Namens verzeichnet. Unter den über 300000 Objekten, die eine der bedeutenden ethnografischen Sammlungen in Europa bilden, befinden sich unter anderem von Stähelin vermachte Töpfe, Pfeile und Statuen, Felle aus Äthiopien, menschliche Knochen aus der Südsee oder ein exquisit verarbeiteter Ledersattel mit passendem Cowboyhut aus Mexiko. Gegenstände aus aller Welt wurden nicht nur Museen und Sammlungen vermacht, sie schmückten auch das eigene Heim. Beim weitgereisten Alfred Stähelin (1853–1941) etwa habe man «exotische Schätze, Schmetterlinge, Indianerschmuck etc. bewundern» können, schreibt ein Neffe.[132] Alfred publizierte 1885 im Basler Schwabe Verlag ‹Sommer und Winter in Südamerika›,[133] später reiste er nach Palästina oder in den Maghreb und war Mitglied der Kommission für die ‹Ethnographische Sammlung› in Basel. Solche Sammlungen müssen sich vermehrt für die Provenienzen ihrer Objekte rechtfertigen. Doch zahllose «exotische Schätze» liegen weiterhin in privaten Haushalten.

Auch beim Aufbau des Basler Zoos waren Stähelin beteiligt, unter anderem als Verwaltungsrat.[134] An diesem Ort bestaunte die Bevölkerung Kamele oder Elefanten wie die stadtbekannte ‹Miss Kumbuk›, ging in das Antilopenhaus zu den Giraffen und Okapis. Publikumsmagnete waren zeitweise die ‹Völkerschauen›, die der Historiker Balthasar Staehelin aufgearbeitet hat. In Basel, unterdessen längst eine Industriestadt, gab es bis 1935 Menschen aus fremden Regionen zu sehen, unter anderem ein «Negerdorf aus dem Senegal». Der Reiz des Fremden und Exotischen manifestierte sich in Zoos und ethnografischen Sammlungen. An solchen Orten kumulierten das «ruhelose Verlangen und die Macht des Westens», dessen Wissensdrang der Kulturhistoriker James Clifford mit folgendem Motiv verbunden hat: «die Welt zu sammeln».[135]

NOUVELLE FRANCE IN DER ‹NEUEN WELT›

1710 gründete der Berner Patrizier Christoph von Graffenried in North Carolina eine Kolonie, die er New Bern taufte.[136] Die Siedlung zog im 18. Jahrhundert vor allem Auswanderer aus Deutschland und der Schweiz an, darunter Martin Stähelin (1714–1756). Er führte ein rastloses Leben: Handelsmann und Tabakfabrikant, Fallit und Häftling, nach dem tiefen Fall in Basel versuchte er vergeblich im Kanton Bern und in Lörrach Fuss zu fassen. 1753 überquerte er den Atlantik, die vier Kinder blieben in Europa. Drei Jahre später starb Martin im amerikanischen New Bern.[137]

Auch Nouvelle France ist eine Kolonie in Nordamerika, sie entstand Ende des 19. Jahrhunderts im französischsprachigen Osten Kanadas. Paul Stehelin, Enkel der Koloniegründer, publizierte 1983 ein Buch mit dem langen Untertitel ‹The Stehelins of New France: The fabulous true story of a legendary family who carved out of the forest wilderness a beautiful life and prosperous business (…)›. Es gab viel zu erzählen: Der Lebensweg seiner Grosseltern Emile Charles Adolphe Stehelin (1837–1918) und Marie Thérèse Buisson (1849–1910) führte vom Elsass über die Normandie nach Kanada.

Der Grossvater führte in Bitschwiller eine Filzfabrik, nach dem Deutsch-Französischen Krieg suchte er eine neue Heimat. «In a melancholy mood, he crossed into Switzerland to visit relations and family landmarks in Bâle»,[138] heisst es im Buch. Sein Geschäft habe Emile in die Normandie verlegt, 1892 verkaufte er die Filzfabrik in Gisors, 1895 erwarb er Wälder bei Weymouth in Kanada. Dort entstand die Kolonie der Stehelins. Sie hiess nicht New Basel oder Nouveau Bitschwiller, sondern eben: Nouvelle France oder New France, wie der Ort in Kanada genannt wurde.[139]

Das Land sei wirklich sehr schön, schrieb Emile kurz nach seiner Ankunft an eine Tochter, die in Paris lebte. Er finde diese «solitude» charmant, der Aufbau eines Forstbetriebes laufe gut. Die Familie besass bereits eine Mühle, einen Hühnerhof und eine Unterkunft für die Arbeiter; ein Stall für zwanzig Tiere (Pferde, Schafe, Schweine, Ochsen) war ebenso im Bau wie ein zweites Haus für die Familie. «Madame ran her house from her ‹fauteuil› in the living room», schreibt Stehelin. Sie habe den Bediensteten «the European way of keeping the house and cooking» beibringen müssen. Alle Söhne hätten ihren Schnauzer täglich rasiert und gewachst, «the girls wore skirts to the ankles, blouses to the wrists and practically up to their chins». Sittsamkeit und Religion waren wichtig in New France, 1898 erhielt der Ort eine Kapelle.[140]

Die Stehelin widmeten sich in Kanada dem Geschäft mit Holz. Bereits 1895 sägte das Werk täglich zweihundert Latten von fünfzehn bis achtzehn Metern Länge. Um ihre Produkte zu vertreiben, investierte der Patron in eine Lokomotive und den Bau einer über zehn Kilometer langen Bahnlinie. Die mit Unterstützung des Staates gebaute ‹Weymouth and New France Railway› wurde 1897 eingeweiht. In Weymouth, einem grösseren Dorf am Fluss Sissiboo, organisierte die Familie den Vertrieb, unter anderem in die Karibik und nach Südamerika. Neben Holz produzierte Stehelin in New France auch Strom, das Wasserkraftwerk brachte dem Ort den Spitznamen, den sein Enkel Paul Stehelin als Titel seines Buches wählte: ‹The Electric City›.[141]

Während des Ersten Weltkriegs dienten männliche Stehelin in der kanadischen Armee. Bereits vorher hatte der Absatz geharzt, nach dem Tod von Emile suchten die Erben einen Käufer für New France. «Nine thousand five hundred acres of forest land» besass die Familie dort, wie Stehelin schreibt, zudem «dwellings, barn, office, water sawmill, electric plant and other buildings» und in Weymouth Grundstücke und einen Hafenkai, «the Stehelin wharf». Die Wälder von New France umfassten also umgerechnet 38,5 Quadratkilometer, das entspricht etwa der Fläche des Kantons Basel-Stadt. 1923 kaufte eine Firma das Land, da die Forstwirtschaft gelitten hatte, deutlich unter dem eigentlichen Wert, wie der Autor von ‹The Electric City› betont. Zum Zeitpunkt der Publikation lebten fünfzehn Ur-Grosskinder der Stehelin-Buisson, fünf in Kanada, fünf in Frankreich, vier in den USA und eines in England. «If one returns to New France today, he would find but a lovely, very still clearing in the middle of the forest», schreibt Paul Stehelin am Ende des Buches.[142]

KATHOLISCHE STÄHELIN IN SANTA CATARINA

Die Familie hat also Mitglieder, die in Frankreich und Nordamerika heimisch geworden sind. Auch in Grossbritannien vermuteten Genealogen einen eigenen Zweig, doch er ist unentdeckt geblieben.[143] Im Gegensatz dazu die brasilianischen Stähelin, die 1990 in Basel im Kreis der Familie willkommen geheissen wurden.[144] Wie Andreas Staehelin damals am Familientag erklärte, hiess der «brasilianische Stammvater» Arnold Alfred Stähelin (1822–1892). Auf einer Stammtafel des 19. Jahrhunderts wurde der Auswanderer als «Naturalist» bezeichnet. Er war also ein «Naturkundiger» oder ein «Naturforscher», wie es in zeitgenössischen Wörterbüchern hiess. Naturalisten gingen demnach «nicht kunst- und schulgemäss, sondern bloss nach natürlicher anlage» vor.[145] Damit stand Arnold Alfred in scharfem Kontrast zu den Wissenschaftlern, über deren Systeme die Naturalisten spotteten. In der ‹Gelehrtenfamilie› Stähelin wirkt er fremd. Verhöhnten die Basler Verwandten den Auswanderer auf der Stammtafel; war ihnen ein «Naturalist» einfach ein Schwärmer oder gar ein Spinner? Auch mit seinem Vater dürfte Arnold Alfred Differenzen gehabt haben. Er war Magister und Pfarrer, zuletzt in Kleinhüningen, einem später eingemeindeten Fischerdorf bei Basel.[146]

Anders als die in die Wälder Nordamerikas ausgezogenen Stehelin basierte die Migration nach Brasilien nicht auf einem grossen Vermögen. Mit den teilweise sehr reichen Basler Stähelin war Arnold Alfred nicht direkt verwandt. Er verkehrte nicht in der lokalen Oberschicht. Eine eher schwierige sozioökonomische Situation seiner Familie legen die überlieferten Biografien des Bruders und eines Neffen nahe. Auch sie hielt nichts und niemand in Basel: Sie versuchten sich als Koch und Wirt, Portier eines Klosters und Tramkondukteur, zogen nach Italien, ehe sie Arnold Alfred nach Brasilien folgten.[147]

Die ersten Stähelin in Brasilien zählten nicht zu den Kaufleuten, die in Südamerika Vorposten für die Schweizer Baumwoll- oder Uhrenindustrie errichteten. Sie waren aber auch nicht mittellos wie die Schweizer, die während der Hungerkrise 1817 in der Nähe von Rio die Siedlung Nova Friburgo gründeten, oder jene, die sich um 1850 auf Kaffee-Façendas bei São Paulo verdingten.[148] In Brasilien wurde aus Arnold Alfred, dem Basler «Naturalisten», ein Landwirt. 1849 heiratete er Maria Magdalena Minnich, das Paar hatte zwölf Kinder.

Die Familie lebte im Süden des Landes, als ‹Stammort› gilt São Pedro de Alcântara in Santa Catarina. Der Bundesstaat zog im 19. Jahrhundert Auswanderer aus Italien, Polen oder Belgien an, eine besonders starke Prägung hinterliessen die Deutschen. Heutige Grossstädte wie Blumenau und Joinville wurden 1850 respektive 1851 als deutsche Kolonien gegründet. Auch Stähelins Wohnort war eine Kolonie: São Pedro de Alcântara wurde 1829 gegründet, die Siedlung gilt als die erste deutschsprachige in Santa Catarina.[149]

Auch die brasilianischen Stähelin hatten ihre Genealogen. 1994 teilten sie den Baslern mit, dass ihre Familie mehrere hundert Personen umfasse. In der digitalen Datenbank der Basler Familie Stähelin sind heute 203 Personen erfasst, die in Brasilien geboren wurden. Fast alle von ihnen, nämlich 197, kamen im Bundesstaat Santa Catarina zur Welt. Besonders stark ist immer noch die Verbindung mit São Pedro de Alcântara: Ernei José Stähelin ist amtierender Bürgermeister des ‹Stammortes›, wo heute gut fünftausend Menschen leben. Der 1958 geborene Ökonom ist ein Nachfahre von Arnold Alfred, politisch vertritt er die Mittepartei Movimento Democrático Brasileiro (PMDB).[150] Ernei José ist einer von zahlreichen Stähelin, die zur brasilianischen Oberschicht gehören. In seinem Stammbaum findet er Bauern und Handwerker und viele europäische Namen.[151]

Celestine Stähelin (1854–1871), eine Tochter des nach Brasilien ausgewanderten Arnold Alfred, heiratete Jacob Gödert, Gründer von Betânia, einer weiteren deutschen Kolonie in Santa Catarina. Auch dort betrieben Zuwanderer Landwirtschaft und bauten bald eine kleine Kapelle. Sie war São Sebastião gewidmet und eine Stätte des römisch-katholischen Glaubens.[152] Die brasilianischen Stähelin waren Katholiken, der Protestantismus, dem sich Basler Bürger seit der Reformation zugewendet hatten, spielte für sie keine Rolle mehr. Ein hochangesehener Geistlicher war Agostinho (1924–2018), bekannt als Monsenhor Stähelin, Pfarrer von Nossa Senhora de Fátima e Santa Teresinha do Menino Jesus, einer Kirchgemeinde in Florianópolis, der Hauptstadt von Santa Catarina.

In jungen Jahren hatte Agostinho den Vatikan besucht. Um das Wort Gottes zu verbreiten, nahm er sich später der Übertragung der Messe im Fernsehen an. Im Alter von über 80 Jahren übernahm Monsenhor Stähelin die kleine Kirchgemeinde von São Pedro de Alcântara, wo er zur Welt gekommen war, dort hatten sich die ersten Stähelin niedergelassen.[153] Agostinho ist die Schlüsselfigur in der Geschichte, die entfernte Verwandte zusammenführte und 1990 in die Reise einer brasilianischen Delegation nach Basel mündete. Auch er war damals dabei; den Baslern präsentierte er sich als Patriarch einer wohlsituierten Familie. Padre Agostinho Stähelin, so die Bezeichnung im ‹Familienbuch›, besass ein Schriftstück, das er wie einen Schatz hütete: die Stammtafel aus dem 19. Jahrhundert, die in Basel entstanden war und den Naturalisten Arnold Alfred aufführte. Das Erbstück war der Schlüssel. Ohne das vergilbte Stück Papier wäre in Brasilien kaum jemand auf die Idee gekommen, es gebe Stähelin auch in Basel.

3. «HERR! MEIN FELS»: PIETISTISCHE FRÖMMIGKEIT

Wieso glauben die Menschen an göttliche Mächte? Mit Religion, sagt die Soziologie, also mit einem auf ein Jenseits gerichteten System von Praktiken und Ritualen, versuchen die Menschen, Gefahren und Bedrohungen sinnhaft zu bewältigen. Wenn eine Hungersnot droht, opfert der Zauberer dem Regengeist und Sonnengott. Wenn Kriege das Alltagsleben beeinträchtigen, akzeptieren die Bürger die sich göttlich legitimierenden Herrscher. Und im Angesicht von Krankheit und Tod beten die Menschen, assistiert vom Pfarrer, für Heilung, bitten um Erlösung und hoffen auf das Weiterleben.[154]

Religion findet immer in einem historischen Kontext statt. Glaube, Frömmigkeit und Spiritualität sind nicht zu trennen von Machtkämpfen und sozialen Konflikten. In den Worten des Historikers Jacob Burckhardt, der im 19. Jahrhundert in Basel wirkte: Religion, Staat und Kultur, diese drei «Potenzen», bedingen sich wechselseitig.[155] Keine dieser Kräfte ist ohne die beiden anderen zu verstehen. So kamen Familien wie die Burckhardt oder Stähelin im 16. und 17. Jahrhundert auch dank der Reformation an die Macht.

In Basel und den anderen führenden Städten der Eidgenossenschaft bildete sich eine Symbiose von politischen, wirtschaftlichen und religiösen Eliten. Die protestantische Kirche war eng mit dem Staat verbunden. Die religiöse Orthodoxie gab den Menschen einen sittlichen Lebenswandel vor, in dessen Zentrum die Lektüre der Heiligen Schrift stand. Häretiker und Andersgläubige wurden verfolgt und ausgegrenzt: Täufer, Katholikinnen, Juden. Nach der Reformation fand in Basel die erste vom Rat bewilligte katholische Messe erst 1767 statt – für einen kaiserlichen Gesandten in dessen Privatkapelle. Katholiken blieb das Bürgerrecht versagt. Die oft aus dem Elsass kommenden katholischen Dienstleute wichen für ihre Seelsorge ins Umland aus.[156] Im 16. und 17. Jahrhundert arbeiteten Juden oft als Korrektoren für hebräische Drucke in der Stadt, doch ihre Aufenthaltsdauer war begrenzt. Juden hatten kein Niederlassungsrecht und natürlich auch kein Bürgerrecht.[157]

In Basel waren die Verbindungen zwischen der politischwirtschaftlichen Elite und den Leitern diverser kirchlich-religiöser Institutionen enger als in den anderen reformierten Städten der Deutschschweiz. Man spricht deshalb vom ‹frommen Basel› des 19. Jahrhunderts, dessen Anfänge in die Reformationszeit reichen.[158] Auch dies ist eine weltliche Seite von Religion und Kirche: Sie können in einer Gesellschaft dominant sein – oder aber schwach wie im Basel des 21. Jahrhunderts, in der am meisten säkularisierten Schweizer Stadt. Nirgendwo leben mehr Konfessionslose als hier.

Im Basel der Frühneuzeit kam niemand am reformierten Glauben vorbei. Er prägte den Alltag und das Leben des Einzelnen von der Wiege bis zur Bahre, von der Taufe bis zum Begräbnis; dazwischen stand die Ehe, welche die Reproduktion der Gemeinschaft sichern sollte. Die vom Pfarrer vorgenommene Taufe markierte den Eintritt des Menschenkindes in die göttliche Gemeinschaft auf Erden. Dabei wurde dem Getauften beziehungsweise seinen Eltern ein ‹Taufbatzen› überreicht, der in ein von Hand mit guten Wünschen und Gebeten beschriebenes Papierchen gewickelt war. 1704 notierte der Taufpate Benedikt Socin für den frisch geborenen Balthasar Staehelin folgenden Vers: «Gott segne dich an Seel und Leib, / mit seiner Gnad er bei dir bleib, / Der hl. Geist und Christi blut / Woll sein dein allerhöchstes gut.»[159] Der Pate wünscht dem Täufling, dass Seele und Leib gesegnet seien und dessen ganze Person unter dem Schutze des wohlwollenden Gottes stehe; und dass Balthasar nach dem Geist und Blut Christi strebe, mehr als nach irdenen Gütern. Was indes nicht hiess, dass auf diese zu verzichten sei.

Die Taufe war einer der Schwellenmomente oder ‹Rites de passage›, wie die Ethnologie sagt,[160] die das Leben des Einzelnen skandierten und eng mit kirchlichen Praktiken und religiösen Ritualen verbunden waren. In Basel bildete sich seit der Reformation ein eigentliches Staatskirchentum heraus. Die Kirchenführer scheuten sich nicht, die weltliche Obrigkeit anzugreifen, wenn diese die religiösen Gebote übertrat. Sie setzten mit der Reformationsordnung von 1637 eine repressive Moralpolitik durch, die den zu besuchenden Gottesdienst, das verwerfliche Fluchen und den lasterhaften Luxus betraf. Das bereits 1529 eingeführte Ehegericht hatte bis zur neuen Verfassung von 1875 Bestand.[161]

Die kirchliche Bestattung war der letzte Schwellenmoment des irdischen Lebens. Sie markierte den Übertritt ins nächste. Die Gemeinschaft der Gläubigen nahm Abschied von der verstorbenen Person. Aber sie gedachte ihrer weiterhin. Davon zeugen in den Kreisen der besseren Basler Bürger aufwendig gestaltete Grabsteine und die sogenannten Leichenreden. Die Broschüren enthielten die an der Bestattung gehaltene Predigt, in der Regel die Auslegung einer Bibelstelle, sowie die Personalia, also die genealogische Herkunft über eine oder zwei Generationen väterlicher- wie mütterlicherseits, einen Lebenslauf und Trauerverse der Anverwandten. Oft war der Lebenslauf von der verstorbenen Person selbst verfasst und dann von einem Angehörigen oder dem Pfarrer noch ergänzt worden.

Das Heftchen zu Ehren der 1704 verstorbenen Katharina Staehelin trug folgenden Titel: «Leichenrede für Catharina Forcardin, weyland des Hochgeachten, Edlen, gestrengen, Frommen, Fürnehmen, Fürsichtigen und Weisen Herren Martin Staehlins Gewesenen Obristen Zunfftmeisters dieser Statt nach Tod hinterlassener Fraw Wittib.»[162] Ihr bereits früher verschiedener zweiter Mann Staehelin – zuvor war sie mit einem Socin vermählt gewesen – nimmt standesgemäss ziemlich viel Platz sein. Auffallend ist, dass Katharina wieder bei ihrem Mädchennamen Forcardin genannt wird.

Die Leichenrede des Benedict, dessen Abdankungsfeier 1787 im Münster zelebriert wurde, hielt explizit fest, dass der Verstorbene seinen Lebenslauf selbst verfasst habe: «Eigenhändiger Aufsatz des se. [seligen] Herrn Meisters: Jch Benedikt Staehelin bin an das Licht dieser Welt (…).» Da er in der letzten Lebensphase schwer erkrankte, konnte er seine autobiografischen Aufzeichnungen nicht beenden. Am Schluss, hält die Leichenrede fest, sei er betreut worden «durch Seine nunmehr hochbetrübte Wittwe, wie von Seinen Herren Söhnen, Frauen Töchtern, Herren Tochtermännern und Fr. [Frauen] Sohnsfrauen (…).»[163] Deutlich wird die Bedeutung des Familienverbunds, der auch die Angeheirateten umschloss.

Auch die Grabinschriften und Epitaphien, also die an den Wänden einer Kirche hängenden Platten, die auf die Gräber verweisen, zeugen von der Relevanz der Religion für das irdische und ewige Leben. Die ausführlichsten Grabinschriften fallen in das 17. und 18. Jahrhundert, das 19. formulierte wieder schlichter. Viele Angehörige der Familie Stähelin wurden in der Kirche St. Leonhard bestattet, einer der grossen Kirchen Basels unweit des Barfüsserplatzes. Sie besass die Grabrechte im Kreuzgang.[164] Der berührende Epitaph des 1660 verstorbenen Johannes Staehelin nannte alle drei Ehefrauen (Katharina Mentzinger, Margaretha Burger, Magdalena Götz) – und Jesus: «Das zeitlich Band der Ehe wird offt / zerbrochen ehe man es verhofft / Die Himlisch Ehe mit Jesu Christ / Ewig und unverbrüchlich ist: / Drumb sind in Jesu gescheiden nie / Welche der todt gescheidet hie.»[165]

Weniger transzendental war die Grabinschrift des Johann Heinrich Staehelin, des 1721 verstorbenen Professors der Anatomie und Botanik. Der Text scheint von seiner Frau Margaretha, geborener Birr, und den neun Kindern verfasst worden zu sein. Auf Lateinisch steht: «Die aussergewöhnliche Erfahrenheit seiner ärztlichen Ratschläge, besonders aber – und das ist weit seltener – die Geschicklichkeit seiner Hände hatte er zum Wohle vieler bewiesen; die Unannehmlichkeiten, die bei der Ausübung dieses Berufes nur allzu oft heruntergeschluckt werden müssen, hatte er standhaft und tapfer auf sich genommen; so war er lange Zeit ein Betrachter menschlichen Leides, bis er selber von einer Lungenkrankheit dahingerafft wurde.»[166] Ein erstaunlicher Realismus kommt hier zum Ausdruck.

SCHWESTERN DER BRÜDERSOZIETÄT

Um die Mitte des 18. Jahrhunderts fasste in Basel der Pietismus Fuss, so stark wie in keiner anderen Schweizer Stadt. Eigentlich war er eine separatistische ‹Erweckungsbewegung›: Er wollte den Protestantismus aus einem urchristlichen Geist heraus erneuern. Die ersten Pietistinnen und Pietisten, die sich auf dem Land organisierten, wurden denn auch von der Regierung verhaftet, auf dem Kornmarkt an den Pranger gestellt und ausgewiesen. Sie lehnten die Rituale und Traditionen der Kirche ab und gaben ihrer Sehnsucht nach der persönlichen und authentischen Erfahrbarkeit von Gott Ausdruck. Für sie stand die göttliche Herrschaft über der weltlichen, waren die biblischen Gebote verbindlicher als die politischen. Sie sahen sich als Fromme und die Obrigkeit als gottlos. Das Volk der Gläubigen sollte stärker mitbestimmen, der korrekte Lebenswandel an Gewicht gewinnen. Dem Rationalismus und Pantheismus der Aufklärer standen die Pietisten feindlich gegenüber.[167]

Es kam jedoch nicht zur grossen Säuberung. Die obrigkeitliche Disziplinierung zeigte Wirkung. Die pietistische Bewegung mässigte sich – und integrierte sich in das kirchliche System, wobei dieses sich dem Pietismus annäherte. Insbesondere unter der Oberschicht fand die neue Bewegung viele Anhänger. So entstand im Basel des 19. Jahrhunderts eine einzigartige pietistisch-politische Szene, die nicht nur das kirchliche Leben erneuerte, sondern auch die private Wohlfahrt, das Unterrichtswesen, die Mission im In- und Ausland und schliesslich die Frömmigkeit vieler Bürgerinnen und Bürger. Prominent dabei waren die Stähelin, Männer wie Frauen. Für Frauen waren die religiösen Bewegungen attraktiv, weil sie ihnen, obschon patriarchal geprägt, neue Handlungsräume boten. In manchen Gesellschaften kam es zu Konflikten darüber, ob Frauen Abendmahlsfeiern leiten oder doch nur aus der Bibel vorlesen durften.[168]

Der Pietismus realisierte sich in verschiedenen Sozietäten und Bewegungen, die zunächst vor allem Bezüge zu Süddeutschland hatten. Um 1750 erweckte die Herrnhuter Brüdersozietät zunächst Basler und Baslerinnen aus alteingesessenen Handwerker- und Gewerbekreisen zum neuen Glauben. Sie baute in der Stadt und auf der Landschaft ein familienzentriertes Netzwerk auf, in dem man sich zu Gebet und Gesang traf.[169] Rund sechzig Jahre später amtete ein Herrnhuter als Pfarrer an der St. Martinskirche und ein weiterer sogar als Bürgermeister. 1811 leitete Benedict Staehelin (1766–1841) den Bau des neuen Saals der Brüdersozietät, den er selbst entworfen hatte. Sein Sohn Balthasar wurde pietistischer Pfarrer in St. Jakob und an der Zuchtanstalt.[170]

Wie sah ein bürgerliches Leben aus, das im Geist des Pietismus geführt wurde? Die 1791 zur Welt gekommene Dorothea Gambs, geborene Staehelin, verstarb 1877 in Herrnhut als verwitwete ‹Schwester›. Schon im vierten Lebensjahr sei in ihr der Wunsch erwacht, der ‹Brüdersocietät› anzugehören, wie ihre Mutter; der Vater sei erst später beigetreten, er habe aber die Versammlungen der Gemeinde besucht. Dies schreibt Dorothea in ihrem Lebenslauf, der in ihrer Leichenrede abgedruckt ist.[171] Der von Dorothea verfasste Lebenslauf zeugt ebenso wie die von einem ‹Bruder› gehaltene Totenrede von der totalen Selbstübergabe an Gott.

Dieser wird in höchsten und innigsten Tönen gelobt: «Herr! Mein Fels, meine Burg, mein Erretter mein Gott, mein Hort auf den ich traue!» Doch auch Krisen und angebliche Sünden thematisiert die Autorin, wenn auch nicht offen. Eine Lebenskrise war nicht mehr denn Läuterung auf dem Weg zum Licht, zum Herrn, auf den immer Verlass ist: «(…) Doch auch da half der Herr wunderbar.» Täglich, schreibt Dorothea gegen Schluss ihres Lebenslaufs, erfahre sie die Wahrheit dieses Verses an sich selbst: «Vor Jesu Augen schweben, ist wahre Seligkeit, / Ein unverrücktes Leben mit Jhm schon in der Zeit: / Nichts können, und nichts wissen, nichts wollen und nichts thun, / Als Jesu folgen müssen, das heisst im Frieden ruhn.»[172]

Man bekommt den Eindruck, dass Dorothea nicht so gern daheim war. Ihre wahre Heimat, das waren die Herrnhuter. Deren Gemeinschaft scheint in Konkurrenz zur Familie zu stehen. Ihre Jugend, berichtet sie, verbrachte sie in der Mädchenanstalt Montmirail in Neuenburg, die den Herrnhutern gehörte. Sie war nicht die Einzige; viele Töchter der Familie Staehelin besuchten das Institut. Mit fünfzehn Jahren wurde Dorothea dann endlich in die Societät aufgenommen. Bald darauf machte ihr ein Basler Prediger einen Heiratsantrag, aber sie folgte dem Heiland und lehnte ab. Erst als ihr der Zukünftige von der «Brüdergemeine» zugeteilt wurde, heiratete sie: den «Inspector und Prediger» Daniel Gambs, dem sie von Ort zu Ort durch Sachsen und halb Europa folgte, bis sie sich schliesslich in Herrnhut niederliessen. Betrübt habe sie allein, resümiert sie, dass ihre «Geschwister» die täglichen Versammlungen zu wenig besuchten.[173] Regelmässig korrespondierte Dorothea mit der Familie in Basel. Die Pietisten hielten sich mit vielen und persönlichen Schreiben auf dem Laufenden – und ihre ‹Community› zusammen.[174]

Dorotheas Vorbild in jungen Jahren war Henriette Maria Luise von Hayn. Die 1782 verstorbene Dichterin war ebenfalls Mitglied der Herrnhuter. Sie leitete eine Mädchenerziehungsanstalt und das Schwesternhaus in Herrnhut. Fast fünfzig ihrer Lieder wurden in das Brüdergesangbuch von 1778 aufgenommen. Ihre berühmteste Weise ‹Weil ich Jesu Schäflein bin› wurde in viele Sprachen übersetzt und wird noch heute gesungen, auch in reformierten Kreisen.[175] Dorothea wird Hayns Texte intensiv gelesen haben. Sie begleiteten sie auf ihrer Hinwendung zum Pietismus.

MISSION, GESELLSCHAFT, SOZIETÄT

Etwas später als die Brüdersozietät etablierte sich in Basel die Christentumsgesellschaft. Sie wurde 1780 von einem Aufklärungsgegner gegründet. Zunächst hiess sie «Deutsche Gesellschaft edler thätiger Beförderer reiner Lehre und wahrer Gottseligkeit». Ihr hat der Kirchenhistoriker Ernst Staehelin (1889–1980), der dreimal Rektor der Universität war, eine zweibändige Quellensammlung gewidmet. Im Vorwort schreibt er, die Frömmigkeit der Christentumsgesellschaft – die zunächst ein einfacher Bibelzirkel war – enthalte manch fragwürdige Elemente, aber sie habe «in grosser Ernsthaftigkeit» und unbeeinflusst von allen Zeitströmungen um echte christliche Existenz gerungen.[176] Die Sympathie zum Pietismus lebte also noch in der zweiten Hälfte des 20. Jahrhunderts weiter.

Aus der Christentumsgesellschaft ging eine Vielzahl bedeutender pietistischer Institutionen hervor: 1815 Basler Missionsgesellschaft, 1820 Anstalt Beuggen, 1831 Verein der Freunde Israels, 1838 Taubstummenanstalt Riehen, 1840 Pilgermission St. Chrischona, 1852 Diakonissenanstalt Riehen, 1859 Basler Stadtmission, 1862 Gesellschaft für Sonntagsheiligung, 1864 das Christliche Vereinshaus in Basel – und viele mehr; insgesamt bezogen sich knapp vierzig Institutionen auf die Christentumsgesellschaft.[177] Ihr bedeutendster Spross war die Basler Mission. Die rasch wachsende Organisation diente der Ausbildung christlicher Missionare, die das Evangelium zunächst im Kaukasus, dann in Westafrika, Indien und China verkündeten.[178] Sie versorgte auch andere Institutionen mit Missionaren, etwa die anglikanische Kirche.[179] Aus der Basler Mission ging schliesslich die grosse Basler Handelsgesellschaft hervor. Mehrere Stähelin zählten zu ihren Aktionären.[180]

Die Basler Mission war ein schier weltumspannendes Netz, das die Zirkulation von «Baumwolle und Bibeln» antrieb, wie Hansmartin Siegrist formuliert hat. Es ging um den Glauben, aber es ging auch um Wirtschaft. Die Synthese von Pietismus und globalem Handel ermöglichte der kleinen Schweiz, aber vor allem Basel und seinem Handelsbürgertum, im Windschatten der Kolonialmächte in den Tropen zu agieren.[181]

Der Gedanke der Mission erfreut sich also unter den Basler Bürgern grosser Beliebtheit. 1874 veröffentlichte Julie Benigna Staehelin (1829–1899), geborene Linder, im Basler Verlag C. Dettloff ein Büchlein mit frommen Versen «zum besten der Mission»: «Maiglöckchen aus Basels Stilleben». Die Texte muten heute, knapp 150 Jahre nach ihrer Entstehung, fremd an. Die Gewissheit, dass der christliche Glaube und die westliche Lebensführung für den Rest der Welt eine Wohltat seien, ist uns abhanden gekommen. Die Publikation richtete sich einerseits an fromme Philanthropen – «Damit der armen Heiden / Jhr eingedenk möget sein!» –, andererseits an die «scheidenden

Missionare», denen die «Heidenwelt» zurufe: «Kommt, helft uns vor'm Gerichte, / Vom Heiland uns erzählt.»[182]

Ein bedeutender Missionar der Familie war der Herrnhuter Friedrich Stähelin (1846–1922). Nach dem Besuch des theologischen Seminars der Brüdergemeinde in Gnadenfeld wirkte er zunächst als Prediger in Neuenburg, dann als Missionar in Suriname, einer niederländischen Kolonie in Südamerika. Er stieg dort gar zum Bischof der Brüderkirche auf und erhielt den Orden von Oranjen-Nassau. Zweimal heiratete er, aber keine Einheimische. Er schrieb eine umfangreiche Geschichte der Herrnhutischen Mission in Suriname und Berbice (heute Guyana).[183]

Wie Ernst Staehelins Quellensammlung belegt, war die Familie Stähelin stark an der Christentumsgesellschaft beteiligt. So trug Anton Friedrich (1752–1829), Kantor und Lateinlehrer am Münster,[184] zum Aufbau des Basler Standorts bei; vertreten war die Gesellschaft ferner in Altona, Frankfurt am Main, Magdeburg, Nürnberg, Berlin, Dresden, Halberstadt, Flensburg, Prenzlau, Osna und Stettin.[185] Für die Pietistenpioniere engagierte sich auch der Kaufmann Philipp (1763–1823), Teilhaber der mit Eisen und Mousseline handelnden Stähelin-Firmen. Seine Gattin war Ursula Reber (1767–1844), deren Mutter der wohlhabenden Hugenottenfamilie Passavant entstammte.

Ursula war mit einer Reihe bekannter Männer befreundet, darunter mit Johann Caspar Lavater, dem eigenwilligen Pfarrer und Physiognomiker aus Zürich, mit Johann Friedrich Oberlin, Pfarrer und Reformpädagoge, mit Johann Heinrich Jung-Stilling, Mystiker und Augenarzt, und mit Carl Friedrich Adolf Steinkopf, Geistlicher und Initiator der Württembergischen Bibelanstalt. Der illustre Reigen zeugt nicht bloss von der grossen Anziehungskraft des Pietismus, sondern auch von einem anregenden intellektuellen Milieu. Einerseits war der Pietismus politisch konservativ und irritierte mit seiner beinahe fundamentalistischen Bibeltreue die liberalen Theologen, die historisch-kritisch argumentierten. Andererseits brachte er Querköpfe hervor wie Lavater und Oberlin.

Christian Friedrich Spittler, der umtriebige Sekretär der Christentumsgesellschaft und Gründer diverser pietistischer

Sozial- und Missionswerke – auch er ein Bekannter von Ursula Staehelin-Reber – hob 1820 die ‹Rettungsanstalt› Beuggen am deutschen Ufer des Rheins, nahe bei Basel, aus der Taufe. Beuggen ist eine legendäre pädagogische Pionierinstitution. Einer der Mitbegründer und Finanzgeber war der grossbürgerliche Kaufmann Balthasar Staehelin (1771–1855), Bruder und Schwager von Philipp und Ursula, verheiratet mit Anna Margaretha Christ. Er amtete als Eherichter, Grossrat und Kirchenvorsteher des Münsters.[186] 1854 schrieb ein Pietist, der in Mannheim ein Kinderheim führte, dem Beuggen-Gründer Spittler: «Danke für die Gelder! Quittungen schicke ich Dir zu (…). Es sind zusammen 84 Gulden von dem 84jährigen Papa Stähelin, dem ich gerne noch 84 Jahre zulegen möchte, damit er von vorne anfangen könnte.»[187]

Beuggen hatte zwei Ziele: Einerseits wurden auf dem ehemaligen Schloss christliche Volksschullehrer und Armenerzieher ausgebildet, andererseits verwaiste und verarmte Kinder erzogen und ‹gerettet› – vor der Armut, einem unchristlichen Leben in Sünde und Schande, der verderblichen Stadt. Tatsächlich hatte die Industrialisierung zur Verelendung der bäuerlichen Schichten und einem Anstieg elternlos umherziehender Kinder geführt. Dazu kamen in prekären Verhältnissen lebende städtische Proletarier, deren Lebensstil die Pietisten scharf verurteilten. Sie sahen nur Alkohol, Elend, Prostitution. An Beuggens Eröffnungsfeier tönte es drastisch: «Ein sogenanntes Christentum ohne Christus, ohne Glauben, ohne Liebe, ohne Trost und ohne Lebenskraft verbreitete sich wie eine Sintflut und öffnete, weil es kein Salz hatte oder dumm gewordenes Salz war, der Sittenverderbnis alle Türen und Tore, welches wie eine geistige Fäulnis den ganzen Körper des Christenvolks der Verwesung preiszugeben drohte.»[188]

Beuggen, das bald schon in den gesamten deutschen Sprachraum ausstrahlte, stand für vieles: für Reformpädagogik – die klassische Trichterpädagogik wurde ebenso abgelehnt wie der orthodoxe Katechismus (was der Lehrer hineinstopft, muss der Schüler ausspucken) –, Armutsbekämpfung, Philanthropie und für geradezu fanatische Frömmigkeit. Die Erweckungsbewegung sah den Grund der Armut in der «Verwahrlosung» der Kinder und in der mangelnden religiösen Erziehung. Daher organisierte sich die Anstalt wie die ideale Familie. Hausvater und Hausmutter bildeten das Elternpaar, die Zöglinge die Kinder.[189] Als der Pädagoge Johann Heinrich Pestalozzi, auch er ein Pietist, 1826 das Heim besuchte, soll er tief beeindruckt gewesen sein.

Es wären hier noch viele pietistische Stähelin aufzuzählen, die für den Glauben wirkten – der Professor, Theologe und Alttestamentler Johann Jakob (1797–1875) etwa, der sich an der Gründung der ebenfalls auf Beuggen gelegenen ‹Griechenanstalt› beteiligte. Eigentlich bestand bereits ein Stadtbasler Hilfskomitee, das den in den 1820er-Jahren losbrechenden Freiheitskampf der Griechen gegen das Osmanische Reich unterstützte. Der Kampf fand in Europa unter freiheitlich gesinnten Bürgern einen enormen Widerhall. 1826 gründeten Basler Pietisten einen ‹Verein zur sittlich-religiösen Einwirkung auf die Griechen›, der Kinder aus der «türkischen Sklaverei» loskaufte und in der ‹Griechenanstalt› zu guten Christen erziehen sollte.[190]

Der Verein nahm via Marseille rund zwanzig griechische Kinder auf in Beuggen, darunter ein Mädchen. Sie wurden intensiv geschult, besonders in alten Sprachen. Allerdings gestalteten sich «Führung und Unterricht» der Kinder viel schwieriger, als sich das die Philanthropen vorgestellt hatten. Und die Kinder kamen gar nicht aus der Sklaverei und waren weder bedürftig noch dankbar. Weil sie im Gegenteil unzufrieden waren, sollen sie sogar aufbegehrt haben. Sie verblieben etwa fünf Jahre in Basel. Nach dem Abflauen der Griechenbegeisterung wurden sie entweder zurückgeschickt oder auf Pflegeplätze verteilt. Die Familie Staehelin-Bischoff kümmerte sich um einen Knaben namens Soterus, Johann Jakob Staehelin verschaffte dem Nicolaus Petsalis ein Plätzchen bei einem Professorenkollegen.[191]

Zu erwähnen wäre ferner auch Johann Jakobs Sohn Ernst Staehelin (1829–1888), Pfarrer in Basel und Mitglied des Beuggener Komitees; nicht zuletzt dank ihm bestand die Institution weiter, die nach den Anfängen in eine Krise geriet. 1880 hielt er an der Hundertjahrfeier der Christentumsgesellschaft das Schlussgebet.[192] Einer ihrer letzten Stiftungsräte war Pfarrer Richard Staehelin (1896–1962). Weitere Stähelin waren an der Gründung christlich-pietistischer Schriftenreihen, des Traktatvereins, der Diakonissenanstalt in Riehen und des Refugiums für «römische Konvertiten» auf St.Chrischona beteiligt.[193] Die Nachkommen des Kaufmanns Benedict Staehelin (1796–1886) sollen eine herrnhutische Pfarrerdynastie gebildet haben. Der Verein der Freunde Israels durfte seinen Postverkehr gratis über die Firma des Benedict Staehelin (1766–1841) abwickeln.[194]

DIE SOZIALE FRAGE

Der Pietismus war Philanthropie, wie überhaupt das ‹fromme Basel› sich durch die rege Spendentätigkeit seiner wohlhabenden Bürger auszeichnete. Die Philanthropie war indes nicht ganz uneigennützig. Sie war ein Mittel, mit dem die Bürger die ökonomischen Ungleichheiten zu entschärfen trachteten, ohne sozialstaatliche Sicherungen einbauen zu müssen. Die mehrheitlich zugewanderten Arbeiter sollten nicht demonstrieren und streiken, sondern ebenfalls, wie sie, die Bürger, beten und arbeiten – und für die Almosen dankbar sein. Als sich in der Bandindustrie 1869 eine Streikbewegung formierte, lud Pfarrer Ernst Staehelin gemeinsam mit dem Ratsherrn Adolf Christ und dem erfolgreichen Unternehmer Karl Sarasin zu einer «Konferenz zur sozialen Frage».

Die drei Initianten standen je für die Bereiche Religion, Wirtschaft und Politik. Hier zählten sie zu den einflussreichsten Personen in Basel. Christ, Sarasin und Staehelin teilten die Ansicht, das Wohl der arbeitenden Klassen sei durch drei Punkte zu verbessern: Die «Kräftigung des Gefühls eigener Verantwortlichkeit für sein Wohl», dann durch die «Belehrung resp. Hülfeleistung zu bestmöglichster Verwerthung des durch die gegebenen Verhältnisse begrenzten Erwerbs» und schliesslich durch «christliche Einwirkung auf Arbeitgeber & Arbeiter. Ohne Glauben an Gott, ohne Hoffnung auf ein Jenseits wird der Erstere immer theilnahmlos hart & hülfverweigernd, der Letztere in Hass & Misstrauen gegen Ersteren unzufrieden & unglücklich sein.»[195]

Das ist Paternalismus pur. Den Bürgern entging die soziale Ursache der Unzufriedenheit der Arbeiter ebenso wie deren materielle Not.[196] Zwischen dieser Ansicht zur ‹sozialen Frage› und der Analyse der Arbeiterbewegung klaffen Welten. Die konservativen Bürger rüsteten sich gegen den Sozialismus, aber auch gegen die radikalen Liberalen, die insbesondere unter der zugewanderten Bevölkerung Sympathien genossen.[197] Immerhin wurde noch im gleichen Jahr, 1869, eines der ersten Fabrikgesetze der Schweiz erlassen, das die tägliche Arbeitszeit auf zwölf Stunden beschränkte und die Kinderarbeit verbot.[198]

Nicht alle Mitglieder der Familie Stähelin waren fromm und pietistisch, aber fast alle dürften im 18. und 19. Jahrhundert gläubige Mitglieder der evangelisch-reformierten Kirche Basels gewesen sein. Wie lebhaft und einflussreich das protestantische Milieu noch in der ersten Hälfte des 20. Jahrhunderts war, hat der Historiker Urs Hofmann nachgewiesen. Die Trennung von Kirche und Staat beziehungsweise die Unterordnung der Kirche unter den Staat in der neuen Basler Verfassung von 1875, die das Ende des Ratsherrenregiments und die repräsentative Demokratie brachte, änderten daran vorerst nichts. Tonangebend waren in diesem Milieu die Orthodoxen und Pietisten, die mehrheitlich im alteingesessenen Stadtbürgertum verankert waren. Sie hatten mehr Einfluss als die opponierenden kirchlich Freisinnigen.[199]

Dieses Milieu zählte rund 75 protestantische Vereine, vom Abstinentenverein der Evangelischen Gemeinschaft Basel bis zum Zwingliverein Basel.[200] Fast 1100 Personen waren in diesen Vereinen leitend aktiv, amteten als Pfarrer oder waren Mitglied der Evangelischen Volkspartei. Unter ihnen stachen etwa 280 Personen, mehrheitlich Männer, durch die Mitgliedschaft in zwei oder mehr Organisationen heraus. Zu den besonders einflussreichen Personen zählten acht Mitglieder der Familie Stähelin.[201] Eine der einflussreichsten Personen überhaupt war Ernst (1861–1949), Pfarrer zu St. Theodor, einer Kirche im Arbeiterquartier Kleinbasel. Er war verheiratet mit Sibylla Merian und Vater von sieben Kindern.[202]

Ernst war in rund einem Dutzend protestantischer Institutionen leitend aktiv, so in der pietistischen Evangelischen Gesellschaft für die Stadtmission in Basel, der wichtigsten Institution für die ‹innere Mission›, also innerhalb der Protestanten, ferner in der Blaukreuzverein Sektion Klein-Basel, initiiert von der Christentumsgesellschaft, im Basler Frauenkollekteverein – Ernst war ihr Präsident –, der Evangelische in der Diaspora unterstützte, und im Verein für Christlich-Theologische Wissenschaft. Letzterer war eine pietistische Reaktion auf die Berufung eines liberalen Theologen an die Universität.[203] Ernsts Spendierfreudigkeit soll unter den Arbeitern Kleinbasels legendär gewesen sein. Obschon er sehr wohlhabend war, lebte er äusserst bescheiden.[204]

SÄKULARISIERUNG

Die pietistisch gefärbte Religiosität ist noch in der zweiten Hälfte des 20. Jahrhunderts zu beobachten, allerdings nun ökumenisch und sozial geöffnet. Beispielhaft ist Gertrud Staehelin-Kutter (1901–1980), genannt Meieli, eine Schwiegertochter von Pfarrer Ernst Staehelin.[205] Als Tochter des prominenten Zürcher Theologen und Pfarrers Hermann Kutter erlebte sie im Elternhaus die Anfänge der von ihrem Vater begründeten religiös-sozialen Bewegung, quasi einen Pietismus mit Blick für das Soziale. Sie durchbricht denn auch das strikt konservative Korsett. Meieli war fast sechzig Jahre lang mit Ernst Staehelin verheiratet, dem Basler Kirchengeschichtsprofessor, der eine grosse Neigung zum Pietismus des 19. Jahrhunderts hegte. Ernst starb im gleichen Jahr wie seine Frau, 1980, drei Monate vor ihr.

1946 schreibt Meieli ihrem Mann aus den Bergen, offenbar nach einem, wenn man den Briefen folgt, seltenen Zerwürfnis: «Geliebter, es drängt mich, doch noch zu grüssen, bevor ich mich (…) zur Ruhe lege, hoffend, dass auch Du sie heute Nacht friedlich finden mögest. For worse and better, so gehören wir zusammen, und wenn wir etwa wieder die Grenzen unserer menschlichen Gegebenheiten schmerzvoll haben erkennen müssen, so dürfen wir uns ja erst recht und recht freudig der Verbundenheit in der göttlichen Gegebenheit bewusst werden und in ihr, nur in ihr aber auch gewiss in ihr, jeden neuen Tag neu nehmen und vergessen, was dahinter liegt. So gehe ich heute zu Bett und freue mich des Schatzes, den Gott mir in Dir anvertraut hat.»[206]

Die Passage ist vielsagend. Erstens schreibt «Frau Profcssorin», wie sie von der Öffentlichkeit adressiert wird – oder auch «Frau Rektorin» –, ihrem Mann täglich, wenn sie oder er abwesend ist. Ihre im Basler Familienarchiv aufbewahrten Briefe und Postkarten legen diesen Schluss nahe. Das Umgekehrte scheint nicht der Fall gewesen zu sein, was Meieli manchmal betrübt.

Zweitens versetzt Meieli sich täglich in ihren Mann, fühlt mit, denkt mit. Vielleicht hat er das Gleiche auch getan, sich in sie versetzt, aber dieser Ehebund mit seinen fünf Kindern, der am Oberen Heuberg im theologischen Frey-Grynaeum residierte, dem Ernst vorstand, war letztlich die Basis des international vernetzten Theologen. Wenn Meieli von ihren Sorgen wegen der Kinder berichtet, entschuldigt sie sich fast, ihn damit zu behelligen. Sie schreibt von «unseren Studenten», um die sie sich kümmert, wenn Ernst abwesend ist, besorgt in beider Namen die Korrespondenz und grüsst mit «Deine Frau Platzhalterin». Und sie wirkt karitativ: Während des Zweiten Weltkriegs nimmt das Paar Flüchtlinge und Migranten auf, nachher organisiert Meieli im Haus ‹Zu den drei Mönchen› interkonfessionelle Begegnungen.[207]

Und drittens lebt diese Ehe ganz selbstverständlich über einen Dritten, über Gott: «So gehe ich heute zu Bett und freue mich des Schatzes, den Gott mir in Dir anvertraut hat.» Im Krisenfall scheint dieser die Funktion eines Mediators oder Therapeuten übernommen zu haben. Das Paar gedenkt seiner Zusammengehörigkeit in Gott und lässt den Gram hinter sich.

Gott, Religion und Glaube sind nicht nur in Meielis Briefen, sondern auch in ihren reich illustrierten ‹Lebensbüchern› omnipräsent, die sie von 1917 bis 1979 führte. Wenn Meieli Ausflüge macht, sind immer wieder Klosterkirchen, Kapellen und christliche Heime das Ziel; immer wieder besucht sie in den Ferien in den Alpen befreundete Pfarrfamilien, geht zur Predigt, liest christliche Schriften, nimmt an geistlichen Vorlesestunden teil. In die Lebensbücher klebt sie die in den Basler Zeitungen erscheinenden Rezensionen zu Büchern ihres Mannes und Bruders Hermann Kutter ein, etwa die zu Ernsts Lavater-Werkausgabe oder zu Hermanns Buch über seinen und ihren Vater (‹Hermann Kutters Lebenswerk›).[208]

Ausgeschnitten hat Meieli auch die in der ‹Basler Zeitung› erschienene grosse Rezension der – von Ernst verfassten – Biografie des Basler Theologieprofessors und Universitätsrektors Friedrich Lachenal, welcher der fanatischen Pietistin Baronin Julie von Krüdener nachfolgte, von seinen Ämtern zurücktrat und den Lebensabend mit mystischen Bibellektüren verbrachte.

Zwischen 1816 und 1818 reiste die Baronin durch Süddeutschland und die Nordschweiz. Sie trat als Krankenheilerin auf und verkündete vor Tausenden von Zuhörerinnen und Zuhörern ihre Visionen. Das war dann den Obrigkeiten doch zu viel. Sie wurde auch aus Basel ausgewiesen.[209] Das Buch rehabilitiert Lachenal.[210] Dass Meieli in einer Rezension ebenfalls der ‹Basler Zeitung› lesen darf, Ernsts Büchlein ‹Sechsundfünfzig Thesen über das Reich Gottes› sei das Erbe von Hermann Kutters Werk «in einem kongenialen und doch selbstständigen Geist», dürfte sie gefreut haben.[211]

Mit Fritz Lieb (1892–1970), dem Schwager Meielis und Ernsts, nimmt der Pietismus der Familie eine sozialistische Wende.[212] Fritz studierte Theologie bei Hermann Kutter und Leonhard Ragaz, dem Pazifisten und bedeutendsten religiösen Sozialisten der Schweiz. 1915 trat Lieb, Mann von Ruth Staehelin, der Sozialdemokratischen Partei bei, in den Zwanzigerjahren war er gewerkschaftlich aktiv. Fritz wurde Professor für Theologie in Basel und Berlin. Er vertrat die sogenannte dialektische Theologie Karl Barths, über den Meieli sich in ihren Lebenserinnerungen reserviert äusserte, weil ihr in seinem Werk das tiefe Gefühl fehle.[213] Der Basler Barth, einer der bedeutendsten Theologen des 20. Jahrhunderts, war Sozialist, bekennender Gegner des Nationalsozialismus und des Antikommunismus, Befürworter der Ökumene.[214]

Als Fritz Lieb 1970 stirbt, ist ein Prozess im Gang, den die Soziologie Säkularisierung nennt. Der seit Jahrzehnten intensiv debattierte Begriff umschreibt zwei Prozesse der Verweltlichung des Religiösen in der westlichen Kultur: die Distanzierung von Staat und Kirche sowie die schwindende Macht der Religion, das Leben der Menschen normativ zu lenken und mit Sinn auszufüllen.

Heute leben wir in einer fast vollständig säkularisierten Gesellschaft. Den Kirchen droht der Verlust ihrer letzten Privilegien. Noch erhalten sie als öffentlich-rechtlich anerkannte Institutionen staatliche Zuschüsse und geniessen Steuerfreiheit. Sie haben jedoch fast jeglichen gesellschaftlichen Einfluss verloren. Musste sich noch zu Beginn des 20. Jahrhunderts rechtfertigen, wer eine den religiösen Lehren und Dogmen widersprechende Ansicht vertrat, sind heute die Kirchen gezwungen, ihre Moralvorstellungen öffentlich zu begründen. Immer mehr Gläubige legen das Christentum sehr frei aus, pflegen einen diffusen Privatglauben und zweifeln am Kern der christlichen Botschaft: der Erlösung im Jenseits.

In Basel sind die Distanzierung der Menschen von der institutionalisierten Religion und der Bedeutungsverlust der Kirche besonders stark. 1915 zählt die Stadt über siebzig protestantische Vereine, in denen um die vierzig Pfarrer aktiv sind; 1980 sind es noch vierzig Vereine mit zehn Pfarrern. Auch die Anzahl der protestantischen Zeitschriften nimmt stark ab.[215] Ein weiterer Indikator sind die Austritte aus der evangelisch-reformierten Kirche. Die Zahl bleibt von 1920 bis 1966 relativ stabil bei jährlich maximal fünfhundert Austritten, die phasenweise durch Eintritte ein Stück weit kompensiert werden, etwa im Kriegsjahr 1943.

Dann aber explodieren die Zahlen. Allein im Jahr 1978 treten rund zweitausend Personen aus der Kirche aus. Zwischen 1960 und 1980 verringert sich die protestantische Bevölkerung Basels um über dreissig Prozent.[216] Im Jahr 2017 beträgt der Anteil der Evangelisch-Reformierten an der Gesamtbevölkerung noch knapp sechzehn Prozent. Katholisch sind – insbesondere dank der Migration aus Südosteuropa – knapp siebzehn Prozent. Das heisst: In der einstigen Hochburg der Reformation und des Pietismus leben heute mehr Katholiken als Protestanten.

Die grosse Mehrheit aber bilden die Konfessionslosen, die keiner Kirche angehören: fast fünfzig Prozent.[217] Basel ist damit einsamer Spitzenreiter. Im schweizerischen Durchschnitt machen sie etwa fünfundzwanzig Prozent aus. Diese religiös-spirituelle Diversität und Indifferenz spiegelt sich auch in den Glaubenshaltungen der heutigen Mitglieder der weitverzweigten Familie Stähelin, die sich in ihren Anfängen, so wie sie im ‹Familienbuch› dargestellt sind, so stark mit der Reformation identifiziert hatte.

Wie kommt es, dass eine so stark vom Protestantismus geprägte Stadt wie Basel sich innert kurzer Zeit in die Schweizer Stadt verwandelt, die am meisten Konfessionslose zählt? Wieso ist Basel dermassen säkularisiert? Selbst wenn man berücksichtigt, dass nicht jeder Konfessionslose Atheist ist, ruft die Entwicklung nach Erklärungen. Plausibel könnte die Begründung des Soziologen Max Weber sein. Er hat die Lebensführung in den reformierten Bürgerstädten der Frühneuzeit mit der Formel der «protestantischen Ethik» gefasst, die am Anfang des «okzidentalen Rationalismus» stehe. Mit dieser Ethik ist zu erklären, wieso der Westen die kapitalistische Wirtschaftsweise, die modernen Wissenschaften, den bürokratischen Staat und so weiter hervorgebracht hat. Am Anfang stehen fromme Bürger, die ihren Reichtum der Prädestinationslehre zufolge als Zeichen dafür ansehen, dass sie von Gott fürs Paradies auserwählt worden sind.[218]

Der These ist oft widersprochen worden. Unbestritten ist, dass sich in Basel und anderen reformierten Städten eine arbeitsame, asketische und gottgefällige Lebensführung durchgesetzt hat, die vor allem von wohlhabenden Bürgern und Bürgerinnen praktiziert wurde: Bete und arbeite, aber suhle Dich nicht in Deinem Wohlstand, sondern spare und spende – wenn nötig! Weber hat seine These anhand des Calvinismus entwickelt, aber den Pietismus miteinbezogen: «Der praktische Effekt pietistischer Grundsätze» sei «eine noch striktere asketische Kontrolle der Lebensführung im Beruf».[219] Und unbestritten ist, dass der Protestantismus zu einer «Entzauberung der Welt» geführt hat. Der Soziologe Ulrich Oevermann kommt zum Schluss, der Protestantismus arbeite wie keine andere Religion an seiner eigenen Auflösung.

4. REPRÄSENTATIONEN:

DIE FAMILIE IN BILDERN

SILHOUETTE EINER FAMILIE

Der Scherenschnitt stellt die Familie Staehelin-Bischoff dar. Benedict (1796–1886) und Margaretha (1801–1877) hatten sieben Kinder, zwei Buben namens Eugen starben im Säuglingsalter. Die Silhouette zeigt die Familie in den 1830er-Jahren: Der pfeifenrauchende Vater steht am Rande, der älteste Sohn hält einen Säbel, die Töchter tragen Hauben und gehen der häuslichen Arbeit nach: Sie stricken und spinnen Garn. Die Familie repräsentiert das Ideal der bürgerlichen Häuslichkeit des 19. Jahrhunderts.[220]

d. 15ten Mai 1859

BILDCHEN IM STAATSARCHIV

Die kleine Zeichnung von 1859 ist Teil des Familienarchivs, das vom Staatsarchiv Basel-Stadt aufbewahrt wird. Das Baby ist die Tochter von Bertha Stähelin, verheiratete Müller (1824–1895).[221]

DER ‹STAMMVATER› IN THOMAS PLATTERS AUTOBIOGRAFIE

1572 beschrieb Thomas Platter seinen Weg vom Ziegenhirten zum Buchdrucker und Gelehrten. Es ist eine der bedeutenden autobiografischen Quellen seiner Zeit.[222] Auf dieser Seite schreibt Platter über seine Arbeit in der Werkstatt von Hans Stehelin:

> «(...) nam ich min bündel, zoch am tor darvon, gieng in eim tag von Zürich bis gan Mutetz (Muttenz), demnach gan Basel, sucht ein meister, kam zu Meister Hans Stehelin, den man den roten seiler nampt, am Rindermarkt, von dem sagt man, er were der ruchest meister, der am Rinstrammen (Rheinstrom) funden wurde, darumb dan ouch die seiler knecht nit gären by im waren (...). Als er mich anstalt, kond ich kum den hanf possen uff henken und vast wenig träien. Do zeigt der meister sin art, fieng an balgen und fluchen: ‹gang hin›, sprach er, ‹stich dim meister die ougen us, der dich glert hat; was soll ich mit dier thun, du kannst doch nüt›.»[223]

Die Charakterisierung bleibt auf den folgenden Seiten wenig schmeichelhaft. Trotzdem gab es Mitglieder der Familie, die sich dem «untreuen Schwaben» verbunden fühlten: «Em Thomas Platter / haut er eis uff's Gatter / Unsere Stammesvater».[224] Dieser Vers wurde Mitte des 20. Jahrhunderts an einem Familienfest vorgetragen.

→ SEITE 80

BASLER HOCHZEITSALLIANZEN

Vor allem im 18. und 19. Jahrhundert schloss die Familie in Basel vorwiegend Ehen mit Bürgergeschlechtern wie Merian, Preiswerk oder Vischer. Abgebildet ist das Hochzeitsfest von Theodor und Marguerite Staehelin-Burckhardt im Jahr 1898.[225]

…ch gan Basell.

…ans stähelin.

…es mier an,
…ich mit dem sei
…gieng.

beschissen hatt, do sagt die baderi, der hatt
wüest bader, ich wolt nit wider in badstuben, dē
ich forcht der meister wurde es inne werden, dz
ich nit hinweg was, morndest nam ich min büntelli zoch
am tor daruss, gieng in eim tag vō Zürich byss
gan Mutetz. demnach gan Basell, sucht ein meister
kam zů Meister Hans stähelin, dē mā der rotten
seiler nampt am Kindermarkt, vō dem sagt mā, Er were der ruhest meister, der am Rinstrām fundē wurde, darumb dan ouch die seiler knecht nit gäre by im
warē, vn mocht ich dester lichter zů kumē. Als er mich
anstalt, kond ich kum den hanff possen uff henkē, und
vast wenig wärē, do zeigt der meister sin art, fieng
an balgē vn fluchē, gang hin sprach er, sich dim meister die ougē uss der dich gleert hatt, was soll ich mit dier
thůn, du kanst doch nüt, er wusst, aber nit das ich nit
mer den ein Cenner hanff verwercht hatt, das dorfft
ich im nit sagē, den er hatt gar ein bösen lerbůben
der was vō alt Kilch, der lebt noch, der kond bass wer-
chē den ich, vn hůlt mich gar schnödlich, nampt mich ein
kůmull, vn anders, dorfft das dē meister nit woll
klagē, den er was ouch ein grober schwab, doch hatt
ich im sin zů bliben, do versůcht der meister acht
tag, do sprach ich den meister fruntlich an, er sölt sich
mit mier liden, er sölte mier etwas oder nützit gä-
bē, wäders er welte, ich welte im trüwē dienst leistē,
vn alle ding flissig uff schribē, dan es kond keiner
im huss schriben. Bericht in, ich sprach, ich han wenig ge-
lert das erkenn ich, mi lermeister hatt der merteill kein

→ SEITE 81

SPEKULATION UM EINE FOTOGRAFIE

Die Aufnahme von Jakob Höflinger wurde 1936 in ‹Das Stadtbild nach den ältesten Photographien› abgedruckt. Ein Zeitzeuge hat die Personen identifiziert: Rechts auf dem Bild steht Karl Eduard Stehelin (1824–1892), neben ihm ein Makler mit Zylinder, dann die Kindsmagd der Familie mit Baby, ganz links ein Mädchen namens Emma, wahrscheinlich Stehelins Tochter (1952–1880). Das Bild entstand 1863 am ehemaligen Rondenweg unweit vom Spalentor, wo Stehelin eine Kolonialwarenhandlung betrieb. Doch was passiert auf dem Bild? Staatsarchivarin Esther Baur hat 2019 in einem Artikel nach dem Geschäft gefragt, das Stehelin mit dem Makler, einem sogenannten Sensal, besprochen haben mag: «War der Kauf von baufälligen Liegenschaften mit der bevorstehenden Öffnung der Stadt eine interessante Investition geworden?»[226] Klar ist: Stehelin führte ein Handelshaus, das seit fast hundert Jahren im Besitz der Familie war und seine Waren über französische Häfen bezog. 1878 übergab er es einem Sohn und zog in den Süden Frankreichs, wo er das Weingut Mont-Thabor bei Bédarrides kaufte.[227]

VOR DEN TOREN BASELS

Um 1800 produzierten Stähelin in den Vororten Neue Welt und St. Jakob Eisenwaren und Textilien. Ihre Liegenschaften, darunter das mit einem Kreuz markierte Haus, verkauften Familienmitglieder nach 1834 schrittweise dem benachbarten Grossgrundbesitzer Christoph Merian.[228]

«GOTTES GNADT» ZUR TAUFE

Im Basler Grossbürgertum schrieben Patinnen und Paten ihre Wünsche für die Neugeborenen auf kleine Zettel. Emanuel Ryhiner, «Dein getreuer Taufgötti», widmete Elisabeth Stähelin 1701 folgende Zeilen:

«Gottes Gnadt erhalte dich
Hier zeitlich undt dorth ewiglich.»[229]

Gottes Gnadt behalte dich.

hier zeitlich undt dorth ewiglich.

Basel d. 24. 7br.
1701.

Dein getreuwer tauffgötti
Emanuel Ryhiner
Jünger

EIN REIM AUF DEN ‹STAMMHALTER›

Am Familientag 1942 wurde ein Schnitzelbank aufgeführt, der sich an der Basler Fasnacht orientierte. Die Verse zu den grossformatigen Plakaten (‹Helgen› im Basler Dialekt) würdigten sechzehn Figuren aus der Familiengeschichte, darunter Johannes Stähelin (1556–1615), den Mann von Katharina Beckel (1558–1630):

«Der Herr Stächeli-Beckel,
Dä het – oh verdeggel –
Nach nyn Maitli zuem Gligg nonig Rueh.
Wär z'letscht dä Bueb nit ko
Wär hit kai ainzigs do,
Von-n-euch alle, wo do loose zue»[230]

Die Pointe zielt auf den patrilinearen ‹Stammhalter›: Die ersten neun Kinder des Ehepaars Stähelin-Beckel waren Mädchen, die den Namen Stähelin nicht weitergeben konnten, erst das zehnte Kind war ein Junge. Ohne ihn, den ersehnten ‹Stammhalter›, wäre die Familie in der Logik des Stammbaums bereits im 16. Jahrhundert erloschen, und niemand hätte später gedacht, einen ‹Stähelin'schen Familientag› zu feiern.

HERALDIK, MADE IN USA

Ganz ohne Schlagwaffe blieb ein Wappen, das einer der zahlreichen Auswanderer 1974 bei einer amerikanischen Firma in Auftrag gab. Das Resultat schickte der in Boulder, Colorado, lebende Andrew Staehelin nach Basel, wobei er seinen entfernten Verwandten versicherte, es handle sich lediglich um einen ‹Jux›, der ganze zwei Dollar gekostet habe. Die neue ‹Staehelin coat of arms› zieren die Initiale ‹S› und zwei Adler, auf der Urkunde erklärt der Wappenmaler: «An eagle symbolizes freedom, superiority and power. (…) Information available indicates that in 1973 there were less than 50 households in the U.S. with the old and distinguished Staehelin name. In comparison, some family names represent over 400000 households in the United States.»[231]

This historiography was prepared individually for the Staehelin surname on October 11, 1974 at the request of

Mr. L. Andrew Staehelin

The coat of arms illustrated left was drawn by a heraldic artist based upon information about the Staehelin surname and its association with heraldry. In the language of the ancient heralds, the arms are described as follows:

> "Quartered: 1st, or; the letter "S" sa.; 2nd and 3rd, gu.; an eagle displayed ppr.; 4th, sa.; a pale or. Charged with a small inner shield vert."

The Staehelin arms is translated:

> Divided into quarters: 1st quarter, gold background; a black initial "S", 2nd and 3rd quarters, red background; an eagle proper, wings expanded; 4th quarter, black background; a gold vertical band. A small green inner shield placed over all.

An eagle symbolizes freedom, superiority and power. Seven vivid colors were chosen for use on shields of armor clad knights to easily identify them at a distance. The heraldic colors gold, silver, purple, blue, green, black, and red were preserved on colorless drawings by dot and line symbols. The Staehelin coat of arms incorporated green. The color green represents hope, vitality, plenty.

Information available indicates that in 1973 there were less than 50 households in the U. S. with the old and distinguished Staehelin name. In comparison, some family names represent over 400,000 households in the United States.

This report does not represent individual lineage of the Staehelin family tree and no genealogical representation is intended or implied.

©1973 Halberts

STÄHELIN AUF DEM PARÇA DOS SUÍÇOS

Der Platz ist den Schweizerinnen und Schweizern gewidmet, die im 19. Jahrhundert nach Joinville ausgewandert sind. Heute leben in der südbrasilianischen Stadt über 500000 Menschen. Einer von ihnen ist Nelson Rodério Stähelin, der seine Basler Wurzeln als «muito forte» bezeichnet. Er hat das symbolträchtige Monument auf der Parça dos Suíços fotografiert: Unter der Säule mit zehn weissen Schweizerkreuzen sind Tafeln aus Stahl angebracht. Darauf stehen die Namen der ausgewanderten Familien, darunter Weber, Vogelsanger – und Stähelin, die allerdings nicht aus Basel, sondern aus Schaffhausen stammten.[232]

IN DEN WÄLDERN KANADAS

Ende des 19. Jahrhunderts migrierten Familienmitglieder aus Frankreich nach Kanada. An der Ostküste gründeten Stehelin die Kolonie Nouvelle France und bauten ein Handelsgeschäft mit Holz auf. «Our homestead was cut right out of the forest, that is to say, the land we opened to form a yard of about three hectars was forest one year ago», heisst es in einem Brief von 1895.[233]

Hans Stachelin
Genealogie der Stachelin.

EIN RIESIGER STAMMBAUM

Den ‹Stammbaum Staehelin› malte der Basler Johann Jakob Schneider-Gyssler. Die erste Ausführung entstand Ende der 1870er-Jahre. Das Werk misst fast zwei mal zwei Meter und war so angelegt, dass am oberen Ende die Nachfahren der kommenden Generationen eingetragen werden konnten.[234] Die Namen der Frauen sind hellblau unterlegt, jene der Männer rosarot. Diese genealogische Arbeit orientierte sich wohl an der Anatomie: Die blauen Venen tragen keinen Sauerstoff mit sich, die roten Arterien pumpen Leben in den Körper. In dieser Logik geben die Männer ihren Namen einem Sohn weiter, sonst erlischt der Zweig.[235] Doch an diesem Stammbaum störten nicht die verkümmerten Zweige, sondern ein ganzer Ast: Wie der Familienhistoriker Felix Stähelin um 1900 bemerkte, war der in zweiter Generation eingetragene Appolinaris Stehelin kein Sohn des ‹Stammvaters›. Der Genealoge hatte herausgefunden, dass er ein Bruder des Ritters Bernhard Stehelin war.[236] Und: dass Hans nicht ihr Vater war.[237] Auf der nächsten Doppelseite 96/97 sowie den Seiten 128 und 129 folgen Details aus diesem Stammbaum, der im Original fast vier Quadratmeter misst.

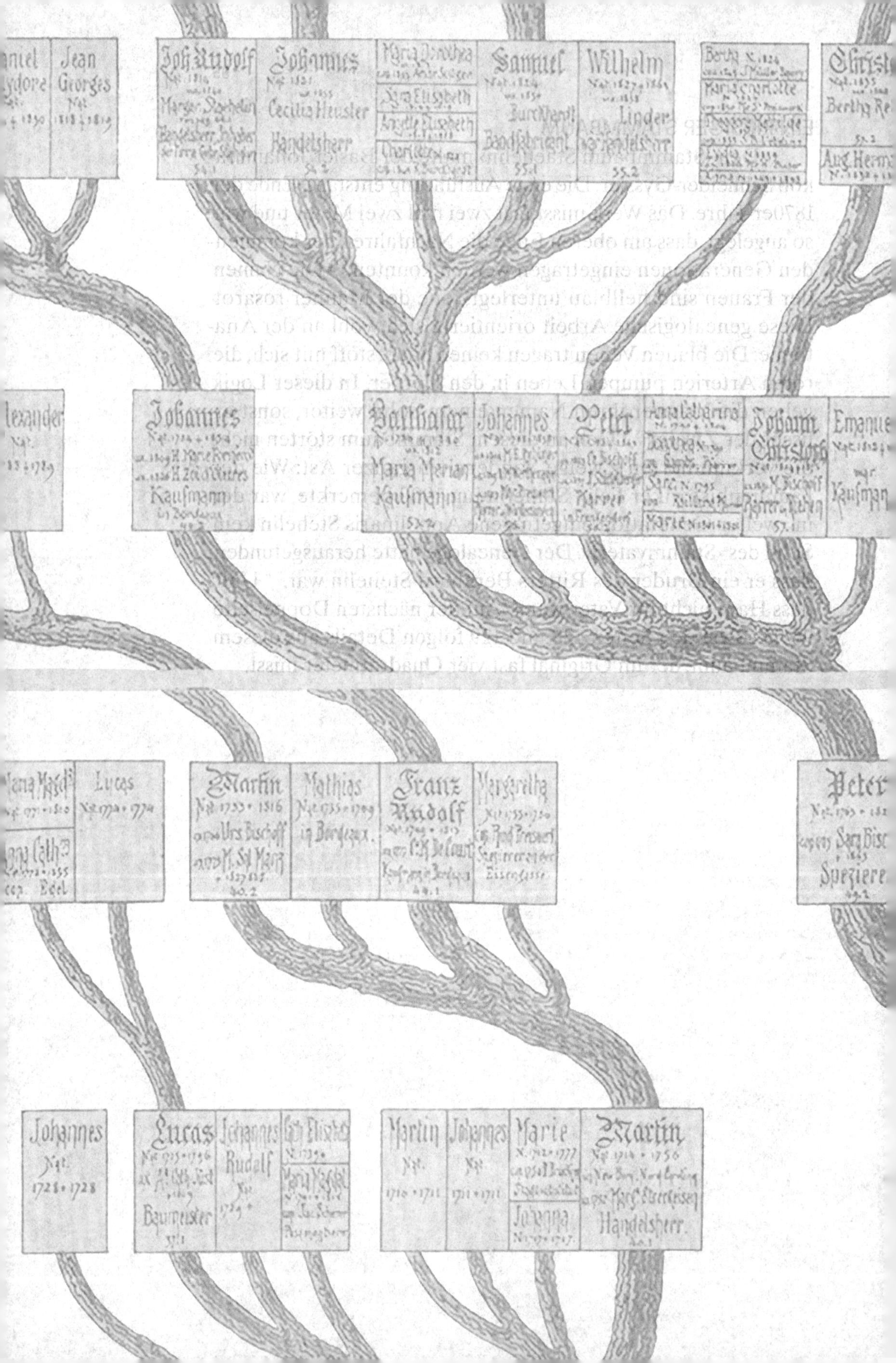

Jean Georges
Joh. Rudolf
Johannes
Cecilia Heusler
Handelsherr
Samuel
Burckhardt
Wilhelm
Linder
Johannes
Kaufmann
Balthasar
Maria Merian
Kaufmann
Johannes
Peter
Johann Christoph
Emanuel
Kaufmann
Lucas
Martin
Mathias
in Bordeaux
Franz Rudolf
Margaretha
Peter
Spezierer
Johannes
Lucas
Baumeister
Johannes Rudolf
Martin
Johannes
Marie
Johanna
Martin
Handelsherr

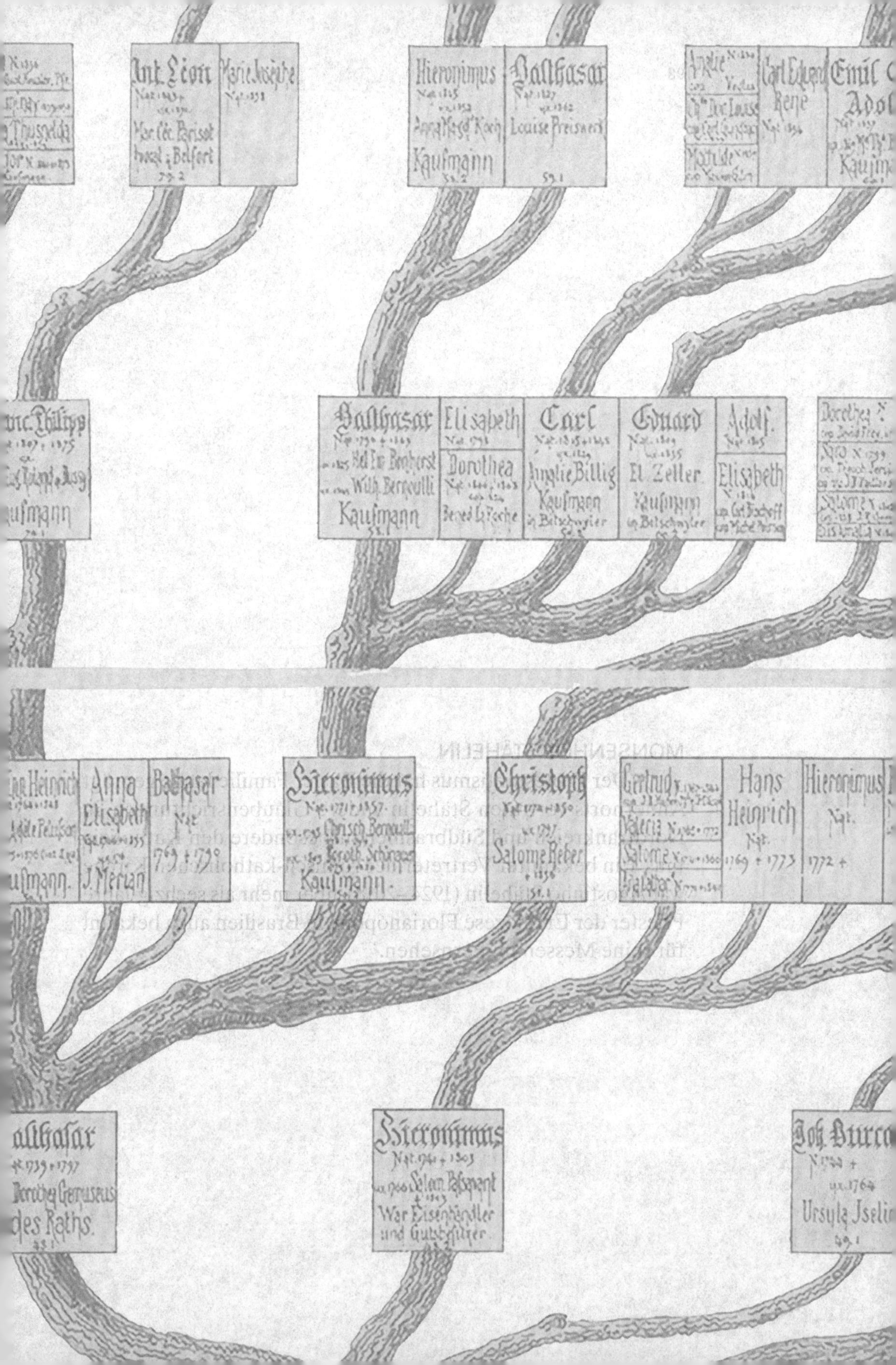

Ant. Léon
Marie Josèphe
Hieronimus
Balthasar
Kaufmann
Louise Preiswerk
Carl Eduard René
Emil Adol
Balthasar
Elisabeth
Carl
Eduard
Adolf
Dorothea
El. Zeller
Kaufmann
Elisabeth
Anna Elisabeth
Balthasar
J. Merian
Hieronimus
Kaufmann
Christoph
Salome Reber
Hans Heinrich
Nat. 1769 + 1773
Hieronimus
Nat. 1772 +
Hieronimus
Nat. 1740 + 1803
War Eisenhändler und Gutsbesitzer
Joh. Burca
Ursula Iselin
des Raths

MONSENHOR STÄHELIN

Der Protestantismus hat die Basler Familie lange geprägt. Andernorts vertraten Stähelin andere Glaubensrichtungen, in Nordfrankreich und Südbrasilien insbesondere den Katholizismus. Ein bekannter Vertreter der römisch-katholischen Kirche war Agostinho Stähelin (1924–2018), über mehr als sechzig Jahre Priester der Erzdiözese Florianópolis, in Brasilien auch bekannt für seine Messen im Fernsehen.[238]

D. W. Robb at throttle
Emile Stehelin, owner
His son in rear

Built 1897

ROBB ENGINEE[illegible] CO. LTD.

BESITZER EINER LOKOMOTIVE

Die Firma ‹Stehelin et Huber› aus Bitschwiller baute 1838 die erste Lokomotive im Elsass. Emile Stehelin (1837–1918), Sohn des französischen Eisenbahnpioniers, wanderte nach Kanada aus. Dort investierte er in eine Eisenbahnlinie, um sein Forstunternehmen mit einem Hafen zu verbinden. 1897 posierte der stolze Besitzer mit ‹Maria Therese›; die Lokomotive trug den Namen seiner Frau.[239]

STANDESGEMÄSSE HOCHZEIT

Zwei Wappen, zwei Säulen, eine neue Familie, so verkündet es die Einladung zur Hochzeit von Benedict Stähelin (1860–1930) und Elisabeth Burckhardt (1861–1948). Sie feierten im Stadt-Casino, wohin viele Familien der Basler Oberschicht zum Fest einluden.[240] Am 30. März 1886 wurden aufgetischt: «Potage à la tortue – Saumon piqué aux truffes sauce veuilienne – Pommes de terre à la Hollandaise – Filet de boeuf à la Gothard – Riz de veau à la Joinville – Salmi de Perdreaux à la Périgueux – Petits pois à la Française – Dinde truffée rôtie – Salade de Laitue – Selle de Chevreuil à la Polonaise – Salade russe – Aspic de Langouste – Savarin aux fruits – Sujets de Glace panachée – Dessert assorti – Pièces montées». Als letzter Punkt auf dem Menu: «B'haltis», ein kleines Geschenk als Erinnerung an die Heirat.[241]

Menu

an der

Hochzeit

von

Benedict Stähelin

und

Elisabeth Burckhardt

30 März

BASEL IM STADT-CASINO

1886.

A. St.

Photo-Litho. E. Bossert.

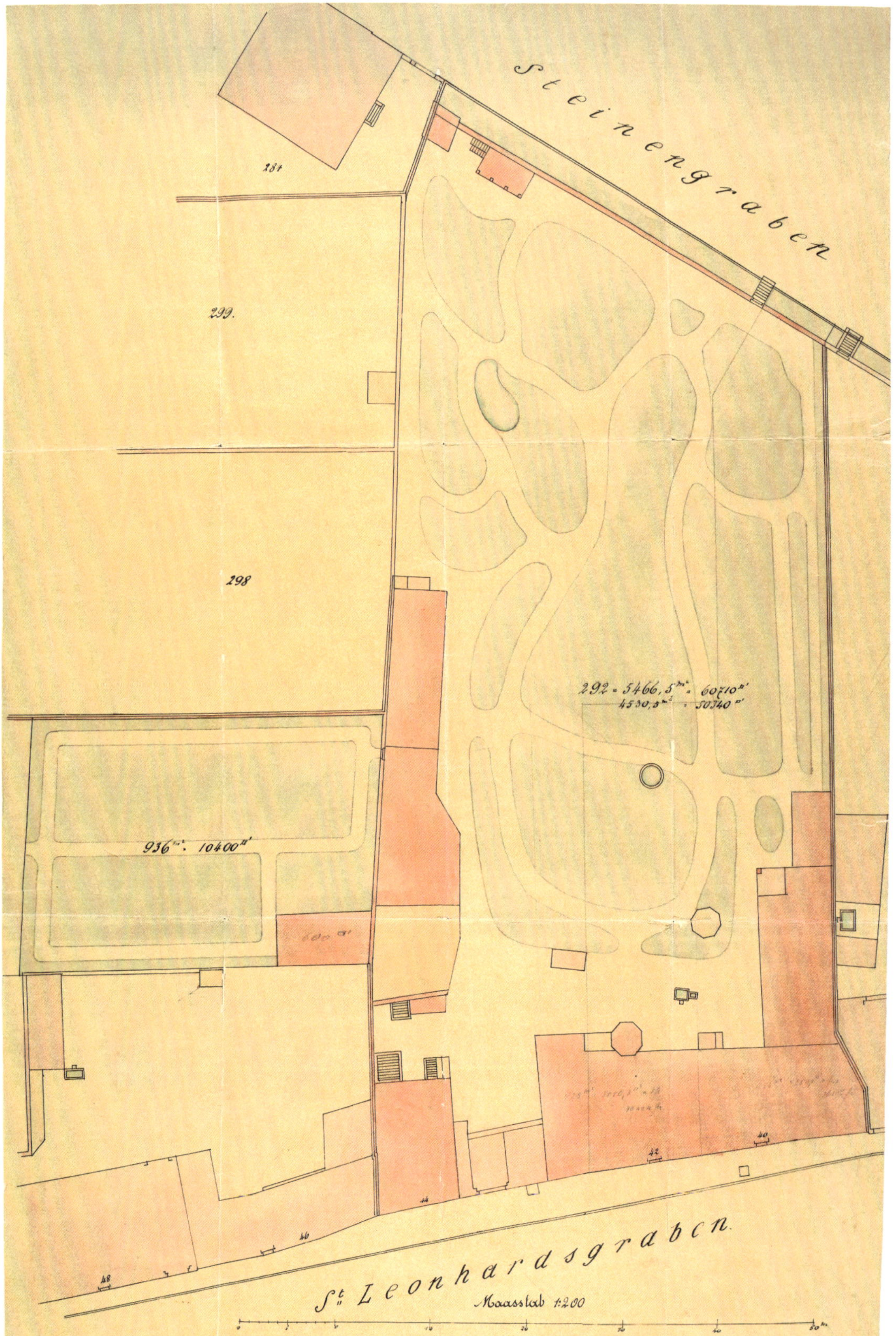

Steinengraben
284
299.
298
292 = 5466,5 m² = 60710 □'
4530,5 m² = 50340 □'
936 m² = 10400 □'
48
46
44
42
40
St Leonhardsgraben
Maasstab 1:200
0
10
20
30
40
50 m

FAMILIENSITZ IN DER ALTSTADT

Im 19. Jahrhundert besass die Familie die Hausnummern 40 bis 44 am Leonhardsgraben. Hinter Wohnhäusern, Fabriksälen, Lagerräumen und Büros lag ein Garten, der sich über mehr als hundert Meter erstreckte. Anfang des 20. Jahrhunderts sei der private Stadtpark etwas verwunschen gewesen, erinnert sich ein ehemaliger Bewohner: «Da und dort altersmorsch, offensichtlich vernachlässigt seit den Zeiten des jagdliebenden Grosspapas (…) und seit den Zeiten des reichen und angesehenen Bandfabrikanten Benedict Staehelin-Bischoff mit Hausgärtnern und mehrköpfigem Gesinde.» Ende der 1920er-Jahre verkaufte die Familie Land und Immobilien am Leonhardsgraben.[242]

IM STILE EINER ARISTOKRATIN

Die Porträts ausgewählter Ahnen hat die Familie in einer Broschüre gesammelt.[243] Sie enthält Gemälde, Zeichnungen und ein Gipsmedaillon – fünfzehn Männer, neun Frauen und ein Paar. Die meisten dieser Porträts sind im 18. Jahrhundert entstanden und zeigen Ratsherren, Professoren oder Kaufmänner sowie deren Gattinnen. In Stil und Mode markiert die Französische Revolution eine Zäsur: Vor 1789 posieren Stähelin wie Aristokraten; mit Perücken, fein gepudert und in exquisiten Stoffen, besonders elegant Ursula (1697–1742) mit drapierten Locken und Dekolleté. Die Tochter eines Professors heiratete 1714 Leonhard Respinger, ihr Porträt malte Johann Rudolf Huber (1668–1748).[244] Nachher wird es ‹bieder›: Mäntel, Foulards und Hauben verdecken den ganzen Körper, ausser das Gesicht.

EINE PFARRERSFAMILIE

Lydia Stähelin (1839–1899) steht zwischen ihren Eltern Judith und Peter. Ihr Vater war Pfarrer, der Vater ihrer Mutter ebenfalls. Lydia heiratete 1866 Hieronymus Buser. Auch er diente der protestantischen Kirche als Pfarrer.[245]

ERINNERUNG AN DIE TOTEN

Im Familienarchiv befinden sich Dutzende Leichenreden, die an verstorbene Familienmitglieder erinnern. Die älteste datiert 1667 und wurde anlässlich der Beerdigung von Emmanuel Stehelin gedruckt. Er kam 1628 zur Welt und hinterliess bei seinem Tod eine Frau, einen Sohn und eine Tochter. Als junger Mann erlernte Emmanuel in der Handelsmetropole Frankfurt den Tuchhandel, in Basel wurde er Schaffner zu Predigern.[246]

→ SEITE 112/113

FROMME VERSE

Julie Benigna Staehelin (1829–1899), geborene Linder, veröffentlichte 1874 «zum besten der Mission» das Büchlein ‹Maiglöckchen aus Basels Stillleben›. Es ist ein Produkt des Pietismus, der um die Mitte des 18. Jahrhunderts in Basel so stark Fuss fasste wie in keiner anderen Schweizer Stadt. Die zunächst separatistische ‹Erweckungsbewegung› wollte den Protestantismus aus einem urchristlichen Geist heraus erneuern.[247]

§ 28

Christliche Leich-predigt/
Von der
Gedult/ Demut vnd Hoffnung der Kirchen Gottes in dessen Zůchtigungen:

Sambstags den 21. Herbstmonat Anno 1667.
bey den Predigern/

Bey Christlicher Bestattung/
Deß Ehrenvesten vnd Vorgeachten Herren
Emmanuel Stehelins/ gewesenen
Schaffners bey den Predigern/

Gehalten
Durch M. Bonaventuram von Brunn/
Pfarrern bey St. Peter.

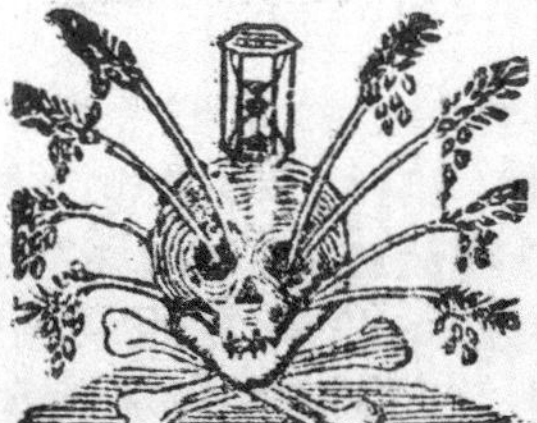

Getruckt bey Jacob Bertsche.

Maiglöcklein

zum Besten der Mission

aus Basels Stillleben.

BASEL, C. Detloff.

Ich will deinen Namen erhöhen, weil er tröstlich ist.

Hab Dank! hab Dank, wie gut erquickt
Ist, wer sein Herze zu Dir schickt.
Hab Dank — vergäß ich's nimmer nicht,
Wenn mich der Unruh Pein anficht.

O Herr, mein Gott, wer ist wie Du?
Du bist die Quelle aller Ruh.
Wer ruhet ganz in Seinem Gott,
Kann stille sein — trotz aller Noth.

So will ich denn den Namen dein
Erhöhen, preisen, Du bist mein!
Gottlob, Du hilfst, ich fühl die Kraft,
Die aus der Ohnmacht etwas schafft. —

Herr, ich warte auf dein Heil.

Ich wart, ich harre auf Dein Heil,
Gewiß, es wird auch mir zu Theil!
Ich wart, ich harre, könnt' ich doch
Ganz stille halten Deinem Joch.

Ach, gieb mir Frieden, gieb mir Ruh,
Mir Schwachen schenke Kraft dazu.
Dann will ich loben meinen Gott,
Und will Dich preisen bis in Tod.

VON DER STREITGASSE INS MUSEUM

Im ‹Barockzimmer› des Museums der Kulturen hängen Bilder, die aus einem Haus der Familie stammen; heute gehören sie der Denkmalpflege Basel-Stadt. Die Landschaften zierten einst den ‹Balchen›, ein grosses Haus an der Streitgasse beim Barfüsserplatz. Es war ab 1764 Wohnsitz, später auch Domizil der Kolonialwarenhandlung ‹Gebrüder Stähelin›. 1879 wurde die Liegenschaft verkauft, 1934 der ‹Balchen› abgerissen, heute befindet sich dort das Café Huguenin.[248]

‹EMILE C. STEHELIN SCHOOL›

Das hier abgebildete Schulhaus liegt in der Provinz Alberta, Kanada, und trägt den Namen von Emile Charles Stehelin, der ‹Mitt› genannt wurde (1905–1952). Der Enkel einer aus Frankreich eingewanderten Familie machte Karriere im Bildungswesen: Schulleiter, Inspektor, ab 1947 Oberintendant des neuen Schulbezirks Barrhead, wo dieses Gebäude steht.[249]

EMILE C. STEHELIN
SCHOOL

VIER GENERATIONEN ELSÄSSER STEHELIN

Die Fotografie von 1903 hält die Primogenitur einer Familie fest. Abgebildet sind die erstgeborenen männlichen Nachfahren des 93-jährigen Édouard: Sie trugen den Namen Stehelin über die Generationen weiter. Der greise Patriarch kam in Basel zur Welt und führte verschiedene Familienunternehmen im elsässischen Bitschwiller, wo sich seine Familie niederliess. Sohn, Enkel und Urenkel waren in der Textilbranche tätig, unter anderem in Cernay und Mulhouse.[250]

DIE VERLORENEN NAMEN DER MÜTTER

Ein Sommertag im Jahr 1937, die kleine Annemarie Feer liegt in den Armen ihrer Ur-Ur-Grossmutter Marie Staehelin-Vischer (1848–1942). Neben Annemarie aufgereiht sind Ur-Grossmutter, Mutter und Grossmutter. Die Fotografie aus dem Familienarchiv Stähelin zeigt also fünf Generationen einer Familie. Aber welcher Familie? Im Stammbaum der Stähelin sind nur die beiden ältesten der abgebildeten Frauen erfasst: Die Ur-Ur-Grossmutter heiratete 1866 einen Staehelin und die Ur-Grossmutter war geborene Staehelin, nach ihrer Heirat hiess sie Koechlin. Damit hat es sich, die matrilineare Linie hat ihren Platz im ‹Familienbuch› verloren: Die Grossmutter hiess Koechlin, die Mutter Von der Mühll, Annemarie schliesslich Feer, so wie ihr Vater.[251]

‹STAMMVATER› EINER BRASILIANISCHEN FAMILIE

Südamerikanische Stähelin bezeichnen ihn als ihren ‹Stammvater›: Arnold Alfred Stähelin, 1822 in Basel geboren, Vater von zwölf Kindern, gestorben 1892 in São Pedro de Alcântara, Brasilien. Neben diesem Porträt des Auswanderers bewahrte die Familie auch eine Stammtafel auf, die Arnolds Verwandtschaft in Europa aufführt.[252]

STRICKENDE GROSSMÜTTER

Fotografien wie diese inszenieren das bürgerliche Leben am Ende des 19. Jahrhunderts. Weibliche Stähelin präsentierten sich in langen, dunklen, hochgeknöpften Kleidern, oft mit Stricksachen. Auch Lydia Stähelin, auf Seite 108 als junge Frau abgebildet, dienten Wollknäuel und Stricknadeln als Insignien der Häuslichkeit. An der Wand des Wohnzimmers hängen die Porträts männlicher Verwandter. Inzwischen hatte Lydia, verheiratete Buser, Enkelkinder.[253] In den Erinnerungen der Nachkommen sind Grossmütter wie sie gestrenge Hausherrinnen, die geregelte Tagesabläufe einforderten. «Für uns Kinder» sei die Grossmama «schreckhaft ernst» gewesen, erinnerte sich ein Enkel.[254] Ein anderer Stähelin vermutete, «das Stricken sei ihr ‹Hochgenuss› gewesen».[255]

S. T. G. M.
JOH. FRIDERICVS WETSTENIVS
I. ROD. COS. F.
POSTQVAM VARIIS SE STVDIIS EXCOLVIT
PRÆTOR MIN. VRBIS, SENATOR XIII-VIR
PRÆFRIEH, PIVS, PRVDENS, INCLVTVS
EX DVPLICI CONIUGIO, I. CUM MAGD. STEHELIA
DEIN ANNA CATHAR. BURCARDIA
VIII. FILIOR. AC VII. FILIARVM PATER
MULTIS REBVS PRO PATRIA OPTIME GESTIS
TRISTI PROCELLA EAM TURBANTE
A DEO O. M. IN CELESTEM PATRIAM VOCATVS
CAL. FEBR. A. S. MDCXCI.
VIXIT ANN. LVIII MENS. VII.
PARENTI OPT. VIDUA ET LIBERI.
M. H. M. P.

SCHWIEGERTOCHTER UND MUTTER DES BÜRGERMEISTERS

Vom sozialen Aufstieg der Familie zeugt die Ehe von Magdalena Stähelin (1636–1667).[256] Sie heiratete Johann Friedrich Wettstein (1632–1691), Sohn des Johann Rudolf Wettstein, des bedeutendsten Basler Bürgermeisters des Ancien Régime.[257] Auch Magdalenas Mann Johann Friedrich war Politiker, abgebildet ist sein Epitaph: «(…) Dreizehner-Herr, Landvogt zu Riehen, fromm, klug, berühmt, aus doppelter Ehe, zuerst mit Magdalene Stähelin, dann mit Anna Katharina Burckhardt (…).»[258] Auf dem Grabdenkmal sind die Familienwappen Wettsteins und seiner beiden Frauen abgebildet. Es befindet sich in der Kirche St. Theodor und zählt zur Sammlung des Historischen Museums Basel.[259] 1970 wurde es in der Broschüre ‹Epitaphien der Familien Stehelin und Stähelin› abgebildet. Magdalenas ältester Sohn hiess übrigens wie ihr Schwiegervater: Johann Rudolf Wettstein (1658–1734), auch er war Bürgermeister.[260]

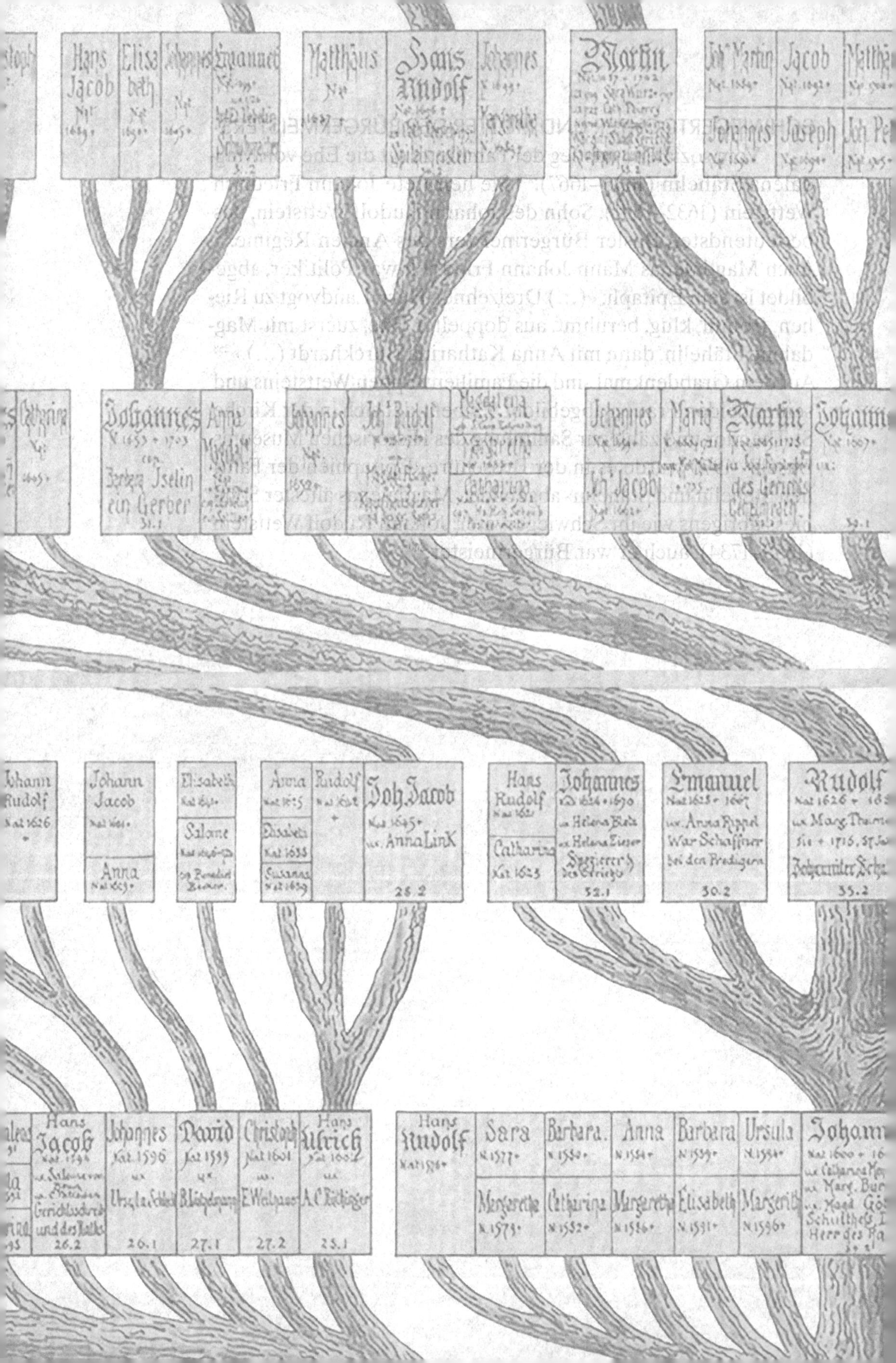

Hans Jacob
Elisabeth
Johannes
Emanuel
Matthäus
Hans Rudolf
Johannes
Martin
Joh. Martin
Jacob
Johannes
Joseph
Catharina
Johannes
Iselin
ein Gerber
31.1
Anna
Johannes
Joh. Rudolf
Magdalena
Catharina
Johannes
Maria
Joh. Jacob
Martin
des Gerichts
Johannes
Johann Rudolf
Nat 1626
Johann Jacob
Anna
Elisabeth
Salome
Anna
Elisabeta
Susanna
Rudolf
Joh. Jacob
Nat 1645
ux. Anna Link
28.2
Hans Rudolf
Catharina
Nat 1625
Johannes
Nat 1624 + 1670
ux. Helena Blatz
ux. Helena Eiser
Spezierer
des Gerichts
32.1
Emanuel
Nat 1625 + 1667
ux. Anna Fippel
War Schaffner
bei den Prediger
30.2
Rudolf
Nat 1626
35.2
Hans Jacob
Nat 1594
Gerichtsherr
und des Raths
26.2
Johannes
Nat 1596
26.1
David
Nat 1599
27.1
Christoph
Nat 1601
27.2
Hans Ulrich
Nat 1602
25.1
Hans Rudolf
Sara
Barbara
Anna
Barbara
Ursula
Margaretha
Catharina
Margaretha
Elisabeth
Margareth
Johann
Nat 1600
Schultheis
Herr des Ra

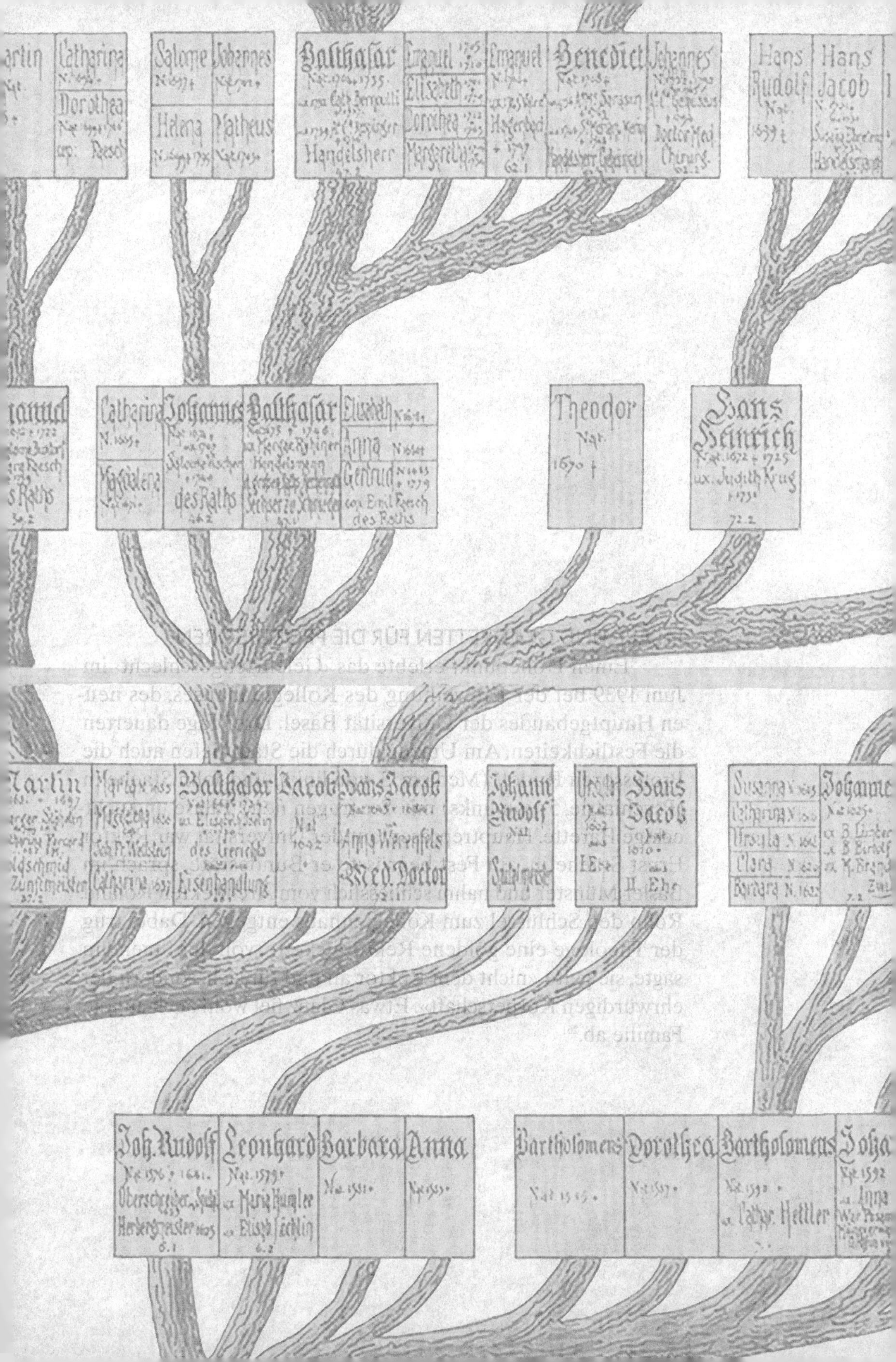
Catharina
Dorothea
Salome
Johannes
Helena
Matheus
Balthasar
Handelsherr
Emanuel
Elisabeth
Dorothea
Emanuel
Benedict
Johannes
Doctor Med. Chirurg.
Hans Rudolf
Hans Jacob
Catharina
Magdalena
Johannes
des Raths
Balthasar
Elisabeth
Anna
Gertrud
des Raths
Theodor
Nat. 1670 †
Hans Heinrich
Nat. 1672 † 1725
ux. Judith Krug
Martin
Zunftmeister
Maria
Magdalena
Catharina
Balthasar
des Gerichts
Eisenhandlung
Jacob
Hans Jacob
Anna Wätenfels
Med. Doctor
Johann Rudolf
Hans Jacob
I. Ehe
II. Ehe
Susanna
Catharina
Ursula
Clara
Barbara
Johannes
Joh. Rudolf
Nat. 1576 † 1641.
Herbergmeister 1625
Leonhard
Nat. 1579
ux. Maria Humler
ux. Elisab. Jächlin
Barbara
Nat. 1581
Anna
Bartholomeus
Nat. 1585
Dorothea
Bartholomeus
Nat. 1590
ux. Cathar. Hettler

TALARE UND GOLDKETTEN FÜR DIE PROFESSOREN

Einen Höhepunkt erlebte das ‹Gelehrtengeschlecht› im Juni 1939 bei der Einweihung des Kollegienhauses, des neuen Hauptgebäudes der Universität Basel. Drei Tage dauerten die Festlichkeiten. Am Umzug durch die Stadt liefen auch die Professoren Rudolf (Medizin, 3. von links) und John Staehelin (Psychiatrie, 5. von links) mit. Sie trugen neue Talare und achteckige Barette. Hauptrepräsentant der Universität war Rektor Ernst Staehelin, am Fest begrüsste er Bundesräte, sprach im Basler Münster und nahm schliesslich vom Architekten Roland Rohn den Schlüssel zum Kollegienhaus entgegen. Dabei trug der Theologe eine goldene Rektoratskette, von der Staehelin sagte, sie gelte «nicht dem Rektor an und für sich, sondern der ehrwürdigen Körperschaft». Etwas Glanz fiel wohl auch auf die Familie ab.[261]

STÄHELINE AUS DER FAMILIE DER KORBBLÜTLER

«Die Blume dieser, nach einem Schweizerischen, in der Kräuterkunde sehr erfahrnen Gelehrten, Namens Stähelin, benannten Gattung bestehet aus lauter gleichen kurzröhrichten Blümlein (…)»,[262] so heisst es im Pflanzensystem von Carl von Linné über die ‹Stäheline›. So taufte der schwedische Forscher eine Pflanze aus der Familie der Korbblütler. Sie lässt sich in mehrere Arten unterteilen, auf dem Bild zu sehen: *Staehelina dubia.* Damit ehrte Linné die Professoren Johann Heinrich Stähelin (1668–1721) und dessen Sohn Benedict (1695–1750), die beide an der Universität Basel tätig waren. Mit Benedict erlosch die Linie der bedeutenden Botaniker, wie die Genealogen sagen würden.[263] Die ‹Stäheline› blühen derweil weiter, vor allem auf Inseln des Mittelmeers.[264]

STÉHÉLIN DE BORDEAUX: WEIN UND CHÂTEAU

Insbesondere im Elsass, aber auch in andern Teilen Frankreichs liessen sich zahlreiche Mitglieder der Familie nieder. Sie schrieben sich zumeist Stehelin, und in Bordeaux: Stéhélin. Dort stieg die aus Basel zugezogene Familie Ende des 18. Jahrhunderts in die Oberschicht auf; noch heute führt eine Rue Stéhélin durch die Hafenstadt an der Garonne. Ein Zweig lebte auf dem nahegelegenen Château La Haye, das Bild zeigt Arbeiter auf dem Weingut. Einer Legende nach war das Schlösschen einst Liebesnest von König Henri II. und seiner Mätresse. Das Weingut liegt in der Gemeinde Saint-Estèphe, der nördlichsten der vier Appellationen des Médoc. Es ist seit der ersten Hälfte des 20. Jahrhunderts nicht mehr im Besitz der Familie.[265]

LES VENDANGES

AU CHATEAU LA HAYE (MÉDOC)

Propriété de la Famille Stéhélin

Wolf

FAMILIENFORSCHER UND GESCHICHTSPROFESSOR

Kaum dreissig Jahre alt, veröffentlichte Felix Stähelin (1873–1952) die ‹Geschichte der Basler Familie Stehelin und Stähelin›, eine umfangreiche Genealogie, die bis in das 16. Jahrhundert zurückreicht.[266] Ab 1907 war Felix als Privatdozent an der Universität Basel tätig, ab 1917 als Professor für Alte Geschichte. Das Porträt ist im Besitz der Kunstsammlung der Universität,[267] der Baselbieter Künstler Ernst Wolf malte es 1944 im Stil der Basler Graumaler.[268] Stähelin war an der ersten Gesamtausgabe des Werkes von Jacob Burckhardt beteiligt, mit dem er mütterlicherseits verwandt war.[269]

MISSIONSFEST UND ‹Z'VIERI› IM KLEINBASEL

‹Die Festgäste in Stähelinsgarten (1942)›, so lautet der Titel dieses Fotos aus dem Archiv der Basler Mission.[270] An den Anlass erinnerte sich ein Enkel des Pfarrers Ernst Stähelin (1861–1949), der mehrfach Gastgeber des Abschlussfests der ‹Missionswoche› war: «Regelmässig traf man farbige Mitarbeiter der Mission in ihren heimatlichen Gewändern und Trachten.» Die Familie habe sich an der Rheinfelderstrasse 33 an Weihnachten getroffen, zudem kamen er und die anderen Grosskinder jeweils am Mittwoch zum ‹z'Vieri›. Dann hätten sie im Garten, «der ja wirklich für Kleinbasel und für ein sonst eng überbautes Gebiet etwas Einmaliges war», ausgiebig gespielt, am liebsten Croquet oder Fussball. So verbrachte man jedes Mal nicht nur einen vergnügten Nachmittag, man hatte auch engen Kontakt mit Vettern und Cousinen, realisierte, «dass man Glied einer ‹Grossfamilie› war». Das Grundstück war seit 1823 im Besitz der Familie. Nach dem Tod von Stähelins Frau Sibylle, geborene Merian (1861–1953), ging es an die Christoph Merian Stiftung.[271]

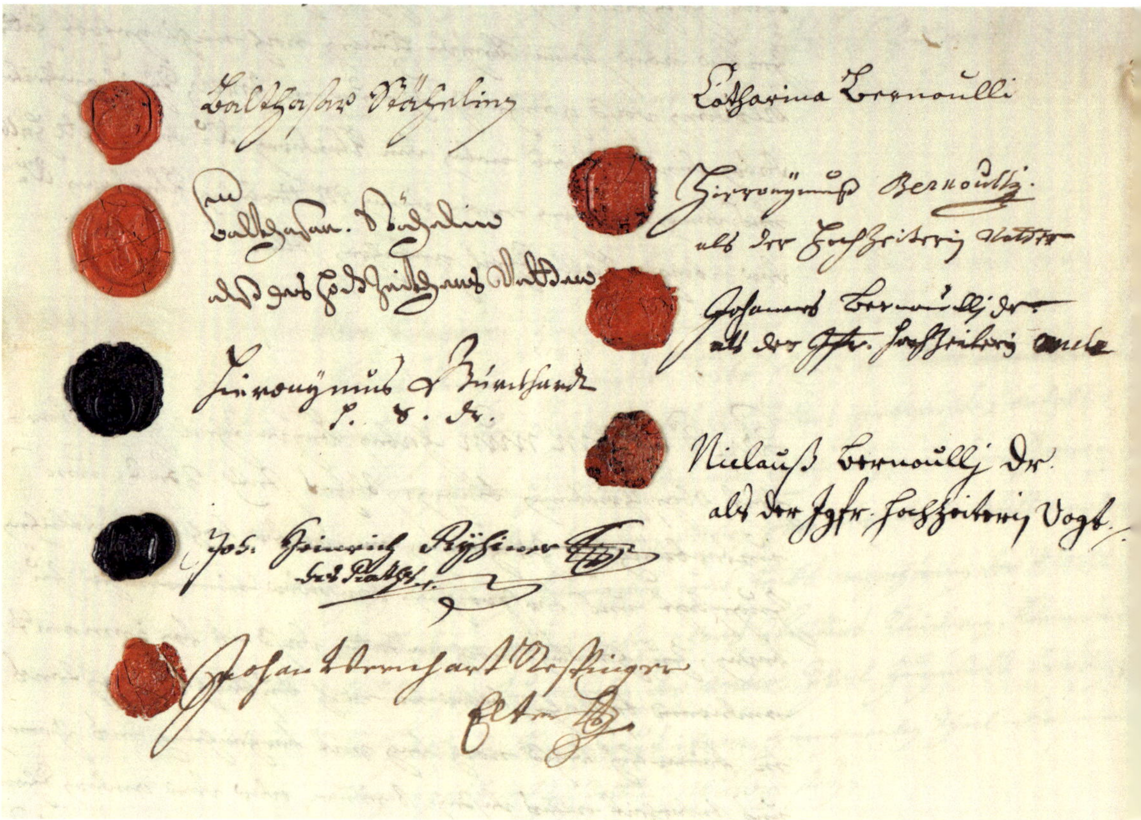

Balthasar Stähelin

Catharina Bernoulli

Hieronymus Bernoulli
als der Hochzeiterin Vatter

Balthasar Stähelin
als des Hochzeiters Vatter

Johannes Bernoulli Dr.
als der Jgfr. Hochzeiterin Oncle

Hieronymus Burckhardt
J. U. Dr.

Niclauß Bernoulli Dr.
als der Jgfr. Hochzeiterin Vogt.

Joh. Heinrich Ryhiner
des Raths

Johann Bernhart Respinger

EHEABREDE MIT SIEGELN

In der Frühen Neuzeit drückten Stähelin den Ring mit ihrem Familienwappen in weiches Wachs, setzten ihren Namen darunter und bekannten sich damit zum Inhalt des ‹gesiegelten› Textes. Die Eheabrede von 1732 legitimierten mehrere Verwandte sowie das Ehepaar, Balthasar Stähelin und Catharina Bernoulli. Die Frau besass offenbar als einzige keinen Siegelring; sie hat das Dokument nur unterschrieben.[272]

STÄHELIN HEIRATET STÄHELIN

Das ‹Familienbuch› verzeichnet fünf Ehen zwischen einer Stähelin und einem Stähelin. Eine davon schlossen 1840 Margaretha, Tochter eines Bandfabrikanten, und Johann Rudolf, Sohn eines Kolonialwarenhändlers. Von der Hochzeit zeugt die Tischordnung. Am Fest versammelten sich einige jener Namen, die bis heute mit der Basler Oberschicht, dem sogenannten Daig, assoziiert werden, darunter Sulger oder, der Anlass legt es nahe: Stähelin.[273]

→ SEITE 144/145

BESTSELLER EINER VERSTOSSENEN

Marie Louise Staehelin (1902–1997) veröffentlichte 1988 unter dem Pseudonym Diane d'Henri ihre Memoiren mit dem vielsagenden Titel ‹Die Frau des Geliebten der Mutter›. Das Buch sorge für «Schlechte Zeiten in ‹besseren Kreisen›», titelte der ‹SonntagsBlick›; dem TV-Moderator Kurt Aeschbacher erzählte Staehelin, sie sei in Basel ‹persona non grata›. Gegenüber der ‹Weltwoche› behaupteten Angehörige des sogenannten Daigs derweil, das Buch nicht zu kennen.[274] Der Enthüllungsbericht stand 38 Wochen auf Platz 1 der Schweizer Bestsellerliste, bis heute verkaufte sich das Buch weit über 120 000 Mal, 2007 erschien es als Hörbuch.[275]

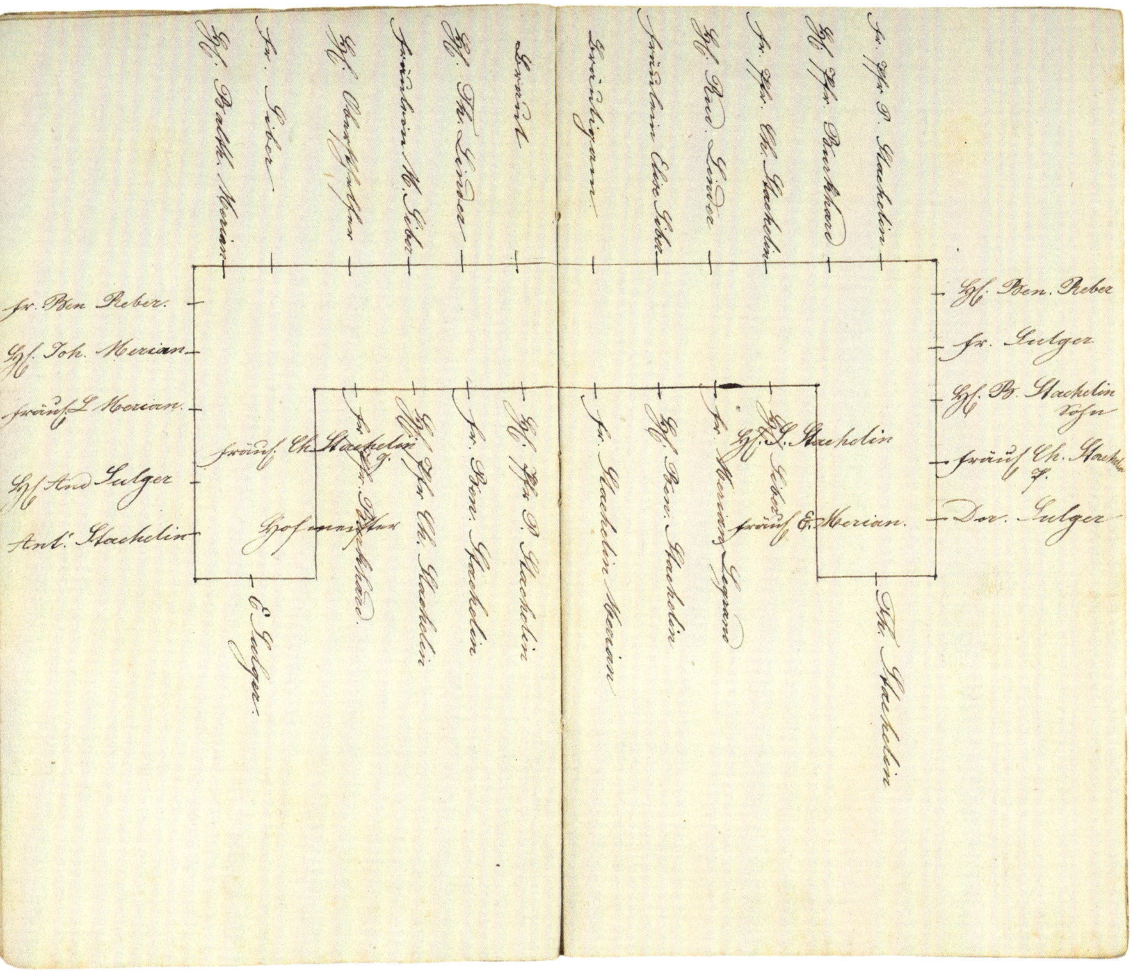

fr. Ben Reber.
Hf. Joh. Merian
fräul. L. Merian.
Hf. And. Sulger
Ant. Staehelin
fräul. Ch. Staehelin
Hf. I. Staehelin
fräul. E. Merian.
Hf. Ben. Reber
fr. Sulger
Hf. B. Staehelin Sohn
fräul. Ch. Staehelin
Dor. Sulger

«Die Frau des Geliebten der Mutter» ist ein Sex-&-Crime-Buch par excellence: Da geht es um Skandale, Intrigen, Inzest, Bestechungen . . . Nur ist das alles nicht erfunden. Es ist eine wahre Geschichte aus den sogenannt besten Basler Famili
Buch treten diese Kreise zwar unter
Pseudonymen auf, doch SonntagsBl
Redaktor Heinz Moll hat die Autori
sucht und kann die echten Namen n

SCHLECHTE ZEITEN IN «BESSER

Skandal! Skandal! In den Basler Salons ist man ausser sich. Nun hat «die» es doch gewagt!

Mit «die» ist Marie-Louise Staehelin gemeint. Die inzwischen 86 Jahre alte «Tochter aus bestem Hause» hat – unter dem Pseudonym Diane d'Henri – im kleinen Berner Zytglogge-Verlag ihre Memoiren herausgebracht. Schon der Titel riecht nach schierer Provokation: «Die Frau des Geliebten der Mutter».

Marie-Louise Staehelin lebt als von ihrer Familie Enterbte und Verfemte seit Jahrzehnten in Zürich im Exil. Ihr Buch basiert auf Tagebuchaufzeichnungen. Es ist die Geschichte eines Martyriums: eine ergreifende Enthüllungsstory über spezifisch gutbaslerischen Familiensinn, über Habgier, Machtsucht, sexuelle Verwirrungen, geschäftliche und menschliche Korruption. Kurz: eine Denver-Story à la bâloise, die sich gewaschen hat.

Das Buch schlug in Basel wie eine Bombe ein. Innert nur fünf Tagen war die erste Auflage von 3000 Exemplaren ausverkauft! Der Ansturm auf die zweite Auflage hält unvermindert an, nun auch ausserhalb Basels.

Marie-Louise Staehelin war als junge Frau von ihrer herrschsüchtigen Mutter, einer geborenen Von der Mühll, zur Heirat mit ihrem Cousin Nicolas Schlumberger gezwungen worden. Der Kavallerie-Offizier war als Teilhaber-Sohn der renommierten Basler Privatbank Ehinger & Co. die «bessere Partie» als ihr vom Herzen Auserwählter.

Dass Schlumberger in Wirklichkeit der Geliebte ihrer eigenen Mutter war, diese schmerzliche Erkenntnis stellte sich erst nach und nach ein. Inzwischen gebar die unglückliche Marie-Louise drei Töchter. Nach jahrelangem innerem Kampf entschloss sie sich schliesslich, auf Scheidung zu klagen.

Damit aber war Feuer im Dach! Die Familie unternahm buchstäblich alles, um den drohenden Skandal abzuwenden. Kein Mittel war ihr zu fies, um die um ihr Recht kämpfende Marie-Louise zur Familien-Raison zu zwingen. Sie wurde seelisch und körperlich unter Druck gesetzt, monatelang auf dem ländlichen Familiensitz in Therwil (BL) eingesperrt, mit Drogen betäubt und gar von der

Die e
Marie
Staeh
gen i
len m
einen
heira
sich s
Liebh
Mutte
stellt

Der Staehelin-Clan versuchte lange, die abtrünnige Marie-Louise mundtot zu machen, um den Skandal zu verhindern.

Polizei – aufgrund fa
gaben des Ehemanne
fener Strasse verhafte

Als alles nichts m
die Affäre war be
Stadtgespräch gewor
te die Widerspenstig
rückt erklärt und in
Irrenanstalt «Friedm
niert werden. Eine sel
tige Rolle bei diesem
ben spielte ihr Gross
fessor John Staeheli
Direktor der «Friedm

Nur dank einer
treuen Freundin
Lichtenhahn ausgeh
konnte Marie-Louis
dem Intrigennetz
entrinnen und die
durchsetzen. Die Mu
sich mit der Enterbu
Louise Staehelin, vor
an grossen Wohlstan
musste sich viele Jah
der Schweiz und in D
als Putzfrau, Näheri
brikarbeiterin durc
schlagen. Während se
führte sie in Mün
Haushalt des Nazifü
mann Göring. Nach
mit einem jüdischen
mann musste sie D
verlassen.

Nicolas Schlumber
ratete sich bald wiede
te seine Karriere im
zum Generalstabsobe
Aus der Bank Ehing

ZITAT

«Der Basler ‹Teig›, wie die untereinander stark versippten Familien genannt werden, ist gekennzeichnet durch ein hohes kulturelles Niveau und durch einen hohen Grad an Überfeinerung.»

(Carl M. Holliger: «Die Reichen und die Superreichen in der Schweiz», 1974)

EISEN»

**uise Staehe-
, o.) verunsi-
e Basler Ari-
Ihr autobio-
isches Buch
Frau des Ge-
der Mutter»
ge, Bern, 227
Fr. 27.–) – er-
en unter dem
donym Diane
– ist die un-
che Saga ei-
ichen Basler
nilie, die von
len, Intrigen,
st und Beste-
n geschüttelt
Die Erstaufla-
ereits weg.**

Die Frau des Geliebten der Mutter

hört seit 1974 dem Bankverein) schied er nach einer dunklen Affäre in Mussolini-Italien aus und wechselte in die Verwaltungsräte mehrerer Industriefirmen. Schlumberger verstarb 1975 im Alter von 81 Jahren.

Dass die explosive Familiensaga nun als Buch erscheint, ist dem puren Zufall zu verdanken. Marie-Louise Staehelin: «Ich las vor drei Jahren den im Zytglogge-Verlag erschienenen erschütternden Lebensbericht der Putzfrau Rosalia G. Hierauf nahm ich allen Mut zusammen und schrieb dem Verlag. Ich habe mir das Buch richtiggehend von der Seele geschrieben. Obwohl ich noch immer Angst habe vor meiner einflussreichen Familie, empfinde ich jetzt, wo das Buch gedruckt vorliegt, eine grosse Genugtuung. Y bi halt doch e Staehelin!»

SOMMERLICHE KINO-TIPS

Psychos und Yuppies, Dörfler und Städter

Für die einen ist die Sommerzeit Sonnenzeit. Andere flüchten sich gerne aus dem gleissenden Licht und der lähmenden Hitze in angenehm abgedunkelte und kühl klimatisierte Kinos. Für die zweite Gruppe hier ein kleiner Überblick über sehenswerte neue Filme.

«Le cri du hibou» von Claude Chabrol mit Christophe Malavoy und Jungstar Mathilda May ist ein atmosphärisch dichter Psychothriller, der wirklich «thrill» hat. Er kribbelt ganz schön. Chabrol hat die hintergründig-spannende US-Kleinstadtgeschichte «The Cry of The Owl» von Patricia Highsmith (deutsch: «Der Schrei der Eule», Diogenes Verlag) in die französische Provinz verlegt. Da passt dieser auf leisen Sohlen daherkommende Horror auch ganz gut hin.

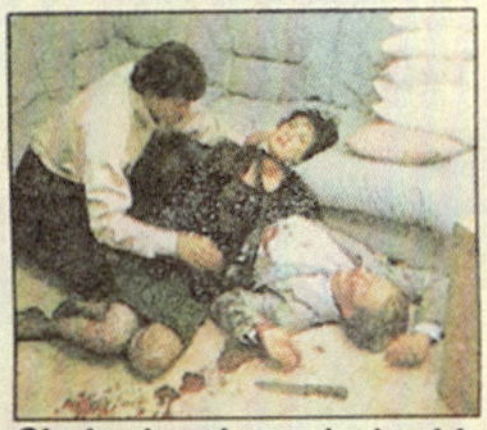

Chabrols «Le cri du hibou»: dramatisches Finale.

«Bright Lights, Big City» ist James Bridges' Kinoversion von Jay McInerneys gleichnamigem New Yorker Yuppie-Roman (deutsch: «Ein starker Abgang», Rowohlt Verlag). Der schöne Sarkasmus des Romans fehlt zwar im Film weitgehend, doch die Stimmungen des Buches werden meist ganz gut getroffen. Das grosse Problem ist der Hauptdarsteller: Teenie-Star Michael J. Fox ist und bleibt ein Bubi – den verzweifelten Jung-Dichter nimmt man ihm nie und nimmer ab.

«5 Corners» von Tony Bill mit Jodie Foster erzählt stimmungsvoll von jungen Leuten in der New Yorker Bronx der frühen 60er Jahre. Leiser Humor und plötzliches Grauen, fröhliches Rumhängen und Rassendiskriminierung liegen in diesem gescheiten Zeitbild nahe beieinander.

«The Milagro Beanfield» ▶

BONVIVANT UND TUNICHTGUT

«Bordeaux möchte ich nicht verlassen ohne Ihnen zu berichten welchen Eindruck ich von unseren Verwandten empfangen habe», schreibt 1921 Wilhelm Richard Staehelin nach Basel. Als Hauptschuldigen für deren gesellschaftlichen Abstieg identifizierte er Jean Emile Stéhélin (1839–1889); Weinhändler, verheiratet mit einer Südamerikanerin, der er untreu gewesen sei. «Den Rest des Vermögens», so berichtet der Basler Familienforscher, habe Jean Emile «sehr rasch verschwinden» lassen. Trotz des vernichtenden Urteils sicherte sich der Besucher ein Porträt des französischen Lebemanns für das Familienarchiv.[276]

HUNDERT JAHRE FAMILIENTAG

Den 400. Jahrestag der Einbürgerung von Hans feierte die Familie 1920 mit einem «Familientag der Familie Stehelin und Stähelin». Dabei führten Familienmitglieder ein Stück auf, das Maggy Staehelin geschrieben hatte: ‹Ein Blick in Meister Hans Stähelins Seilerwerkstätte›. 1930 und 1942 folgten weitere Familientage, seit 1950 findet der Anlass alle fünf Jahre statt.[277]

30. August 1520 — 15. September 1920

Familientag

der

Stehelin und Stähelin

zur Feier des vierhundertsten Jahrestages
der Aufnahme ihres Stammvaters
in das Bürgerrecht der Stadt Basel

Alle Angehörigen der Familien Stehelin und Stähelin mit Einschluß der verheirateten Töchter und ihrer Männer sind eingeladen, sich am 15. September 1920 nachmittags im Schützenhaus zu Basel zu versammeln

Einzelheiten werden später bekannt gegeben. Auskunft erteilt Herr Fritz Stähelin-Bernoulli, Wartenbergstr. 20, Basel.

WAPPEN IM WANDEL DER ZEIT

Die älteste Darstellung des Familienwappens findet sich auf einem Siegel von 1560. Die Genealogen haben es Bartholomäus zugeschrieben, dem ältesten Sohn des ‹Stammvaters›. Das Wappen zeigte damals einen ungeschützten Arm mit Morgenstern, also einen einfachen Soldaten im Kampf. In der darauffolgenden Generation ersetzte ein Stähelin den Morgenstern durch einen Streitkolben, in späteren Siegeln liessen die Nachfahren dann einen Ritter mit gepanzertem Arm diese Waffe führen.[278] Das Wappen wurde veredelt und veradelt.[279] Es ist bis heute präsent, sei es in der Form von Siegelringen oder als Signet der Familien-Website (www.ststst.ch).

5. VERDIENEN, VERARMEN, VERERBEN: ÖKONOMIE DER FAMILIE

Der Reichtum der Basler Oberschicht ist ebenso legendär wie das Understatement. Wer in der Rheinstadt wie viel besitzt, das war und ist Gegenstand von Gerüchten, Vermutungen, Geschwätz. Eine Legende betrifft die alte Witwe Fäsch, geborene Gertrud Stähelin (1683–1779), Tochter einer Eisenhändlerdynastie, wohnhaft an der Augustinergasse und auf einem Landgut auf der Schoren. Die sagenhaft Reiche habe «ihr meist Vermögen, das wol 100 000 Pfund seyn mochte», im eigenen Bett aufbewahrt, hiess es in Basel.[280]

Ein Stähelin rechnete 1972 nach, das kolportierte Vermögen von Gertrud habe zu ihrer Zeit die Kaufkraft von etwa sieben Millionen Schweizerfranken besessen.[281] An einem Familientreffen erzählte er vom Reichtum der schrulligen Witwe. Seine Schätzung war eine Spielerei, die Umrechnung von historischen Vermögenswerten in aktuelle Währungen bleibt problematisch. Aber das Interesse seiner Zuhörer hatte der Referent geweckt: Wer interessiert sich schon nicht für das Vermögen seiner Vorfahren?

Gertruds ältester Bruder Balthasar Stähelin (1675–1746) wählte andere Anlageformen für sein Vermögen. «Gott der Herr» habe befohlen, der Armen zu gedenken, hielt Balthasar am 17. Februar 1739 fest. Er wolle gehorchen, zumal er selbst «von der güttigen Handt Gottes mit zeitlichem Gutt mehrers als würdig war» – mit einem Wort: Balthasar war sehr reich. «Mit diessem meinem lesten Willen» überliess er zum Wohle der Armen tausend Pfund. Den grossen Rest erbten Balthasars Kinder, die den Stähelin'schen Armenfonds zu betreuen hatten. Dieses Geld, so instruierte sie der Stifter, stehe langfristig dem «Stähelischem geschlecht» zur Verfügung, also jenen «Descendenten», die «in Armuth gerathen» waren.[282]

Wie war Balthasar zu seinem Vermögen gekommen? Er leitete die Eisenhandlung im Haus ‹Zum Neuenburg›, das sein Vater Balthasar, vor allem aber seine Mutter Elisabeth entscheidend vergrössert hatten.[283] Elisabeth (1644–1730), geborene Iselin, war eine von mehreren Witwen, die an der Schwelle zum 18. Jahrhundert ein Familiengeschäft der Stähelin führten.[284] Die Eisenhandlung hatte sie von ihrem Mann übernommen, nachdem dieser 1686 an einem Gallenfieber gestorben war. Damals war der älteste Sohn Balthasar zehn, seine Schwester Gertrud, später als reiche Witwe Fäsch stadtbekannt, drei. Für die Tochter fand Elisabeth eine gute Partie, Balthasar schickte sie nach Neuchâtel und Paris, um den prädestinierten Nachfolger auf das Familiengeschäft vorzubereiten. Der Grund für die Frankophilie lag in der wirtschaftlichen Orientierung der Stadt Basel: Das im Geschäft ‹Balthasar Stähelin› gehandelte Eisen war eines jener Güter, die im Elsass produziert und in der eidgenössischen Stadt verkauft wurden. Auch dieses Geschäft war weit enger mit der Wirtschaftsregion des Oberrheins als dem Territorium der heutigen Schweiz verbunden.

Nach seiner Ausbildung übernahm Balthasar von seiner Mutter die Leitung des Familienunternehmens und machte eine politische Karriere, 1700 heiratete er die neun Jahre jüngere Margaretha, geborene Ryhiner, Enkelin von Emanuel Socin, Bürgermeister von Basel. Zu Ehren des berühmten Verwandten hatten Balthasar und Margaretha drei Söhne auf dessen Vornamen – Emanuel – getauft: der erste verstarb kurz nach der

Geburt, der zweite als Kleinkind, der dritte aber sollte den Ur-Grossvater überleben.[285] Balthasar verfügte also über mächtige Familienbande, politische Ämter und reichlich Kapital.

Sein Geld bewahrte der Eisenwarenhändler nicht unter dem Bett auf, wie dies seine jüngere Schwester Gertrud gemacht haben soll, sondern er legte es an. Balthasars letzter Wille zeigt, dass er dabei auf zinstragende Anleihen setzte. Sein Geld hatte er bei «soliden Unterpfändern» angelegt, die zuverlässig ihre Schulden zahlten. Denn nur der «Züns», so erklärte Balthasar seinen Nachfahren, dürfe «durch das Jahr an recht Arme aussgetheilt werden». Die gestiftete Summe von tausend Pfund durfte dagegen auf keinen Fall angefasst werden. Damit klingt die Magie des Kapitals an: Geld wirft Erträge ab, wenn man es andern ausleiht – und die Leihe mit Forderungen verbindet. Balthasar kannte die Gesetze des aufkommenden Kapitalismus, seine Nachfahren sowieso. Die Verwalter des Stähelin'schen Armenfonds legten das Erbe bald bei privaten Schuldnern, bald in Obligationen, bald in Fremdwährungen, bald in Aktien an. Sie hielten sich daran, dass die Spenden nicht aus dem angelegten Kapital stammen durften, sondern sich aus den Zinserträgen generieren mussten.[286]

Mitte der 1990er-Jahre überschritt der Kurswert des Armenfonds, der nun als Stähelin'scher Familienfonds eingetragen war und durch weitere Legate begünstigt wurde, die Grenze von einer Million Franken. Etwa doppelt so hoch war zu diesem Zeitpunkt der Wert der Stähelin'schen Familienstiftung, die Adolf Stehelin, ein im Elsass lebender Ur-Grossenkel Balthasars, 1894 geäufnet hatte. Damit standen den ‹Nachfahren› des Stifters gut drei Millionen Franken zur Verfügung, die der Stiftungsrat an der Schwelle zum 21. Jahrhundert nicht mehr nur für karitative Zwecke, sondern auch zur Förderung des «Familiensinns» verwenden durfte. Die entsprechende Revision der Statuten trat 1996 in Kraft.[287]

ARM SEIN IN EINER REICHEN FAMILIE

Stifter Balthasar hat also ein materielles Gut hinterlassen, das für die Familie noch heute verfügbar ist. Eine solch langfristige Anlage war Balthasars Vorfahr Hans Stehelin noch nicht möglich gewesen. Der ‹Stammvater› war zwei Jahrhunderte vor seiner Geburt als Seiler im Haus ‹Zum Laufenberg› am Rindermarkt tätig; heute befindet sich an dieser Stelle die Gerbergasse 18. Der 1535 erworbene ‹Laufenberg› gilt in der Familie als ‹Stammhaus›.[288] Aber der wirtschaftliche Aufstieg ereignete sich nicht hier, ganz im Gegenteil: Das ‹Stammhaus› steht für die sozioökonomische Stagnation eines Teils der Familie. Den beengten Ort am Rindermarkt haben jene Stähelin hinter sich gelassen, die in die Oberschicht der Stadt aufstiegen, darunter Ratsherren wie Balthasar, vermögende Witwen wie seine Schwester Gertrud oder Kaufmänner, wie sie unter ihren Verwandten und Nachfahren zahlreich waren.

Die Erben des Hauses ‹Zum Laufenberg› dagegen blieben Handwerker. Das ‹Stammhaus› war ihnen Werkstatt und Wohnhaus in einem. Seiler Hans konnte es sich nicht zuletzt dank einem Erbvorbezug seiner Schwiegermutter Margaretha Mieg leisten.[289] Er investierte gezielt in Häuser, eine der gängigen Anlagemöglichkeiten in der Frühen Neuzeit. Aber eben auch ein immobiler Wert, der sich kaum aufteilen lässt. Wer ein Haus übernahm, musste imstande sein, die anderen Erben auszubezahlen oder sie zu unterhalten.[290] Das bedeutete für Seiler Hans und seine Nachfahren, aus dem eigenen Geschäft genügend Ertrag zu generieren – oder aber: das Haus zu verkaufen, um das Gut flüssig zu machen und zu verteilen. Dies tat Hans Heinrich Stähelin (1584, Todesjahr unbekannt) im Jahr 1635. Käufer des ‹Stammhauses› war ein Seiler namens Lindenmeyer.[291]

Auf Hans Heinrich folgt ein Zweig der Basler Stähelin, der im Milieu des einfachen Gewerbes verblieb; unter ihnen mehrere Sattler, auch Schneider, Küfer, Schuhmacher oder Fischer. Einer von ihnen, Christoph Stähelin (1707–1743), wird in Ratsprotokollen als liederlicher Strumpfweber beschrieben. Er soll «in sehr ärmlichen Verhältnissen» gelebt haben. Im Jargon der Genealogie ist dieser Zweig im 19. Jahrhundert erloschen. Die Stähelin, die sich auf den Verkäufer des ‹Stammhauses› zurückführen lassen, führten Ehen mit Frauen namens Oschgy, Kittweiler oder Fischer – nicht Vischer, Merian oder Iselin.[292]

Diese Stähelin waren bescheidene Leute, aber sie standen nicht am unteren Ende der sozialen Hierarchie. Sie besassen das Bürgerrecht. Unter ihnen befanden sich weder Bettler und Dirnen noch Taglöhner wie Johannes Kunz, der einige Monate bei Hieronymus Staehelin im Rosshof arbeitete. Kunz stahl dem Eisenhändler dabei etliche Gegenstände, in erster Linie Kleidungsstücke, darunter ein Gilet – und damit ein Stück Mode, das im Laufe des 18. Jahrhunderts in der Oberschicht das Kamisol ablöste. In der Unterschicht war ‹Diebstahl› ein verbreitetes Mittel, um an Kleidung zu kommen, zudem konnten Textilien einfach verkauft oder getauscht werden.[293]

Neben Aufstieg und Stagnation kannte das Basler Geschlecht eine dritte Tendenz: den jähen Abstieg. Einen spektakulären Fall erlebte etwa Emanuel Stähelin (1672–1722), Sohn des Oberzunftmeisters Martin und Cousin des reichen Stifters Balthasar Stähelin. Emanuel handelte mit Hüten, war Besitzer des Hauses ‹Zur Glocken› am Fischmarkt und Ratsherr zu Safran. 1713 wurde er als Fallit entlarvt und geächtet. Das politische Amt verlor er auf der Stelle, mit horrenden Schulden flüchtete er über den Jura nach Biel, beim Sprung von der Basler Stadtmauer brach er sich den Knöchel. Der Grund des Bankrotts, so berichtete ein Zeitzeuge, waren nicht etwa schlecht laufende Geschäfte, sondern ein Leben in Saus und Braus.[294]

Fallit Emanuel und seine Kinder konnten nicht auf die milden Gaben seines reichen Cousins Balthasar hoffen. Der Stifter vermachte die tausend Pfund seinen direkten Nachfahren.[295] Wer wann wie viel vom Stähelin'schen Armenfonds erhielt, lässt sich bis auf das Jahr 1787 zurückverfolgen. Ökonomisch besonders vulnerabel waren und blieben die Frauen, das zeigt bereits das älteste erhaltene Rechnungsbuch: «eine arme Witwe Stähelin in der kleinen Stadt», also im Kleinbasel, erhielt 1794 eine Spende. Bis ins 20. Jahrhundert waren Frauen, insbesondere Witwen oder ledige «Jungfern», jene Familienangehörigen, die mit Abstand am häufigsten unterstützt wurden.[296]

Die ausgezahlten Gelder waren keine Darlehen, sondern Schenkungen. Trotzdem scheinen sie von den Begünstigten mitunter als eine Schuld empfunden worden zu sein, vielleicht auch als Schande. So vermerkt ein Protokoll des Stiftungsrates 1967, eine in Kanada lebende Frau Stehelin habe die letzten Zuwendungen «freiwillig zurückerstattet», nachdem sie wieder liquide war.[297] Zu dieser Zeit kamen die meisten Anträge um Unterstützung aus dem Ausland. Für ein Familienmitglied, das in Basel lebte, sei es eigentlich unmöglich gewesen, vom Armenfonds Geld anzunehmen, meint eine Zeitzeugin. Selbst wenn es arm gewesen wäre: Der Stolz hätte es nicht zugelassen.[298]

Anders sah das eine Witwe, die auf St. Chrischona lebte. Sie habe die Gabe herbeigesehnt, schrieb sie 1948 dem Verwalter der Familienstiftung: «Da in meiner Kasse so ziemlich Ebbe war, hatte ich jenen Tag gerade unterwegs nach Basel mich getröstet: ‹Der liebe Gott weiss es ja!›»[299] Sie erhielt jährlich um die 1200 Franken, was etwa zwei Monatslöhnen eines Arbeiters entsprach.[300] Neben ihr bekam kurz nach dem Zweiten Weltkrieg ein halbes Dutzend Familienmitglieder eine Unterstützung. Aus Brooklyn schrieb eine Verwandte dem Verwalter, ihr Vater habe den Kindern einst vom «Fonds Stehelin de Bâle» erzählt, eine andere erklärte, sie habe im Krieg alles verloren und nun gar nichts mehr: «ni ménage, ni meubles, ni argent».[301] Auch sie bekam etwas Geld aus Basel geschickt.

Den Forderungen von männlichen Familienmitgliedern begegnete der Stiftungsrat tendenziell mit mehr Skepsis. So entschied sich die Stiftung 1948 gegen die Unterstützung eines Gesuchs aus Genf, das dort durch einen Bekannten geprüft wurde. Der Antragssteller sei eine «traurige Persönlichkeit», lautete dessen Urteil. Die Spende würde er auf der Stelle verprassen, eigentlich gehöre er in eine «Anstalt». Zudem konnte der Bittsteller keine Genealogie vorlegen, die seine Zugehörigkeit zur Familie bewiesen hätte. Sein Antrag wurde abgelehnt, was selten vorkam. Nach den wirtschaftlich schwierigen 1940er-Jahren nahm die Zahl der Gesuche wieder ab, zweistellig war sie in keinem Jahr. Aber es gab und gibt weiterhin Beispiele, die zeigen, dass der Familienname Stähelin nicht vor wirtschaftlichen Problemen schützt.

‹KAFFISTÄÄCHELI› UND DIE KOLONIALWAREN

Eisenhändler Balthasar war nicht nur der Stifter des Armenfonds, für die Genealogen bildet er die bedeutendste Gabelung im Stammbaum. Ihm entstammen die ‹Streitgass-Linie› und die ‹Graben-Linie›. Zwei Äste, die im 18. Jahrhundert austrieben und mit den ältesten Söhnen Balthasars beginnen. Benannt sind sie nach zwei weiteren Häusern in Basel, die einst im Besitz der Familie Stähelin standen; eines davon an der Streitgasse, das andere am Leonhardsgraben.[302]

Dass die Genealogen von einer Streitgass- und einer Graben-Linie sprechen, hat mit den Familienfirmen zu tun, die dort entstanden sind. Einerseits das Handelshaus ‹Gebrüder Stähelin› an der Streitgasse, anderseits die Bandfabrik ‹Balthasar de Benedict Staehelin› am Leonhardsgraben. Ihre Geschichte erzählt von der regionalen Industrialisierung und dem globalen Kapitalismus, aber auch von den engen Strukturen der Handelsstadt Basel, in der einige Bürgerfamilien zu immensem Reichtum gekommen waren.

‹Gebrüder Stähelin› hatte den Sitz an der Streitgasse beim Barfüsserplatz, wo die Familie 1764 eine erste Liegenschaft kaufte. Später umfasste das Bürgerhaus ‹Zum Balchen› die heutigen Hausnummern 11 und 13. Goldig gerahmte Gemälde zierten die Wohnräume, darunter ein Miniaturporträt des Familienpatriarchen und Firmenpatrons, Peter Stähelin (1763–1820). Es zeigt einen gewinnend lächelnden Geschäftsmann. Wohlgenährt und streng frisiert, grosse Nase, feiner Zwirn. Mit Peter erhalten auch die Geschäfte von ‹Gebrüder Stähelin› erste Konturen: ‹Kaffistäächeli› oder ‹Kaffee-Peter› wurde der Geschäftsmann genannt in Basel.[303]

Kaffee war also eine Spezialität von ‹Gebrüder Stähelin›. Aber dieses exotische Gut, das sich in Europa ab dem 17. Jahrhundert verbreitet hatte und nun zur festen Konsumgewohnheit von begüterten Städtern gehörte, war nur ein Gegenstand, mit dem ‹Kaffistäächeli› handelte.[304] Bereits Peters Vater war ein global denkender Spekulant, wie es Ende des 18. Jahrhunderts viele gab in der Basler Oberschicht. Er war an verschiedenen Geschäften beteiligt, verlieh Geld und kassierte Kommissionen. In erster Linie importierten und verkauften seine Firmen jene Art von Gütern, die damals als ‹Specerey und Farbwaaren› bezeichnet wurden. Im Laufe des 19. Jahrhunderts bürgerte sich dafür das Wort Kolonialwaren ein: Tee und Zucker, Baumwolle und Gewürze, verschiedenfarbige Naturfasern und Rinden,

Kakao – und natürlich: Kaffee, die braunen Bohnen, die dem Firmenpatron den Spitznamen geliehen haben.

Die meisten Handelswaren waren Rohstoffe und Konsumgüter, die im Zug des transatlantischen Dreieckshandels über die Meere verschoben wurden. Dabei wusste man in Basel durchaus, dass der Handel mit Sklaven eine entscheidende Rolle spielte in diesem globalen Netzwerk. Es ist zwar kein Dokument überliefert, welches ‹Gebrüder Stähelin› direkt mit dem Sklavenhandel verbindet wie bei anderen Basler Handelshäusern.[305] Aber wie das Geschäft mit Kolonialwaren funktionierte, das verstand man in dieser Familie: Bereits um 1700 handelten die ersten Basler Stähelin mit ‹Specerey›.[306] Unter der Ägide von ‹Kaffee-Peter»›entstand hundert Jahre später eine der führenden Kolonialwarenhandlungen Basels.

Peter Stähelin war ab 1786 an den Geschäften des Vaters beteiligt. Im Alter von 24 Jahren übernahm er das Kontor an der Streitgasse, der Vater zog derweil in den Kettenhof, wo ein anderer Zweig des Firmenunternehmens domiziliert war: ‹Stähelin & Merian›.[307] Wie agil und riskant die Familien Stähelin und Merian spekulierten, deutet ein Geschäft aus der Mitte der 1790er-Jahre an. Offiziell auf Baumwolle spezialisiert, bestellte ‹Stähelin & Merian› damals eine grössere Quantität Mehl im Ausland, die jedoch in Gottlieben am Bodensee von den Zollbehörden gestoppt wurde. Kurz darauf richtete der Basler Bürgermeister eine Beschwerde an den Frauenfelder Landvogt.

Das von ‹Stähelin & Merian› bestellte Mehl, so bekräftigte die Regierung, sei als «Transitgut» bescheinigt gewesen und «nicht zu einem Fürkauf, sondern zu eigenem Verbrauch unserer Angehörigen bestimmt». Die hochrangige Intervention legt das Gegenteil nahe: Das Mehl war kaum allein für die Ernährung der Familienmitglieder gedacht, sondern für den Markt. Getreide war in diesen Tagen ein rares und wertvolles Gut. Die verdächtige Lieferung aus dem Osten war wohl eine Reaktion auf den massiven, durch schlechte Erntejahre verursachten Preisanstieg des Korns.[308] Egal ob Korn oder Kaffee: das Familienunternehmen verschob allerlei Güter, agierte lokal und global, orientierte sich am Weltmarkt und dem Marktplatz Basel. Es handelte mit allem, was einen Gewinn versprach.

Am 1. Januar 1798 verkündete Peter Stähelin den Geschäftsfreunden, das Handelshaus des verstorbenen Vaters laufe nun über ihn. Gemeinsam mit seinem jüngeren Bruder Christoph betreibe er die Firma ‹Gebrüder Stähelin›. Peter war der Chef des Handelshauses, das Geheimbuch führte er in reinlicher Handschrift, mit seiner Familie und den Bediensteten lebte er an der Streitgasse direkt neben Tresor und Lagerhalle, Theke und Kontor. Die dort entstandenen Papiere existieren nur noch in wenigen Fragmenten.[309] Die Tätigkeit von ‹Gebrüder Stähelin› dürfte jener der anderen Basler Handelshäuser geglichen haben.[310] Wie diese geriet auch das Unternehmen von Peter und Christoph in den Strudel der europäischen Politik.

Im Herbst 1806 verfügte Napoleon eine Wirtschaftsblockade gegen Grossbritannien. Damit sollte der weitgehend unter französischem Einfluss stehende Kontinent von britischen Kolonialwaren und Industrieprodukten freigehalten und der Erzfeind in die Knie gezwungen werden. Verschiedenen Basler Handelshäusern gelang es, die Kontinentalsperre zu umgehen und damit riesige Profite zu erzielen. Allen voran ‹Frères Merian›, das führende Schweizer Handelshaus, verfügte über so gute Kontakte im Ausland, dass es immer neue Schmuggelwege fand und damit den Zorn des französischen Kaisers auf sich zog.

Auch ‹Gebrüder Stähelin› müssen dieses riskante und lukrative Geschäft beherrscht haben. Wie prall gefüllt ihre Lager waren, zeigte sich 1810 nach dem Edikt von Trianon. Auf Druck Frankreichs, das nun alle Kolonialwaren – ausser den französischen – mit einem Zoll von bis zu fünfzig Prozent belegte, meldete die Basler Regierung den Wert der Kolonialwaren, die bei hiesigen Handelshäusern gelagert waren. Wenig überraschend hielten ‹Frères Merian› das wertvollste Lager, doch jenes von ‹Gebrüder Stähelin› war nur unwesentlich kleiner. Gemessen an den dafür fälligen Steuern verfügten Peter und Christoph Stähelin über Waren, die fast dreimal so teuer waren wie jene von ‹Ludwig Respinger› oder ‹J.R. Geigy›, die an dritter und vierter Stelle folgten.[311]

Napoleons Drohungen und Dekrete zeitigten in der Folge immer stärkere Wirkung. Bereits im Jahr 1811 gingen siebzehn Basler Handelshäuser Konkurs. Nur die grössten unter ihnen verfügten über genügend Kapital, um das Ende der Kontinentalsperre 1813 zu überleben, darunter ‹Gebrüder Stähelin›. 1816 übergab Peter Stähelin die Leitung seinem ältesten Sohn, der mit einer Merian verheiratet war.[312] Zu diesem Zeitpunkt konzentrierte sich ‹Frères Merian› bereits auf Bank- und Investitionsgeschäfte; im Gegensatz zu ‹Gebrüder Stähelin› hatten die einstigen Konkurrenten dem mühsam gewordenen Handel mit Kolonialwaren abgeschworen. Die Leihgeschäfte warfen hohe Renditen ab: Firmenpatron Christoph Merian stand im Ruf, der reichste Mann der Schweiz zu sein, sein gleichnamiger Sohn stiftete der Stadt Basel später einen Grossteil seines Vermögens.[313]

Christoph Merian senior wurde ‹der reiche Merian› genannt, sein zeitweiliger Konkurrent Peter Stähelin salopp ‹Kaffistäächeli›. Der Spitzname des Patrons von der Streitgasse sollte nicht darüber hinwegtäuschen, dass Peter ebenfalls sehr reich war. Sein und seiner Frau Saras Testament belegt es: Fast 600 000 alte Schweizer Franken erhielten ihre Erben 1843. Doch was war dieses Erbe wert? Die Auszahlung fällt in die Zeit des ‹Münzwirrwarrs›: Jeder Kanton bestimmte den Wert des Frankens für sich, dazu kamen zahlreiche Fremdwährungen, die im Umlauf waren.

Ein Massstab, um den Geldwert historisch einzuordnen, sind Immobilien: Ein Jahr nach der Erbteilung wurde in Basel zum Beispiel der ‹Spiesshof› für 90 000 alte Franken verkauft. Mit seinem Erbteil hätte sich im Prinzip jedes der fünf noch lebenden Kinder des ‹Kaffistäächeli› den Prachtbau am Heuberg leisten können. Sie erhielten je gut 105 000 Franken, wovon ein Teil bei Schuldnern angelegt war, die den Erben drei bis fünf Prozent Zins zu zahlen hatten.[314] Solche Vermögenswerte liessen sich wesentlich besser in die nächste Generation transferieren als eine Immobilie.

Peter und Sara Stähelin waren reicher als Gertrud Stähelin, die im 18. Jahrhundert als Witwe Fäsch ein Vermögen in ihrem Bett versteckt haben soll, das 1972 auf einen Wert von sieben Millionen Franken geschätzt wurde. Die etwa 600 000 alten Schweizer Franken, die das Paar 1843 den Erben hinterlassen hat, wären ein Vielfaches von den 100 000 Pfund wert gewesen. Mit diesem Vermögen hätte man sich theoretisch gleich mehrere Immobilien in der Grössenordnung des ‹Spiesshof› kaufen können. Den Renaissancebau am Heuberg kaufte 1844 übrigens ein Kaufmann. Verkäufer war das andere grosse Basler Familienunternehmen namens Stähelin, ‹Balthasar de Benedict Staehelin›.[315]

PROTESTANTISCHE BÄNDELHERREN

Der Name ‹Balthasar de Benedict Staehelin› orientierte sich am Duktus der Bibel: Balthasar, der Sohn des Benedict Staehelin. Die Firma wurde in späteren Generationen einfach ‹B. de B. Staehelin› genannt,[316] ihre Gründung Ende des 18. Jahrhunderts diente der Diversifikation. Die Familie wollte sich endlich im lukrativsten Geschäftsfeld Basels etablieren, dem Handel und der Produktion von Textilien. Es hatte Familien wie Bachofen, De Bary oder Vischer sagenhaft reich gemacht. Von der Prosperität der lokalen Leitbranche zeugen private Bauten mit Geschäfts- und Wohnräumen, darunter das sogenannte Blaue und das Weisse Haus der Sarasin am Rheinsprung.[317]

Mit dem Kauf des ‹Spiesshof› 1804 verfügte auch ‹B. de B. Staehelin› über einen repräsentativen Sitz; das Gebäude gilt heute als eines der Hauptwerke der Renaissance am Oberrhein.[318] Vor dem Kauf des ‹Spiesshof› war das Geschäft im Haus ‹Zum Neuenburg› am heutigen Marktplatz untergebracht. Dort befand sich weiterhin auch die Eisenhandlung, die einst Balthasar, der Stifter des Armenfonds, geführt hatte. 1828 wurde das Geschäft mit Eisen aufgegeben, die Familie hatte es während zwei Jahrhunderten erfolgreich betrieben. Von nun an setzten ‹B. de B. Staehelin› auf feine Stoffe und Bändel.[319] Die Expansion in ein neues Geschäftsfeld gelang, doch sie kam spät.

‹B. de B. Staehelin› handelte zunächst mit Mousseline, einem feinfädigen und leicht fallenden Stoff aus Baumwolle. Das Kapital für die Diversifikation des Geschäftes stammte teils von der aus dem Elsass zugezogenen Familie Reber; mit ihr verheiratete der Gründer von ‹B. de B. Staehelin› gleich drei seiner Kinder.[320] Der Tresor der Firma befand sich im vierten Stock des ‹Spiesshof›. Dort ruhten die Gelder der Firma in einem massiven

Eichenschrank, der so gross war, dass er nicht mehr durch die Türe gepasst hätte. Eine andere Legende um den ‹Spiesshof› besagt, im riesigen Gebäude habe der Geist eines ehemaligen Besitzers herumgespukt.[321]

In den 1830er- und 1840er-Jahren verkaufte ‹B. de B. Staehelin› neben dem ‹Spiesshof› auch noch weitere Immobilien. Die Firma löste Geld, um sich neben dem Handel nun auch der Produktion von Textilien zuzuwenden. Ohne ein dickes finanzielles Polster hätten neue Firmen kaum in der kapitalintensiven Industrie überlebt, das wusste man in Basel.[322] Blecherei, Eisenschmitte und Drahtzüge, die die Familie bis dahin in St. Jakob bei Basel betrieben hatten, wurden nun schrittweise aufgegeben.

Ab 1844 lag der Geschäftssitz von ‹B. de B. Staehelin› am Leonhardsgraben. Das Land am Leonhardsgraben reichte bis zur Stadtmauer beim Steinengraben, entlang der Strasse umfasste der Besitz die heutigen Hausnummern 40 bis 44.[323] Im Parterre von Nummer 44 waren die Packräume und Kontore der Firma untergebracht, im zweiten und dritten Stock die Fabriksäle. Daneben wohnte die Familie mit Bediensteten, inmitten eines lauschigen Gartens, der gross war wie ein Park.[324]

Dass die Geschäfte gut liefen, zeigt das Bilanzbuch. Als 1850 schweizweit der einheitliche Schweizer Franken eingeführt wurde, betrug der Umsatz der Firma in der neuen Währung über eine Million Franken. Der Profit, der nach Abzug der Betriebskosten übrigblieb, floss direkt auf das Konto der Familie, ihn verzeichnete der Firmenbesitzer wie jedes Jahr in der Rubrik «Gewinn durch Gottes unverdienten Segen».[325]

Die Leiter von ‹B. de B. Staehelin› stehen in einer Reihe mit den protestantischen Unternehmern, die die Basler Wirtschaft des 19. Jahrhunderts prägten.[326] ‹B. de B. Staehelin› wurde von strenggläubigen ‹Bändelherren› geführt, einer ihrer Nachfahren erinnerte sich an die «mannigfachen Missionare, die im frommen und gastlichen, dem Herrnhuterwesen zugewandten Staehelin'schen Hause aus- und eingingen».[327] Die am Leonhardsgraben tätige Bandfirma stellt die Frage nach dem Zusammenhang von protestantischem Glauben und wirtschaftlichem Erfolg. Was waren das für fromme Kapitalisten, die Gott und Geld nahtlos miteinander verbanden?

Ihre Frauen zogen sich ins Private zurück. Waren um 1700 noch mehrere Frauen aktiv und prägend in den Familienunternehmen, spielten sie im Tagesgeschäft von ‹B. de B. Staehelin› keine Rolle. In Überlieferungen, die das Leben am Leonhardsgraben um 1900 schildern, erscheinen sie als fromm und streng. Abends habe die Familienälteste ihre Angestellten und die Kinder am Bett versammelt, um Bibelstellen zu verlesen. Die Ausgaben für Milch, Fleisch und dergleichen hielten sie auf den Rappen genau fest.[328] Tanz und Theater ächteten sie als «Weltgreuel». Sie hüteten das Haus, den Glauben, die Familie.

Im Gegensatz dazu die Bändelherren: Sie blieben den Kindern weitgehend fern, kontrollierten die Arbeiter in der Fabrik, führten die Bücher und repräsentierten die Firma nach aussen. Mit ihren Brüdern und Cousins spielten sie im ersten Stock des Leonhardsgraben Billard, im gediegenen Salon empfingen sie Geschäftsfreunde. An den Wänden der Räume, die den Männern vorbehalten waren, hingen Waffen, ethnografische Schmuckstücke aus aller Welt, ein ‹Staehelin'scher Stammbaum›. In der Geschäftswelt waren Tatkraft und rationale Betriebsführung gefragt. Dazu gehörte eine an Geiz grenzende Sparsamkeit: Aus alten Kopierbüchern der Firma wurde «Closettpapier» gemacht.[329]

‹B. de B. Staehelin› machte Bänder aus Baumwolle und Florettseide, die auch als Schappe bezeichnet wird. Schappe bildet sich aus den minderwertigen Fasern, die aus der äusseren Schicht des Seidenkokons stammen. Dieses Geschäft florierte in der Mitte des 19. Jahrhunderts, als an gut 220 Stühlen Bänder für die Firma gefertigt wurden. Ihre Produkte präsentierte ‹B. de B. Staehelin› 1855 an der Weltausstellung in Paris, «catégorie rubans façonnés divers».[330] In den 1870er-Jahren verkaufte sie eine Fabrik in Liestal, eröffnete dafür aber in St. Jakob eine neue Produktionsstätte. Jenseits des Atlantiks unterhielt das Familienunternehmen Warenlager in Boston und New York.[331] Das Modezentrum Paris und aufstrebende Metropolen wie New York prägten das Berufsleben von Bändelherren wie Benedict Staehelin (1825–1891). Dieser hatte die Expansion von ‹B. de B. Staehelin› vorangetrieben bis zum tödlichen Eisenbahnunglück in Münchenstein. Dass seine Witwe die Leitung übernommen hätte, schien Ende des 19. Jahrhunderts undenkbar.[332]

‹B. de B. Staehelin› hatte seinen Zenit um 1900 bereits überschritten. Neben anderen Faktoren litt die Basler Textilbranche, die noch immer die mit Abstand wichtigste in der Region war, unter den Launen der Mode. Waren Hüfte, Taille und Busen der bürgerlichen Frau des 19. Jahrhunderts noch mit Hilfe von Bändern betont worden, fielen in den 1920er-Jahren die modischen Hängekleider über die schlanke Silhouette der femme garçonne. Und auch auf den Hüten wurden immer seltener ellenlange Seidenbänder zu Garnituren gebunden. Wie auf solche Trends zu reagieren wäre, das blieb den Bändelherren ein Rätsel.[333]

Die Besitzer von ‹B. de B. Staehelin› widmeten sich den drängenden und zunehmend bedrohlichen Fragen beim gemeinsamen Kaffee, zu dem sie sich jeden Tag pünktlich um vier Uhr nachmittags trafen.[334] Schliesslich wählten sie wie viele Bändelherren die Liquidation.[335] Die Fabrik verkaufte die Familie an die Schappe-Cordonnetspinnerei, nach über hundert Jahren in Familienbesitz ging das Areal am Leonhardsgraben an den Kanton Basel-Stadt. 1927 erlosch die Firma ‹B. de B. Staehelin›, die Familie hatte sie fünf Generationen lang geführt. «Damit ist ein Stück alt Basel verschwunden und eine Familiengeschichte zu Ende gegangen»,[336] klagte eine ehemalige Bewohnerin des Leonhardsgrabens.

BASLER CHEMIE

Die Teilhaber am Geschäft von ‹Balthasar de Benedict Staehelin› zählten am Ende des 19. Jahrhunderts nicht zu den allerreichsten Baslern, jene der Kolonialwarenhandlung ‹Gemuseus & Stähelin›, der Nachfolgefirma von ‹Gebrüder Stähelin›, ebenfalls nicht. Aber die Leiter dieser beiden Firmen gehörten immerhin zu den fünfhundert Menschen, die 1895 im Kanton Basel-Stadt am meisten Steuern zahlten. Sie befanden sich unter jenen zwei Prozent, die ein privates Einkommen von über 20 000 Franken versteuerten.[337] Zum Vergleich: Eine Arbeiterin verdiente damals jährlich knapp 600 Franken, ein kaufmännischer Angestellter etwa 2200 Franken.[338]

Basel war eine ausgeprägte Klassengesellschaft am Ende des 19. Jahrhunderts. Wie weit die sozioökonomische Schere aufging, zeigen Bilder von Bettlern, die im Stadtbild allgegenwärtig waren, oder der prekären sanitären Verhältnisse in der beengten Innenstadt. Was für eine Bedeutung die familiäre Herkunft in dieser Stadt hatte, offenbaren Analysen des Historikers Philipp Sarasin. Die alte Oberschicht war nicht nur sozial und kulturell, sondern auch ökonomisch in sich geschlossen: Die Hälfte der gut fünfhundert reichsten Haushalte in Basel bildeten Ehepartner, die beide aus altbürgerlichem Patriziat stammten.

Doch auch in dieser Oberschicht gab es relativ grosse Unterschiede, zumindest finanziell. Kein Stähelin zählte 1895 zu den knapp sechzig Basler Steuerzahlerinnen und Steuerzahlern, die man heute vielleicht als Superreiche bezeichnen würde. Sie versteuerten über 131 000 Franken – eine Summe, die etwa sechzig Mal so hoch war wie das schweizerische Durchschnittseinkommen kaufmännischer Angestellter, wobei es Basler Haushalte gab, die ein Einkommen von über einer Viertelmillion verzeichneten. Keiner lautete auf den Namen Stähelin, und auch keine Frau namens Stähelin hatte in eine der allerreichsten Basler Familien eingeheiratet.[339] Das sollte nicht darüber hinwegtäuschen, dass viele Familienmitglieder sehr wohlhabend waren.

Es waren insgesamt elf Stähelin, die 1895 zu den 539 grössten Steuerzahlern in Basel zählten. Einen Lohn im engeren Sinne bezog keiner von ihnen. Vier waren Besitzer einer Firma, an deren Erträgen sie direkt partizipierten, sei es aus Gewinnen oder durch die Liquidation von Anlagen. Die restlichen sieben bezogen ihr Einkommen hauptsächlich aus Renditen: Zwei von ihnen waren Pfarrer, die anderen fünf Rentiers. Einer der Rentiers war ein Stähelin, der sich zur Ruhe gesetzt hatte, eine andere die Tochter des verstorbenen Leiters der Baumwollspinnerei ‹Sarasin & Heusler› (später ‹Sarasin, Stähelin›), die anderen drei waren Witwen namens Stähelin.[340] Wie zahlreiche der reichsten Baslerinnen und Basler hatten sie viel Geld geerbt. Sie lebten nach dem Prinzip, auf dem der Stähelin'sche Armenfonds aufgebaut worden war: Kapital wirft Gewinn ab, der Zins muss zum Leben reichen.

Familie ist vieles, auch ein wirtschaftliches System. Sie ist ein Hort von Gütern, eine ökonomische Einheit, die zwei bis drei Generationen materiell absichern soll. Dabei spielt das Erben eine zentrale Rolle. Weibliche und männliche Erben sind vor dem Gericht gleichgestellt, die Reihenfolge der Begünstigten lautete in Basel seit jeher: Kinder, Eltern, Geschwister, Kinder der Geschwister, Grosseltern, Geschwister der Eltern, Cousins.[341] «Es ist nur schade, dass eigentlich bei jeder Erbschaft unangenehme Geschichten vorkommen müssen und man mit seinen nächsten Verwandten in Streit kommen muss», notierte um 1900 eine Staehelin.[342] Trotz gesetzlicher Regelungen und persönlicher Testamente: Auch Kapitalien und Wertschriften lassen sich nicht einfach aufteilen, erst recht nicht mit Emotionen aufgeladene Erbstücke: Schmuck oder Gemälde, Möbel, Bücher, ein Weinkeller, das Elternhaus. Neben verschiedenen Testamenten bezeugen die zahlreichen Eheabreden im Familienarchiv der Stähelin, dass wirtschaftliche Überlegungen bei der Gründung einer Familie mitspielten, egal in welchem Jahrhundert.[343]

Ein altbekanntes Muster des bürgerlichen Heiratsmarkts sah vor, dass der Mann ökonomische und die Frau kulturelle Motive zu verfolgen hatte.[344] Demnach trug eine Braut zur wirtschaftlichen Absicherung bei, etwa durch eine grosszügige Mitgift, die Aussicht auf ein grosses Erbe oder eine Stelle im Unternehmen ihres Vaters. Umgekehrt waren männliche ‹Bildungsbürger› eine besonders attraktive Partie für Frauen aus wohlhabenden Familien, denn sie waren dem Ansehen mindestens so dienlich wie viel Geld. Um zur Basler Oberschicht zu gehören, brauchte man beides; ökonomisches und kulturelles Kapital, Kaufmänner und Intellektuelle, Geld und Geist. Nimmt man die reichsten gut fünfhundert Haushalte in Basel nochmals unter die Lupe, so fällt denn auch die Häufung von Pfarrern und Professoren auf. Das war bei den Stähelin nicht anders, wobei Heiraten auf beide Seiten stattfanden: der Pfarrer Ernst Stähelin heiratete in die reiche Familie Merian, eine wohlhabende Stähelin in die Pfarrerdynastie Preiswerk.

Im Falle der Heirat Preiswerk-Stähelin sind ganz und gar unromantische Heiratsmotive überliefert. Er habe sich gesagt, «dass es auch recht wohl passend sei, wenn zu einem recht vermögenslosen Landpfarrer eine Braut nicht mit ganz leeren Händen komme», schrieb der Bräutigam, Samuel Preiswerk, in seinen Lebenserinnerungen. Er habe die Auserwählte nur «vom flüchtigen Sehen» her gekannt, vor dem Antrag wusste er lediglich, dass Charlotte Stähelin «zwar nicht so schön sei, wie die Geliebten in den Gedichten, hingegen eine gutherzige, herrenhutisch fromme, gebildete Tochter aus guter Familie». Die Rechnung ging auf: Ihre Ehe sei glücklich gewesen, bilanzierte Preiswerk. Die Kinder folgten dem Vorbild der Eltern: Alle vier Söhne wurden Pfarrer und heirateten Frauen aus reichen Familien.[345]

Es gab aber auch Lebensläufe, die zielstrebig den wirtschaftlichen Erfolg suchten. Zum Beispiel Max Staehelin (1880–1968), Sohn eines Pfarrers und Theologen, erfolgreicher Geschäftsmann und Überlebender des Untergangs der ‹Titanic›. Der promovierte Jurist wurde mit 27 Direktor der ‹Schweizerischen Treuhandgesellschaft›, im Jahr 1928 Präsident des ‹Bankvereins› (heute ‹UBS›) und Verwaltungsrat bei ‹Ciba› (heute ‹Novartis›), im Chemieunternehmen war er von 1944 bis 1956 Präsident. Sein einziger Sohn machte in den gleichen beiden Grossfirmen eine ganz ähnliche Karriere. Auch er hiess Max Staehelin, war unter anderem Verwaltungsrat bei ‹Bankverein› und ‹Ciba›, dozierte an der Universität Basel über Fragen des Wirtschaftsrechts.

In Zeitungsartikeln, die Max senior und Max junior gewidmet sind, werden den beiden Finanzspezialisten ähnliche Charakterzüge zugeschrieben: «Mit der für die Familie, der er entstammt, typischen Bevorzugung des Seins vor dem Schein» habe der Ältere jeweils abgewinkt, wenn die Feier seines Geburtstages bevorstand, schrieben die Lokalzeitungen unisono. Über den Jüngeren hiess es in der ‹Neuen Zürcher Zeitung›, er lebe nach dem «Leitmotiv des Masshaltens».[346] Weniger salbungsvoll war der Schnitzelbank, den 1955 ein Verwandter an einem Familienfest im Schützenhaus zum Besten gab: «Am Pulvermachen» sei manchem der hier Anwesenden sehr gelegen, spielte der Redner auf das in Basel florierende Geschäft der chemisch-pharmazeutischen Industrie an – und frotzelte: «So Max dem Vater, Max dem Sohn / und auch Carl Staehelin-

Simon. / An Wässerlein und Pulvern nie / fehlt es bekanntlich der Chemie / viel Wundermittel bringt die Geigy / erst von der Ciba ganz geschweigy.»[347]

Die Pointe auf Kosten der bei ‹Ciba› einflussreichen Max senior und Max junior sowie den ‹Geigy›-Direktor Carl Staehelin[348] folgte auf der Stelle: «Und wer viel Pülverlein verkauft, der wird am End steinreich getauft.»[349] Die Anspielung auf das Vermögen der in der ‹Basler Chemie› tätigen Familienmitglieder war unverblümt, zumal sie sich an ‹steinreiche› Männer richtete, die sich in der Öffentlichkeit betont bescheiden gaben. Aber im Kreis der Familie schien der bissige Witz erlaubt. Der Redner dürfte einige Lacher geerntet haben, Aufmerksamkeit genoss er zweifellos, denn nicht nur das Vermögen der toten Vorfahren, auch jenes der lebenden Verwandten ist von anhaltendem Interesse.

6. IN DER GELEHRTENREPUBLIK: ANATOMEN, THEOLOGEN, HISTORIKER

Im Jahr 1960 erscheint das Buch ‹Professoren der Universität Basel aus fünf Jahrhunderten›.[350] Anlass ist das 500-Jahr-Jubiläum der 1460 gegründeten Universität. Herausgeber des Buchs ist Andreas Staehelin, Historiker und späterer Staatsarchivar des Kantons Basel-Stadt sowie Privatdozent für Schweizergeschichte an der Universität.[351] Das Geleitwort hat Ernst Staehelin verfasst, Kirchenhistoriker und Rektor der Universität, zugleich Autor des ersten Porträts des Bandes (Johannes Geiler von Kaisersberg, 1475 bis 1476 Professor für Theologie).

Die ersten fünf Porträts sind allesamt von Andreas oder Ernst Staehelin geschrieben worden. Das Buch stellt insgesamt zweihundert Professoren vor; 26 Porträts sind von drei Stähelin verfasst, eines von John, Professor für Psychiatrie.[352] Unter den 200 porträtierten Professoren schliesslich sind drei Stähelin zu finden: Rudolf (1841–1900), Professor für Kirchengeschichte, Felix (1873–1952), Professor für alte Geschichte, und Rudolf (1875–1943), Professor für Medizin.[353]

1960 tritt also die Familie als eines der führenden Gelehrtengeschlechter der Universitätsstadt Basel ins Rampenlicht. Tatsächlich bestehen zwischen der Universität und einigen Stähelin enge Bande. Manche Mitglieder der Familie, die sich mit deren Tradition beschäftigen, sehen denn auch als ihre Eigenart die Nähe zur Akademie an – so wie andere Basler Patrizierfamilien, so weit verzweigt sie auch sind und so divers die Berufe ihrer Angehörigen im Fremdbild wie in der Eigensicht mit bestimmten Branchen zusammengehen, mit der Seidenspinnerei, den Banken oder der Chemie.

Damit heben die Stähelin weniger das ökonomische Kapital hervor, das der Kern der Familie im Lauf der Zeit geäufnet hat, sondern das ‹kulturelle Kapital›, wie es der Soziologe Pierre Bourdieu nennt: Bildung, Wissen, Titel. Sie nobilitieren die Familie nicht mit Regimentswürden, finanziellem Reichtum oder Unternehmerinstinkt, sondern mit akademischem und intellektuellem Geist: ein Gelehrtengeschlecht. Und markieren im Selbstbild zugleich Distanz zur Welt des Geschäfts und der Politik. Der Politiker, auch wenn er sich für die ‹Res publica› einsetzt, verfolgt die Mehrung der Macht. Der Unternehmer, auch wenn er ein soziales Gewissen hat, verfolgt die Mehrung des Kapitals. Der Gelehrte dagegen, auch wenn er eitel und auf Ruhm aus ist, will nur sein Wissen vergrössern und die Welt verstehen – oder wenigstens ein Detail davon. Er schaut eine Sache von allen Seiten an, auch sein eigenes Tun. Er reflektiert sich. In diesem Punkt ist er den anderen moralisch überlegen.

DIE ERSTEN PROFESSOREN

Basels Politik wurde im 17. und 18. Jahrhundert von einigen patrizischen Familien bestimmt. Ähnlich verhält es sich mit der Universität. Noch im 16. Jahrhundert kam von den knapp achtzig Dozenten nur ein Viertel aus Basel. Die Mehrheit dagegen war aus Süddeutschland, dem Elsass, der übrigen Schweiz, aus Frankreich, Italien und Holland zugewandert. Die aufstrebende Stadt war nicht weniger ein Anziehungspunkt als ihre Universität. Doch schon im 17. Jahrhundert ‹verbaslerte› diese, wie der Historiker Andreas Staehelin – einer der Gelehrten der

Familie aus jüngster Zeit – 1957 in seiner grossen zweibändigen Geschichte der Universität festgestellt hat.

Von den achtzig Professoren gehörten zwischen 1600 und 1700 rund sechzig Prozent einem Kreis von fünfzehn Basler Familien an. Die Stähelin waren nicht vertreten; sie betätigten sich vornehmlich in Gewerbe und Handel. Im 18. Jahrhundert kamen mehr Familien zum Zug. Der Kreis öffnete sich, nun gehörten auch die Stähelin zu den Basler Gelehrtengeschlechtern und Akademikerfamilien. Die Bernoulli waren mit fünf Professoren, die Burckhardt mit vier, die Stähelin, Ryhiner, Merian und Zwinger mit je drei dabei. Überhaupt nicht vertreten unter der Professorenschaft sind auffälligerweise die De Bary und Sarasin, auch die Socin fehlen.[354]

Der erste Stähelin-Professor war Johann Heinrich (1668– 1721). Er lehrte ab 1711 Anatomie und Botanik, daneben praktizierte er als Arzt. Seine Ausbildung zum Chirurgen machte er 1692 in Paris. Er soll der erste Basler Ordinarius gewesen sein, der chirurgische Kolloquien anbot.[355] 1719, zwei Jahre vor seinem Tod, wurde er zum Rektor gewählt. Er ist einer der grossen Botaniker der Familie, denen zu Ehren der schwedische Naturforscher Carl von Linné, der Entwickler der gleichnamigen biologischen Nomenklatur, eine Pflanze auf den Namen Staehlina taufte.[356] Johann Heinrich war mit dem Zürcher Gelehrten Johann Jakob Scheuchzer bekannt, dem damals wohl prominentesten Naturforscher Europas, der die biblische Sintfluttheorie wissenschaftlich zu beweisen suchte, indem er in den Bergen Fossilien sammelte.[357] Scheuchzer und Stähelin tauschten botanische Erkenntnisse und Pflanzen aus. Auch Johann Heinrich führte Exkursionen in die Berge durch.

Sein Sohn Benedict (1695–1750) trat in die Fussstapfen des Vaters. In Basel und Paris studierte er Anatomie und Botanik, 1727 wurde er zum Professor der Physik ernannt, 1736 zum Rektor. Schon vorher war er korrespondierendes Mitglied der königlichen Akademie der Wissenschaften zu Paris. In jungen Jahren arbeitete er an einer Pflanzengeschichte, die er freilich nicht vollendete. Seine grösste Leistung liegt im Studium der Pilze, und auch in der Physiologie, der Lehre von der Funktionsweise des gesunden Organismus, kam er weit. Zudem verfasste er Gedichte, auch auf Englisch, und entdeckte die Heilquelle Neubad.[358]

Auf Wunsch des Rates baute Benedict das physikalische Kabinett der Universität und den Experimentalunterricht aus. Beim Spalentor wurde ein Physiksaal errichtet. Dazu kaufte er durch die Vermittlung eines Genfer Mathematikers beim berühmten Instrumentenmacher Hawksbee in England neue Apparate, darunter eine Luftpumpe, mit der man ein Vakuum erzeugen konnte, und mehrere optische Instrumente.[359] Benedict war befreundet mit dem Berner Albrecht von Haller, dem ‹letzten Universalgelehrten›, der an der aufstrebenden Universität Göttingen lehrte. Benedict habe in ihm das Interesse an der Botanik geweckt, schrieb Haller. Er rühmte dessen Injektionspräparate und widmete ihm mehrere seiner Gedichte. In einem reimte er: «Woher, o Stähelin, kömmt doch die Zuversicht, / womit der schwächste Geist von hohen Dingen spricht? / Du weisst's – Betrug und Tand umringt die reine Wahrheit, verfälscht ihr ewig Licht und dämpfet ihre Klarheit.»[360]

Wie Haller dürfte auch Benedict Leichen seziert und Experimente an lebenden Tieren durchgeführt haben. Die Anatomie und Physiologie bildeten im 18. Jahrhundert die Leitdisziplinen der Medizin. Die Wissenschaftler legten einzelne Körperteile frei, reizten Muskeln, Sehnen und Nerven mit heissem Öl und schnitten Embryonen heraus.[361] An seinem Lebensende scheint Benedict seelisch erkrankt zu sein. Als Haller ihn wieder einmal besuchte, soll er ihn kaum ansprechbar mit Kinderspielzeug angetroffen haben. Haller brach in Tränen aus, worauf Benedict sagte, ja, es sei traurig, wieder ein Kind zu werden.[362]

Auch Johann Rudolf (1724–1800) betrieb anatomische und botanische Studien. 1753 wurde er Professor, viermal war er Rektor, zudem praktizierender Arzt. Um sein Amt kompetent bekleiden zu können, notierte er rückblickend, habe er in Strassburg, Heidelberg, Frankfurt, Leipzig, Berlin, Göttingen, Leyden und Paris «die Zergliederungssäle und botanischen Gärten besucht und mit den berühmtesten Männern in diesen Wissenschaften bekannt zu werden getrachtet und viele Kabinette mit Naturalien und anatomischen Praeparatis zu durchsehen Gelegenheit gehabt. Nach meiner Rückkunft habe ich nicht ermangelt, so oft sich dazu Gelegenheit gezeigt, die anatomischen Lectionen den Studiosis in lateinischer, und in den folgenden Stunden den Chirurgis in deutscher Sprache zu halten. Im Frühling und Sommer habe ich immer mit den Studiosis öftere Excursiones in benachbarte Berge und Felder gemacht, um die darauf wachsenden Kräuter aufzusuchen und ihnen bekannt zu machen.»[363] Seine Arbeit litt freilich unter dem Mangel an Leichen.[364]

Noch weitere Naturwissenschaftler der Familie wären aufzuführen: etwa der Mediziner Johann Jakob (1643–1683), ein Pionier auf dem Feld der Chemie. In seinem Haus fand 1767 einer der ersten chemischen Präparationskurse statt. Er verfügte über ein gut eingerichtetes Chemielabor.[365] Oder der Physiker Christoph (1804–1870), der sich zunächst als Fabrikant betätigte und dann aufgrund eines Augenleidens nach nur einem Jahr von seinem Professorenamt zurücktreten musste.[366]

AUFSTIEG UND KRISE

Das Familienarchiv der Stähelin bewahrt eine Reihe von Doktordiplomen aus der Zeit um 1900 auf. Ausgerollt erreichen die sperrigen Blätter spielend Postergrösse. Sie sind antikisierend gestaltet, allesamt in Latein verfasst, mit Grossbuchstaben wie auf römischen Inschriften und mit Siegeln geschmückt.[367] Sie geben einen Eindruck sowohl von der Traditionspflege als auch von der Exklusivität wie vom Dünkel, der mit dem Titel verbunden war. «Quod bonum felix faustum forturantum sit …» – mit diesen Worten Ciceros hebt etwa Felix Staehelins Diplom an, das er für seine historische Studie über die kleinasiatischen Galater erhielt: «Gut, günstig, glücklich und gesegnet sei …» Das Diplom stand unter den Auspizien des «Senatus populique Basiliensis», also der Basler Regierung und des Volks; die Formel zitiert die römisch-republikanische des ‹Senatus Populusque Romanus›. Auch Max Staehelin – ‹Maximilianus Stehelinus› – erhielt ein Diplom für seine Arbeit zur Frage der Bilanzfähigkeit, desgleichen Johann für seine Studie zur Zivilgesetzgebung während der Helvetik.[368]

Die Universität Basel, sie ist nicht irgendeine Universität. Dass Basel als Schweizer Universitätsstadt schlechthin gilt, hat mit seiner engen Verbundenheit mit der ehrwürdigen Institution zu tun. Sie wurde bereits 1460 durch eine Stiftung von Papst Pius II., besser bekannt als der Gelehrte und Dichter Enea Silvio Piccolomini, gegründet und im Chor des dannzumal noch katholischen Münsters eröffnet – also noch bevor die Stadt der Eidgenossenschaft beigetreten war. Die Universität Basel ist die mit Abstand älteste der Schweiz.

Die Universität an sich stand und steht für das Prinzip von Selbstverwaltung und einer Art von Demokratie. Sie ist eine der ältesten und wichtigsten Institutionen des Westens. In der ‹Universitas magistrorum et scolarium›, der Gemeinschaft der Lehrenden und Lernenden, soll nur das bessere Argument zählen, nicht der Status der Person, die es vorbringt. Wiederum idealtypisch gesagt: An keinem anderen Ort werden Menschen dazu angehalten, Autoritäten infrage zu stellen und Ungehöriges zu denken. Dass die Praxis oft eine andere ist, widerlegt nicht das Grundprinzip der Universität. Die ersten Universitäten wurden im 11. und 12. Jahrhundert in Bologna, Salerno, Paris, Oxford und Salamanca gegründet. Basel steht in dieser Reihe. Keine andere europäische Institution hat so wie die Universität mit ihren Strukturen und wissenschaftlichen Leistungen globale Geltung erlangt.[369] Wenn man so will: Daran hatten mehrere Mitglieder der Familie Stähelin Anteil, zumindest seit dem 18. Jahrhundert.

In ihren Anfängen etablierte die Universität Basel sich als internationales Zentrum des Renaissance-Humanismus. Die intellektuelle Bewegung achtete die von ihr wiederentdeckte und in der Folge tradierte antike Bildung und stellte die Würde des Individuums in den Vordergrund, durchaus in Distanz zu den offiziellen Lehren der Kirche, interessierte sich aber auch für Magie und Hermetismus. In Basel lehrten etwa Erasmus von Rotterdam, Bonifacius Amerbach und Paracelsus.

Im 16. Jahrhundert profitierte die Universität von Glaubensflüchtlingen aus dem Ausland. Sie wurde von Italienern, Savoyern und Hugenotten besucht. Allerdings waren die Immatrikulationszahlen tief; nur rund 55 Studenten folgten insgesamt dem Lehrbetrieb. Als Ort der Toleranz genoss sie unter Gelehrten hohes Ansehen. Hier wurde sogar, wenn auch nicht ohne Komplikationen, der Koran ediert. Die Reformation führte kurzzeitig zur Einstellung des Lehrbetriebs. In deren Gefolge löste die Universität sich vom Glaubensradikalismus und fand zur humanistischen Grundhaltung zurück.[370] Sie übte nun freilich für Kirche und Staat die Zensurfunktion aus.

Lange funktionierte die Universität wie ein Staat im Staat, mit eigener Verwaltung und eigenen Rechten. Um 1700 hiess es, ihre Fakultäten seien mit den Zünften der Stadt vergleichbar, und das Consistorium sei ihr Gericht und die Regenz, in dem die Professoren einsassen – und noch immer einsitzen –, ihr Rat.[371] In vier Fakultäten gliederte sich die Institution: die theologische, die juristische, die medizinische und die philosophische. Letztere hatten alle Studenten propädeutisch zu durchlaufen. Sie stand in der Frühneuzeit in der Hierarchie unter den drei anderen Fakultäten.

Die humanistische Tradition blieb lebendig, auch wenn die Institution im 17. und 18. Jahrhundert an Bedeutung verlor und sich provinzialisierte. Sie war nur mehr ein regionaler, ja lokaler Lehrbetrieb, der von einheimischen Bürgersfamilien dominiert wurde. 1740 ermahnte der Rat die Professoren zu besserer Erfüllung ihrer Lehrpflichten. Die familiären Verflechtungen gingen so weit, dass er schon 1688 für die Wahl der Professoren – wie schon bei den Staatsämtern – die Loswahl einführte. ‹Wissenschaftliche Exzellenz› wurde so natürlich nicht gefördert. Das Prinzip führte im 18. Jahrhundert dazu, dass Daniel und Johann I Bernoulli, die bedeutenden Mathematiker, bei der Besetzung von Lehrstühlen zunächst leer ausgingen, ganz einfach, weil sie Lospech hatten. In ihren Fällen griff der Rat korrigierend ein. Anstelle des bahnbrechenden Mathematikers Leonhard Euler, eines der bedeutendsten überhaupt, wurde 1727 der Mediziner und Pilzforscher Benedict Stähelin auf den Professorenposten berufen. Euler machte dann seine Karriere in St. Petersburg.[372]

Eine schwere Krise ereilte die Universität mit der Helvetischen Revolution von 1798 – wobei die Institution schon vorher beinahe paralysiert war. 1795 immatrikulierten sich noch knapp dreissig Studenten, 1796 fünfzehn, 1797 sechzehn, 1798 vier, 1799 sechs. Die Zahlen drücken, wie Andreas Staehelin in seiner Universitätsgeschichte schreibt, nicht bloss die widrigen äusseren Umstände der Revolutionszeit aus, sondern auch die existenzielle Krise der Universität.[373] Die helvetischen Akteure hätten die in ihren Augen hoffnungslos verknöcherte und heruntergewirtschaftete Institution am liebsten geschlossen. Bildungsminister Philipp Albert Stapfer schwebte nicht weniger als die Schaffung einer eidgenössischen Nationaluniversität vor. Zunächst richtete er eigenmächtig einen neuen Lehrstuhl ein. Damit überging er die Autonomie der Universität – ein unerhörter Vorgang.

Die Reaktion kam postwendend. 1801 publizierten vier Autoren anonym die hochtrabende Verteidigungsschrift ‹Bemerkungen über die Universität zu Basel›; einer von ihnen soll, so schreibt Edgar Bonjour in seiner Universitätsgeschichte, Johann Rudolf Stähelin (1750–1832) gewesen sein. Im Prinzip war der Kaufmann und Gerichtsherr ein Anhänger der Helvetik. 1798 fungierte er als Volksrepräsentant, nach deren Ende setzte er seine politische Karriere fort, die ihn unter anderem 1811 in die Universitätskommission führte.[374] Die Institution Universität schien ihm sakrosankt zu sein.

Die von Johann Rudolf mitverfasste Schrift zeugt von akademischem Selbstbewusstsein nicht weniger als von Selbstüberschätzung und Vergangenheitsbeschönigung. Die Universität sei dem Staat ein gleichberechtigter Partner, hiess es: «Kein Mensch in der Welt, kein Regent, keine Obrigkeit» sei befugt, «an den Freyheiten und Rechten etc. der Universitet der Gemeinde Basel, ohne dieser ihrer Einwilligung, auch nur das Mindeste zu verändern.» Jede Unterdrückung der Institution sei «eine Verletzung nicht nur der bürgerlichen Rechte, sondern selbst des Natur-, Völker-, Staats- und sogar des Göttlichen Rechts».[375] Und dann verspotteten die Autoren gar Stapfers Plan der Nationaluniversität: «Will die helvetische Regierung eine neue Universitet haben – sie mag nun National, Central, Excentrisch, oder wie sie immer will – und mag dann sehen, wie ihre helvetischen Doktoren, Lizenziaten, Magister etc. in Deutschland und anderwerts (…) angesehen werden etc.!» Und sowieso: Der Universität würde es heute viel besser gehen, wenn sie nicht immer in der Ausübung ihrer Rechte gestört worden wäre.[376] So einfach war es eben nicht.

Die Universität rettete sich in das 19. Jahrhundert. 1818 und 1835, im Gefolge der liberalen Bewegungen, wurde sie vom Staat reformiert; 1833 verlor sie bei der Kantonsteilung zwei Drittel ihres Vermögens. Sie wurde von der Kirche getrennt und unterstand nun ganz dem Staat. Die Universitätsbürger mussten ihre Sonderrechte abgeben und erhielten nun die bürgerlichen Rechte.Die oberste Behörde der Universität blieb die Regenz, deren Kompetenzen aber beschnitten wurden: Sie verlor das Wahlrecht der Professoren und der Lehrer des Gymnasiums, die Rechtsprechung, die freie Gestaltung des Lehrbetriebs und die Aufsicht über das Gymnasium. Die umständlichen lateinischen Titulaturen ersetzte man durch bescheidenere deutsche Bezeichnungen.[377] Die Reformen verhinderten allerdings nicht, dass die Radikalen den Druck auf die in ihren Augen zu theologische Lehranstalt aufrechthielten. Sie forderten gar deren Abschaffung, weil sie «eine Schmarotzerpflanze» sei.[378]

Was die Radikalen nicht bemängelten: dass die Universität ein Männerbund war. Wenn die Familie Stähelin heute in ihrer Genealogie eine Reihe von Professoren, aber keine einzige Professorin aufweist, so auch deshalb, weil Frauen in Basel erst 1890 zum Studium zugelassen wurden. Gegen den Willen der Mehrheit der Professoren, die Frauen für nicht fähig zu wissenschaftlicher Arbeit hielten, die weibliche Konkurrenz und den Zerfall der Sitten fürchteten, öffnete die Regierung die Universität für beide Geschlechter, nachdem ein Basler Bürger auf dem Immatrikulationsgesuch für seine Tochter beharrt hatte. In Zürich waren Frauen schon seit 1867 zum Studium zugelassen.[379] Bis heute ist die Universität an ihrer Spitze eine Männerbastion; noch immer besteht der professorale Lehrkörper zu rund achtzig Prozent aus Männern. Daran hat der studentische Schlachtruf von 1968 nicht viel geändert: «Unter den Talaren, der Muff von tausend Jahren!»

Als am 10. Juni 1939 die Professoren der Universität im Festzug über den Münsterplatz schritten, um die Eröffnung des Kollegiengebäudes am Petersplatz zu feiern, des neuen Hauptgebäudes, waren drei Stähelin-Professoren darunter, aber keine einzige Frau. Die Männer hatten aus Anlass der Feier neue Talare erhalten. Ihre Frauen trafen sich, während im Musiksaal das

Bankett über die Bühne ging, mit Gästen zum Tee in der neuen Aula «und besichtigten den von den Dozentendamen gestickten, für das Regenz-Zimmer gestifteten Wandteppich». So berichtet der Zeitzeuge Edgar Bonjour, damals Geschichtsprofessor an der Universität.[380]

Der Festakt fand gleichentags im Münster statt, das den Andrang nicht fassen konnte: der Lehrkörper, Vertreter der Behörden, Politik, Militär und Verwaltung sowie zahlreiche weitere Gäste hatten sich eingefunden. Rektor Ernst Staehelin, Theologe, erläuterte den Versammelten den Sinn und die Aufgabe der jahrhundertealten Anstalt: die Idee einer an Gott gebundenen Humanität. So brachte er seinen Glauben mit dem Traditionsstrang der Universität zusammen, dem Humanismus. Am Abend zuvor hatte er der Studentenschaft die neue Universitätsfahne überreicht und dabei aus aktuellem Anlass – der Krieg stand vor der Tür – den Dienst an der Wissenschaft mit dem Militärdienst verglichen.[381] Das Fest, das von weiten Teilen der Bevölkerung mitgetragen wurde, zeugte einmal mehr von der tiefen Verbundenheit des Basler Bürgertums mit seiner Universität.

EUGENIK UND ERBBIOLOGIE

Ein Jahr zuvor, 1938, hatte der Kanton Basel-Stadt sein Bürgerrechtsgesetz revidiert. Er führte dabei die Bestimmung ein, dass jene Menschen dieses Recht nicht erhalten sollten, «die an körperlichen oder seelischen Leiden erkrankt sind oder voraussichtlich an solchen Leiden erkranken werden, durch welche sie, ihre Nachkommen oder ihre Umgebung erheblich gefährlich werden».[382] Den Paragrafen hatte Psychiatrieprofessor John Eugen Staehelin verfasst.[383] Wovor fürchteten er und die anderen Basler Bürger sich? Wie können körperlich oder psychisch kranke Menschen oder ihre Kinder und ihre Umgebung gefährlich werden? Sind sie ansteckend?

Hinter der Bestimmung stehen mehrere, aus heutiger Sicht wissenschaftlich unhaltbare und dazu problematische Annahmen. Zunächst die Erbtheorie: Sie ging davon aus, dass sich sowohl Krankheiten als auch charakterliche Eigenschaften vererbten. Ferner wurden gewisse Krankheiten mit moralischen und kognitiven Schwächen verknüpft. ‹Taubstumme› etwa galten wie Epileptiker als tendenziell schwachsinnig. Schliesslich unterschied man zwischen wertvollem und wertlosem Leben. Die Bestimmung richtete sich gegen Menschen, die laut medizinisch-psychiatrischer Diagnose an Schizophrenie, Epilepsie, Wahnsinn oder ‹Trunksucht› litten oder sich durch Kriminalität und «Liederlichkeit» auszeichneten.[384] Sie, die Menschen aus ‹kranken Sippen›, aus prekären Milieus und den Unterschichten sollten an der Fortpflanzung gehindert werden. Das war Eugenik.

John E. Staehelin (1891–1969), der Autor des Paragrafen, hatte in Basel Medizin studiert und seine psychiatrische Laufbahn ab 1919 an der berühmten Klinik Burghölzli in Zürich lanciert, wo die psychoanalytisch ausgerichteten Eugen Bleuler, C. G. Jung, Karl Abraham und Ludwig Binswanger wirkten – und Robert Ritter, der nationalsozialistische Rassentheoretiker. Johns Vater Benedict Emanuel war Besitzer einer Florettspinnerei, seine Mutter eine Burckhardt, deren Mutter eine Thurneysen. 1929 wurde John Professor für Psychiatrie und Direktor der psychiatrischen Universitätsklinik Friedmatt sowie der psychiatrischen Poliklinik; 1948 wurde er Rektor der Universität Basel. Ausserdem amtete er unter anderem als Präsident der Schweizerischen Gesellschaft für Psychiatrie und Präsident der eidgenössischen Kommission zur Bekämpfung des Alkoholismus. Eines seiner Forschungsgebiete war die Kinderpsychiatrie.[385]

Statistisch belegte John, der Kanton Basel-Stadt habe es sich geleistet, viele kranke oder minderwertige Menschen in das Bürgerrecht aufzunehmen. Man beachte zu wenig, dass «viele von den Zugewanderten und den durch Einheirat Schweizer gewordenen Frauen kranke Erbmassen mitbringen, durch welche die alt eingesessene Bevölkerung geschädigt wird». Das sei für Basel sehr auffällig. John forderte gar, dass man versuchen sollte, die «freiwillige Sterilisation» aus eugenischen Gründen zu erzielen, indem man «Psychopathen», die an «angeborenem moralischen Schwachsinn» litten, vor die Wahl zwischen Sterilisation oder dauernder Verwahrung stelle. Sterilisationen aber seien nur dann durchzuführen, wenn die Persönlichkeit des Kranken samt seiner Familie gründlich untersucht worden sei.

Grundsätzlich aber stand John der Sterilisierung skeptisch gegenüber: Sie sei ein Zeichen dafür, dass Menschen keine Familien mehr gründen wollten, dass sie dafür zu bequem und egoistisch seien.[386] Einerseits befürchtete er also, dass sich «kranke Menschen» zu sehr vermehrten, andererseits, dass sich gesunde Menschen zu wenig fortpflanzten, weil sie sich vor den Aufzuchtpflichten drückten. Auch diese Befürchtung betraf die Frauen.

Der Psychiater dachte zweifellos in erbbiologischen und rassehygienischen Kategorien. Er und seine Zunft zielten auf den «Körper hinter» dem kranken Individuum, wie Michel Foucault geschrieben hat: auf den «Körper der Eltern, der Vorfahren, den Familienkörper, den Körper der Vererbung».[387] Diese Kategorien waren in Nationalsozialismus und Faschismus verbreitet: Aufgrund ihrer biologischen Eigenschaften sind manche Menschen mehr wert als andere, und die anderen sollten im Interesse des ‹Volkskörpers› und der Volkswirtschaft an ihrer Vermehrung gehindert werden. Die Nationalsozialisten führten dieses Programm bekanntlich an Juden, Zigeunern, Homosexuellen und Behinderten durch.

Eugenisches Denken war freilich nicht nur im Faschismus verbreitet. Als eine Pionierin eugenischer Politik gelten die USA des beginnenden 20. Jahrhunderts, praktiziert wurde sie mittels Sterilisation besonders in Schweden. Und in der Psychiatrie war die Eugenik so verbreitet wie salonfähig, namentlich in der Schweiz. Propagiert wurde sie von Auguste Forel, dem berühmten Waadtländer Psychiater, Pazifisten und Sozialisten. Der in St. Gallen geborene Ernst Rüdin, der an der Universität Basel gelehrt und die psychiatrische Klinik Friedmatt geleitet hatte – er war Johns Vorgänger –, bezeichnete 1933 in München das nationalsozialistische ‹Gesetz zur Verhütung erbkranken Nachwuchses› als «die humanste Tat der Menschheit».[388]

Der eugenische Paragraf im Basler Bürgerrecht, der noch in den 1960er-Jahren bestätigt wurde, war einmalig; kein anderer Kanton der Schweiz kannte eine solche Ausschlussbestimmung. Johns tragende Rolle bei der Gesetzgebung kontrastiert mit dem Bestreben seiner Familie, die 1520 erfolgte Aufnahme ihres Urahns Hans ins Bürgerrecht präsent zu halten.

GEISTESWISSENSCHAFTEN

Auch 1946 wurde akademisch gefeiert, diesmal nicht auf dem Münster- und Petersplatz, sondern am Heuberg. Das Frey-Grynaeische Institut, das noch heute zur Universität gehört, beging sein zweihundertjähriges Bestehen. Die Stiftung dient der wissenschaftlichen Beschäftigung mit Theologie und Philologie im Kontext von Universität und interessierter Öffentlichkeit. Bei seiner Gründung stand noch die orientalische Philologie im Vordergrund. Die Stähelin waren auch an diesem Anlass prominent involviert. Lektor der Stiftung war Theologe Ernst, der Kurator Psychiater John.

Beide Namen zieren als Absender die Einladung, welche die Angeschriebenen – darunter «Frau Professor Staehelin-Kutter», Ernsts Gattin – für den 1. März «15 Uhr präzis» an den Heuberg 33 aufbot. Die Feier des Instituts wurde aufgelockert durch eine «historische Scene, verfasst von Fräulein Margrit Staehelin».[389] Wahrscheinlich liess die Drehbuchautorin die Gründung des Instituts nachspielen, so wie sie Jahrzehnte zuvor anlässlich einer Familienfeier Urahn Hans in den Reformationswirren im Kreis seiner Familie hatte auftreten lassen. Die «Scene» wäre die folgende gewesen: 1746 vermachten die beiden Theologen Frey und Grynaeus ihre Bibliotheken (6000 Bände) und einen Teil ihres Vermögens der Universität.[390] Ernst Staehelin wirkte über vierzig Jahre am Heuberg, der Theologe Rudolf Staehelin immerhin zwanzig Jahre (1880–1900). Margrit genannt Maggy war seine Tochter.[391]

Waren die Stähelin besonders im 18. Jahrhundert prominent in den Naturwissenschaften und der Medizin vertreten, so traten in der zweiten Hälfte des 19. und im 20. Jahrhundert besonders die Geisteswissenschaftler hervor, die Historiker, historischen Theologen und Juristen. Gemeinsam waren ihnen die Verbundenheit mit ihrer Vaterstadt und ihr lokaler oder nationaler Wirkungskreis. Keiner der Geisteswissenschaftler machte eine internationale Karriere.

Gewissermassen ein Vorläufer war der Alttestamentler Johann Jakob Staehelin (1797–1875). 1835 wurde er an der Universität Basel Professor, 1846 Rektor.[392] Er hielt Vorlesungen über hebräische und arabische Grammatik, über alt- und neutestamentliche Exegese, Dogmatik und hebräische Archäologie. Meist hörten ihm nicht viel mehr als fünf bis zehn Studenten zu. Sie sollen den wunderlichen Mann nicht gemocht haben. Weil er als Kaufmannssohn wohlhabend war – sein Vater war Eisenhändler –, bezog er während der fünfzig Jahre im Dienst der Universität keine Besoldung.[393] Als 1843 der berühmte französische Historiker Jules Michelet nach Basel reiste, spottete er über die Basler Kapitalisten: Selbst der Theologe Staehelin verleihe Geld.[394]

Zu Johann Jakobs Fürsprechern zählte der renommierte Theologe Wilhelm Martin Leberecht De Wette, insgesamt fünfmal Rektor der Universität. Er soll geäussert haben, Staehelin leiste «den jungen Theologen, besonders den Anfängern, allerdings desto wesentlichere Dienste, da H. Prof. Linder trotz seiner Gelehrsamkeit den hebräischen Unterricht auf eine durchaus veraltete und elende Weise» treibe und daher beinahe keine Zuhörer finde – also noch weniger als Professor Staehelin. Dieser besitze «wirklich im Hebräischen und selbst im Arabischen sehr beachtenswerte Kenntnisse und einen sehr löblichen Eifer für den akademischen Unterricht». Seine «frühere Hyper-Naivität» verliere er allmählich, zudem sei die «nichts so Ungewöhnliches, da auch viele berühmte Gelehrte auf grossen deutschen Universitäten eben solche komischen Eigenheiten» besässen. Im Übrigen sei er «lenksam und zeige sich für Ratschläge dankbar».[395]

Dass die Geisteswissenschaftler der Familie eine breite Resonanz fanden, hat nicht nur mit der Güte ihres wissenschaftlichen Werks, sondern auch mit ihrem über die Universität hinausstrahlenden Wirken für Basels Bürger und Bürgerinnen zu tun, mit der Verwurzelung der Universität in der Stadt und mit dem Interesse der Bürger an theologischen und geschichtlichen Fragen. Besonders die Theologie in ihren unterschiedlichen Ausprägungen beschäftigte die Gemüter, wie es heute nicht mehr vorstellbar ist.

So war der Kirchenhistoriker Rudolf Staehelin (1841–1900) um 1890, als er Lektor am Frey-Grynaeischen Institut war, Akteur in einem Aufsehen erregenden Konflikt um die Neubesetzung eines vakanten theologischen Lehrstuhls.[396] Die universitäre Kuratel, heute der Universitätsrat, empfahl Adolf Bolliger, der als Pfarrer gearbeitet und neben Theologie auch in Philosophie habilitiert hatte, zur Wahl; sein Buch ‹Anti-Kant› hatte ihm einige Bekanntheit verschafft. Die Empfehlung des theologisch Freisinnigen stiess unter den orthodox und pietistisch gesinnten Pfarrern auf Widerstand. Sie übergaben dem Erziehungsrat eine Petition mit sechsundzwanzig Unterschriften: Bolligers Leistungen lägen der christlichen Dogmatik, der neutestamentlichen Exegese und der praktischen Theologie fern.[397]

Eine weitere Petition von studentischer Seite lancierte einen Gegenkandidaten, worauf weitere Theologiestudenten dem Regierungsrat eine Gegenerklärung zukommen liessen. Nun erst meldete sich die Fakultät zu Wort: mit einem Schreiben Rudolf Staehelins. Dieser wandte sich dezidiert gegen Bolliger: In dessen Publikationen sehe er keine eigene wissenschaftliche Leistung, die theologischen Arbeiten zeugten von Parteiinteresse. Allein, die Intervention fruchtete nichts. Der Regierungsrat wählte Bolliger zum neuen Professor, der sogleich frohgemut eine Reihe von Schriften publizierte, etwa ‹Die Willensfreiheit› oder ‹Gott, Freiheit, Unsterblichkeit›, die seinen Widersachern kaum Freude bereitet haben dürften. Nach nur fünf Jahren wechselte er als Pfarrer nach Zürich.[398]

Felix Stähelin (1873–1952) dürfte die Affäre miterlebt haben. Der Grossneffe des Historikers Jacob Burckhardt hatte noch unter dessen Anleitung seine Studien betrieben und später dessen Werke zur antiken Geschichte herausgegeben. 1931 wurde er Professor.[399] Er behandelte die Geschichte des Alten Orients, Griechenlands und Roms. Sein Lebenswerk schuf er mit dem Buch ‹Die Schweiz in römischer Zeit›. Er brachte dem Basler Bürgertum seine Erkenntnisse zu den Grabungen in Augusta Raurica näher.[400] Und für die Geschichte seiner Familie leistete er einen unermesslichen Dienst: Er verfasste und aktualisierte konstant das ‹Familienbuch›, die Grundlage der Stähelin'schen Genealogie. Es ist gespickt mit Quellenbelegen, auch solchen, die kein gutes Licht auf die Porträtierten werfen. Ja, hier war ein quellenkritischer Historiker am Werk.

Ein solcher war auch Andreas Staehelin (1926–2002): Sohn des Psychiaters John, Basler Staatsarchivar und ausserordentlicher Professor an der Universität Basel, ferner Zünfter, Statthalter der Freiwilligen Akademischen Gesellschaft der Stadt Basel, Präsident der Allgemeinen Geschichtforschenden Gesellschaft der Schweiz (heute Schweizerische Gesellschaft für Geschichte).[401] Dissertiert hatte Andreas mit einer Arbeit über den Basler Aussenseiter Peter Ochs, den Aufklärer und Verfechter der Helvetischen Republik, dann folgte die Darstellung der Professorenreihe der Basler Universität, sein erfolgreichstes Werk, schliesslich zwei Bände zur Geschichte der Universität.

Zudem war Andreas massgeblich beteiligt an der Edition von Thomas Platters Reisebeschreibungen, der über den ‹roten Seiler›, den Urahn der Stähelin, berichtet hatte. Sein historiografisches Werk zeichnet sich aus durch Präzision, Akribie, Solidität. Es will von Geschichtsinteressierten gelesen und benutzt werden. Theoretische Höhenflüge waren ihm ebenso fremd wie methodologische Experimente. Sein grösster Einsatz galt indessen nicht dem Schreiben, sondern dem Staatsarchiv.[402]

An der Universität las Andreas dreimal – 1970, 1975 und 1984 – zu den ‹Grundzügen der Genealogie und der Familienforschung›.[403] Wie er einleitend bemerkte: Seit 1951 sei das Thema aus den Lehrplänen verschwunden. Offensichtlich war die Genealogie durch den Rassismus der Nazis diskreditiert worden; sich mit dem ‹Blut› der Vorfahren zu befassen, war nun verpönt. Andreas stellte sich gegen den Zeitgeist: Es gebe «keine Geschichtsschreibung», mahnte er, «die die genealogischen Verbindungen völlig ausseracht lassen kann; alle Geschichte ist Familien-, Stammes-, Volksgeschichte, die Geschichtsschreibung kann des Generationenbegriffes nicht entbehren».

Das war ein Plädoyer für eine geschichtswissenschaftlich informierte Genealogie, wie sie die Familie Stähelin betrieb – und vielleicht auch ein fernes Echo der erbbiologischen Interessen seines Vaters John. Als dritter Familienarchivar betreute Andreas das ‹Familienbuch›, das Felix begonnen hatte. In seiner Lehrveranstaltung erklärte er den Studierenden die Unterschiede zwischen Ahnentafel, Nachfahrentafel, Stammtafel, Stammbaum und Familiengeschichte.

Vorerst scheint die enge Liaison der professoralen Stähelin mit den historisch-theologischen Wissenschaften an ein

Ende gekommen zu sein. Dies gilt nicht für andere Fächer. Die Akademikerlinie zieht sich bis in die Gegenwart: Jüngst noch lehrte Adrian (1931–2016), der mehrere juristische Standardwerke verfasst hat, die Rechte, und auch sein Sohn Daniel, ebenfalls Jurist, lehrt an der Universität.[404] Darüber hinaus waren viele Stähelin, weibliche wie männliche, in den Wissenschaften ausserhalb der Hochschulen tätig, etwa in den Forschungsabteilungen der Basler Chemie (Ciba-Geigy, Roche, Sandoz), im National Institute of Health der USA, im Centre National de la Recherche Scientifique in Paris oder im Cern, der Europäischen Organisation für Kernforschung in Genf.[405]

Der Psychiater Balthasar (1923–2005), der in Zürich wirkte, entwickelte die sogenannte Basistherapie, die psychosomatischen Störungen mit dem Aufbau von Gottvertrauen zu Leibe rückte.[406] Bekannt wurde der zum Katholizismus konvertierte Sohn des Theologen Ernst durch sein Buch ‹Haben und Sein› (1969). Erich Fromm, der Vertreter der neomarxistischen Frankfurter Schule, spitzte den Titel kurz darauf für seinen Beststeller zu: ‹Haben oder Sein›.[407]

7. VON DER ARISTOKRATIE ZUM BÜRGERTUM: DIE STÄHELIN IN DER MODERNE

Cousine heiratet Vetter, drei Brüder dieser Familie drei Schwestern aus jener, ein Witwer ehelicht seine Schwägerin. Solche Verbindungen kamen in der Geschichte immer wieder vor, auf allen Kontinenten. In Europa nahmen Endogamie und Homogamie um 1800 zu.[408] Es ist eine Zeit, die gemeinhin als Aufbruch in die Moderne bezeichnet wird. Heiraten innerhalb der engen Verwandtschaft ist also nicht einfach ein archaisches, sondern durchaus ein ‹modernes› Phänomen. Eine familiäre Bande hielt Geld und Güter in der Familie, sie konnte einem gemeinsamen Glauben Ausdruck verleihen und sie entsprach den Idealen des aufkommenden Bürgertums: Affinität, Gefühl, Familie.

Auch im Stammbaum der Stähelin findet man an der Schwelle zum 19. Jahrhundert besonders enge Familienbande. Zwar stehen da bereits im 17. und 18. Jahrhundert jene Allianznamen, die den sozialen Aufstieg dokumentieren und lange charakteristisch bleiben sollten, darunter Stehelin-Merian, Socin-Stähelin oder Stähelin-Stähelin. Aber: Um 1800 waren die Bande enger denn je. Die genealogischen Spuren verknoten sich geradezu.[409]

Zum Beispiel so: 1787, 1792, 1796 und 1803 heirateten vier Geschwister aus der Familie Reber-Passavant einen Stähelin. Drei der vier Stähelin waren Geschwister, der vierte ein Vetter von ihnen.[410] Ein anderes Beispiel: Christoph Stähelin und Maria Bischoff, Cousins ersten Grades. Ihre Heirat fand im Sommer 1831 statt. Vor ihnen hatten bereits zwei Schwestern von Maria einen Stähelin geheiratet, einer war Christophs Bruder Peter. Die beiden Brüder heirateten also ihre Cousinen, die Töchter ihres Onkels Niklaus Bischoff.[411]

Das mehrfach geschnürte Band zwischen den Familien Stähelin und Bischoff mache vieles einfacher, behauptete Christoph (1804–1875) in einem Brief. So seien bei der Verlobung die Anwesenden der «Verlegenheit des ‹Du› sagens überhoben» gewesen. Alle waren miteinander verwandt, und so habe man «niemanden ganz fremd» gefunden. «Es wurde uns sofort auf dem Canapée Platz angewiesen, die übrigen sassen neben uns um einen runden Tisch», schrieb Christoph. «Der Caffée wurde hereingebracht», fuhr er fort, «die Kinderlein kamen um zu gratuliren.» Unter den Erwachsenen sei «die Gesprächigkeit» nicht eben gross gewesen. «Mit wenig oder keinen Worten» empfing sie später der Schwiegervater im Elternhaus seiner Braut, Maria Bischoff (1808–1872).

Die Schweigsamkeit und das steife Zeremoniell kontrastieren mit dem offenherzigen Ton, der die familiäre Korrespondenz durchzieht. Immer wieder geht es um grosse Gefühle, also um das offenbar Unaussprechbare, über das man, geschult am literarischen Vorbild der Romantik, in Briefen und Tagebüchern umso leidenschaftlicher schrieb. Als das grösste aller Gefühle galt im Grossbürgertum die Liebe. An sie glaubten Christoph und Maria, obwohl sich die beiden Cousins offenbar nur flüchtig kannten. Die Zweisamkeit, die ihnen während der Verlobung auf dem «Canapée» gewährt wurde, verbrachten sie stumm.[412]

Um die Eheabsicht kundzutun, standen am nächsten Tag zwanzig Besuche an. Nun konnte ein grösserer Kreis der Familie «die allerliebste Braut im Gestaat beaugapfeln», wie Christoph schrieb. Maria trug einen lila Rock und einen weissen Schal, dazu ein Blümlein. «Die ganze Expedition, vor der es uns gegraut hatte, lief recht gut ab, und war weit ungenierter und heimeliger als wir es erwartet», behauptete der Bräutigam im Nachhinein.[413] Doch das ganze Prozedere war alles andere als «heimelig» und «ungeniert». Von der Verlobung über die Hochzeit bis zur Wohnsituation der jungen Eheleute war alles von den Älteren bestimmt, geplant und orchestriert worden.

Ein altes Ritual des Basler Grossbürgertums war die Präsentation der Hochzeitsgeschenke.[414] «Soll ich Dir den Spass ein wenig beschreiben», fragte ein Bruder Christophs die in Sachsen lebende Schwester rhetorisch. «So stelle Dir ein geräumiges längliches Zimmer vor», im Nu sei dieses mit allerlei Gaben gefüllt gewesen. Zwei Geschwister registrierten ganz genau, wer was geschenkt hatte: ein Service von den Freundinnen, silberne Löffel von Tante Merian, Tassen von den Mägden, und so weiter und so fort.[415] Die penible Buchführung ist im Privatarchiv der Familie Stähelin auch für andere Hochzeiten dokumentiert.[416] Eine Nachfahrin hat den damit verbundenen Erwartungsdruck beschrieben: Jedes Geschenk schätzten die Familien des Brautpaars auf seinen Wert. Der dabei eruierte Geldbetrag legte einen Massstab an die Beziehung zwischen Schenker und Beschenktem. Schnell galt man als geiziger Onkel oder als aufdringliche Bekannte, deren teures Geschenk über ihrem sozialen Wert lag.[417]

Bei der Hochzeit von Christoph und Maria kam das Organisationstalent von Sara Stähelin-Bischoff (1768–1843)[418] zum Tragen. Die Witwe eines reichen Kolonialwarenhändlers achtete auf Bescheidenheit. «Aus den Beständen des Hochzeitsmahles» hätten die Mägde am Tag nach der Feier «ein treffliches Nachtessen gerüstet», steht in einem Brief. Den Festsaal an der Streitgasse hatte die Mutter vorher «neu tapezieren und mahlen lassen, sodass man sich nicht zu schämen brauchte». Wofür man sich in der besseren Gesellschaft zu schämen brauchte, das sollte Maria nach der Heirat lernen. Ihre Schwiegermutter Sara, die auch ihre Tante war, nahm sie unter ihre Fittiche. Zunächst wohnte das Paar in ihrem Haus. Maria könne nun «fortwährend der guten Mama an die Hand gehen», schrieb Christoph in einem Brief.[419]

Für Maria Stähelin-Bischoff war ein Lebenslauf vorgesehen, wie er sich im grossbürgerlichen Milieu ziemte.[420] Sie wurde Ehefrau und Hausfrau, Mutter von sechs Kindern, wovon die Hälfte früh starb.[421] Ihr ältester Sohn Christoph trug den Vornamen des Vaters, heiratete und zeugte elf Kinder, die alle sehr alt wurden: Die Säuglings- und Kindermortalität hatte nach 1870 markant abgenommen. Maria wurde also mehrfach Grossmutter, eine Position, die in Lebenserinnerungen verschiedener Stähelin als Kraftzentrum innerhalb des familiären Kosmos erscheint. «Für uns Enkel trat Grosspapa an Bedeutung hinter Grossmama zurück», erinnerte sich ein Staehelin später. «Ausserhalb der Familie war – naturgemäss – Grosspapa die vorherrschende Persönlichkeit.»[422]

Auf alten Fotografien blicken die weiblichen Stähelin meist ernst. Sie sitzen in der Stube, oft halten sie Strickzeug in der Hand, die Röcke sind lang, die Blusen unter das Kinn geknüpft. Sie standen für Ordnung und Disziplin im Privaten, ihre Gatten hatten sich in der Gesellschaft zu beweisen. Wie drei seiner Brüder wurde auch Christoph Stähelin-Bischoff Pfarrer. Die Kolonialwarenhandlung führte ein anderer Bruder fort. In dieser Familie blieben damit ‹kulturelles› und ‹ökonomisches Kapital› vereint.

Pfarrer war ein Amt, das in der pietistisch geprägten Oberschicht Basels über allem stand im 19. Jahrhundert. Einen schleichenden Bedeutungsverlust erfuhr dagegen die Politik. Während im 17. und 18. Jahrhundert zahlreiche Grossräte und Kleinräte in Basel Stähelin hiessen, mochten sich nach 1800 nur noch einzelne Familienmitglieder der politischen Arbeit widmen. Sie war nicht mehr so prestigeträchtig und lukrativ wie in der Frühen Neuzeit. Das alte Gefüge geriet ins Wanken, auch in Basel.

DEMÜTIGUNG DER ARISTOKRATEN

«Unerhörte Frechheit! Überall stehen Freiheitsbäume. Überall herrscht Anarchie!» Peter Stähelin-Bischoff (1798–1863), Bruder von Christoph, war ausser sich. An seiner Haustüre hänge ein «papierener Totenkopf», schrieb er der Familie 1831 in einem Rundbrief. In seiner Kirche in Frenkendorf hätten die Revoluzzer eine Kokarde mit der Inschrift ‹Freiheit oder Tod› auf den Boden geheftet. «Allen Aristokraten ist Mord und Brand gedroht.» Wie andere Basler Pfarrer, die im revolutionären Baselbiet tätig waren,[423] hegte auch Peter starke Gefühle für die Aristokratie, die ‹Herrschaft der Besten›, mit der sich Stadtbasler wieder stark identifizierten in dieser Zeit, die als Dreissigerwirren bezeichnet wird. Die 1830 in Bubendorf postulierte Forderung nach Gleichberechtigung von Stadt- und Landbevölkerung erschien dem standesbewussten Pfarrer Stähelin geradezu absurd. Auf dem Land fand er «eine verblendete, betörte, irregeleitete Volksmenge, die mit der wildesten Leidenschaft gegen ihre Obrigkeit empört ist, weil diese in ihre unbilligen Forderungen nicht eingehen kann».[424]

Die Gleichberechtigung war ein altes Thema im Kanton. Ein Jahr nach der Französischen Revolution von 1789 wurde die Leibeigenschaft aufgehoben, und mit der sanften ‹Basler Revolution› 1798 war die Landbevölkerung politisch kurzzeitig gleichgestellt. Doch dann hatte der politische Wind gekehrt: Seit dem Scheitern der Helvetischen Republik 1803 war die Regierung, der Kleine Rat, wieder fest in der Hand der städtischen Oberschicht. Im Zuge der Restauration sicherten sich die Stadtbürger 1814 auch die Mehrheit im Grossen Rat. Obwohl die Mehrheit auf dem Land lebte, machte es die revidierte Kantonsverfassung möglich.

Der Frenkendorfer Pfarrer Stähelin war in undemokratischen Verhältnissen aufgewachsen. Er hielt sie für gerecht und war zunächst zuversichtlich, dass die «unbilligen Forderungen» des Pöbels bald verstummen würden. «Nebst einigen Aristokraten» habe er im von eidgenössischen Truppen befriedeten Dorf «ein Pfeifchen» geraucht, liess er seinen frisch vermählten Bruder Christoph im Spätjahr 1831 wissen. «À la guerre comme à la guerre!» – es gebe wahrlich Schlimmeres, frohlockte er.

Kurz darauf trat das für ihn schlimmste aller Szenarien ein: Im Frühling 1832 riefen Aufständische den Kanton Basel Landschaft aus, im folgenden Winter wurden die Stadtbasler Pfarrer abgesetzt, am 3. August 1833 dann das blutige Finale. Ein Stähelin listete die Namen eines Bruders sowie von Vettern und Onkeln auf, die frühmorgens in die Schlacht gezogen waren. Stunden später seien «Wagen und Chaisen voll Verwundeten» heimgekehrt – schliesslich «sogar Tote». Zum Glück war keiner der engsten Verwandten gefallen, ein einsamer Held sei über den Rhein geschwommen «und entkam nackend». Doch fast sechzig Basler waren «vom Feind jämmerlich erschlagen, erhängt, geschleift, entblösst, zerrissen» worden. Sie starben, so Stähelin, den «Tod durch Bauernhand».[425]

Mit der Anerkennung der Zweiteilung des Kantons in ‹Basel-Landschaft› und ‹Basel-Stadttheil› besiegelte die eidgenössische Tagsatzung die Schmach. Die stolze Stadt, für die sich einst der Ratsherr Johann Rudolf Stähelin (1750–1832) um den Zugewinn des Fricktals bemüht hatte,[426] war nicht nur geschlagen, sondern auch geschrumpft und vor allem gekränkt. Doch paradoxerweise stärkte der Verlust des einstigen Untertanengebietes die alte Ordnung. Ohne die nun wegfallende Opposition der Landbevölkerung hielt sich das sogenannte Basler Ratsherrenregiment, das ähnliche Verhältnisse wie im Ancien Régime schuf.

Die politischen Verhältnisse waren reaktionär. Der Grosse Rat wurde von den Zünften gestellt oder in Bezirksversammlungen gewählt. Wahlberechtigt war nur ein enger Kreis von vermögenden Basler Bürgern. Arme, Niedergelassene aus anderen Kantonen, Ausländer und Frauen blieben ausgeschlossen. Der Kleine Rat, bestehend aus dreizehn Ratsherren und zwei Bürgermeistern, bildete die Exekutive. Die fortwährende Herrschaft der alteingesessenen Oberschicht wurde in den liberalen Kantonen zwar kritisiert, aber das Basler Ratsherrenregiment überstand selbst die Gründung des Bundesstaates 1848.

Das höchste politische Amt, das ein Vertreter der Familie in der Schweizer Politik je innehatte, war das eines Ständerates. Als zweiter Basler wurde August Stähelin (1812–1886) im Jahr 1855 in das eidgenössische Parlament gewählt.[427] Der von einem Vetter als «sehr reizbar»[428] beschriebene Wirtschaftspolitiker war ein Förderer der Eisenbahn. Basel verfügte Mitte des Jahrhunderts über drei Bahnhöfe, wobei der älteste die Stadt nicht etwa mit den Schweizer Kantonen, sondern mit dem Elsass verbunden hatte. Das angrenzende Frankreich bedeutete nicht nur in der Familie Stähelin wirtschaftliche Interessen und enge Verwandtschaftsbande. Ähnliches galt für den Badischen Raum, wohin der dritte Bahnhof führte. Die Züge mussten durch ein Tor fahren, das nachts geschlossen blieb. Erst 1859 entschloss sich Basel, den mittelalterlichen Mauerring abzubrechen.[429] Widerstand gegen die Entfestigung erfuhr Bürgermeister Johann Jacob Stehlin, fast gleich geschrieben, aber nicht zu verwechseln mit den Stehelin, vorwiegend aus der alten Oberschicht.

Ständerat Stähelin begrüsste dagegen die Öffnung der Stadt. Als Gross- und Kleinrat stand er zwischen freisinnigen und konservativen Kräften, 1874 beteiligte er sich massgeblich an der Revision der Kantonsverfassung, die das Ende des Ratsherrenregiments bedeutete.[430] Mit dem damit verbundenen Systemwechsel wurde 1875 die direkte Demokratie eingeführt. Der Grossrat wurde von einem grösseren Wahlkreis bestimmt, an die Stelle des Kleinen Rates trat ein Regierungsrat, der besoldet war und damit auch nicht vermögenden Bürgern offenstand. Wählbar waren nicht mehr nur Basler Bürger, sondern auch Auswärtige, die in rauen Mengen in eine Stadt zogen. Basel veränderte sich zu dieser Zeit wie nie zuvor oder danach.

Gleichzeitig wie Zürich oder Genf entwickelte sich auch Basel zu einer Grossstadt. Zwischen 1850 und 1900 wuchs die Bevölkerung von weniger als 28000 auf über 109000 Menschen. Viele von ihnen wohnten auf engsten Raum gedrängt unter prekären hygienischen Verhältnissen. Der zentral verlaufende Birsig, während Jahrhunderten ein Herd für Cholera und andere Krankheiten, wurde erst in den 1880er-Jahren kanalisiert und überdeckt.

Wo die Mitglieder der Familie Stähelin zu dieser Zeit wohnten, ist auf einer Liste aufgeführt, die im Familienarchiv liegt.[431] Es war ein Kreis von siebenundzwanzig Männern, die sich damals zumeist ‹Staehelin› und vereinzelt ‹Stehelin› schrieben. Die Adressliste verzeichnet «sämmtliche majorennen Staehelin'schen Descendenten, welche in Basel wohnhaft sind». Viele residierten in der noblen St. Alban-Vorstadt oder im Gellert, wo jenseits der ehemaligen Stadtmauer ein Villenquartier entstanden war. In der Altstadt bewohnten Stähelin Häuser am Steinenberg, Heuberg und Spalenberg. Am meisten, nämlich fünf ‹Descendenten› lebten am Leonhardsgraben, ihre Häuser trugen die Nummern 40 bis 44. Dort lag auch der Sitz der Bandfabrik ‹Balthasar de Benedict Staehelin›, des grössten Familienunternehmens dieser Tage.

Zweifellos zählten die in Basel wohnhaften ‹Descendenten› zur gleichen sozialen Schicht, vielfach gehörten sie den gleichen Vereinen, Zünften oder Studentenverbindungen an. Und: viele von ihnen waren nach wie vor eng miteinander verwandt. Betrachtet man die Allianznamen der sechzehn verheirateten Stähelin und lässt sie als statistisches Sample gelten, so lässt sich für die Basler Oberschicht eine ähnliche Tendenz vermuten wie für die Burgerfamilien in Bern: In der zweiten Hälfte des 19. Jahrhunderts wurden knapp drei Viertel aller Ehen innerhalb des alten Stadtbürgertums geschlossen.[432] Elf von sechzehn Stähelin hatten eine Frau aus einem Geschlecht geheiratet, das vor mehr als einhundert Jahren in Basel eingebürgert worden war: vier Gattinnen hiessen Burckhardt, je eine Frey, Heusler, Linder, Lotz, Preiswerk, Vischer – oder ebenfalls: Staehelin.

TRADITIONSBILDUNG

Das Fin de Siècle erlebte die alteingesessene Oberschicht als Identitätskrise, wie die Historikerin Sara Janner schreibt.[433] Die vielfältigen Transformationen der Stadt dürften auch Angehörige der Familie Stähelin als bedrohlichen Zerfall der sozialen Ordnung wahrgenommen haben. Halt und Orientierung fanden die politisch entmachteten Ratsgeschlechter nicht zuletzt in der Vergangenheit. Ihren Historikern, Kirchengeschichtlern oder Denkmalpflegern, darunter nicht wenige Stähelin, war es vorbehalten, die Geschichte von Basel zu schreiben. In der lokalen Historiografie war es lange ausschliesslich eine Stadt der Bürger. Zudem bot die Genealogie einen Ansatz, um nachzuweisen, mit wem man verwandt war, und vielleicht auch: nachzuempfinden, wer man als Mitglied einer ‹alteingesessenen› Familie war.

Stammbäume kamen in den 1870er-Jahren in Mode. Es war ein Jahrzehnt, das in der Grenzstadt Basel auch wegen des Deutsch-Französischen Krieges (1870/71) als besonders turbulent empfunden wurde. Just in dieser Zeit legte die Familie Stähelin ein Familienalbum an und liess sich einen kunstvollen Stammbaum malen.[434] Der ‹Schweizerische Volksfreund› stellte diese genealogischen Arbeiten 1879 vor.[435] Nach ‹Die Meriane› folgte zum Jahresende mit ‹Die Stähelin› der zweite Teil der Serie ‹Basler Familienbilder›. Es war ein Beitrag zur lokalen Identitätspolitik. ‹Die Stähelin› wurden als Teil des ‹alten Basels› gewürdigt und in eine aristokratische Tradition gestellt.

Eine Art modernes Gründungsdatum der Familie ist der 21. März 1888. An diesem Tag wurde der 1739 angelegte Armenfonds der Familie formell als Stiftung gegründet.[436] Bis heute bildet die Familienstiftung eine Klammer, die zusammenhält, was genealogisch hergeleitet werden kann. Zur Gründungsversammlung trafen sich damals die erwähnten «majorennen Staehelin'schen Descendenten, welche in Basel wohnhaft sind», später wurde dieser Kreis erweitert; bald über die Stadtgrenzen, sehr spät auch über die Geschlechterunterscheidung hinaus.[437]

Mit der Gründung eines juristischen Körpers war die Familie nicht allein: auch Basler Geschlechter wie Burckhardt, Preiswerk oder Vischer haben Familienstiftungen,[438] in Deutschland waren derweil eingetragene Familienvereine zahlreich.[439] Seit 1888 verfügen die Stähelin also über einen juristischen Körper, eine Statutenordnung, einen Stiftungsrat. An die Spitze der Stiftung trat ein Verwalter, ein Sekretär betreute Adresslisten, Protokolle und Korrespondenzen, ein bis zwei Stiftungsräte kümmerten sich um die Buchhaltung des von Balthasar Stähelin-Ryhiner (1675–1746) gestifteten und seither von einigen Nachfahren geäufneten Vermögens.

Seit 1888 lädt die Stiftung alle drei Jahre zur sogenannten Descendentenversammlung. Dabei werden die Familienmitglieder über die Tätigkeit der Stiftung informiert. Viel zu besprechen gab es selten. Die Anzahl an Anträgen um Unterstützung, über die der Stiftungsrat zu entscheiden hatte, war jeweils überschaubar. Der Höhepunkt folgte nach der juristischen Pflichtübung: Ab 1891 wurde ein gemeinsames Nachtessen zur Tradition, es diene «zur Beförderung der gegenseitigen Bekanntschaft unter den Familienmitgliedern», erklärte der Stiftungsrat in der Einladung.

An solchen Descendentenversammlungen wurden zudem Stammbäume aufgehängt, Wappenbriefe ausgetauscht und über Nachforschungen in Archiven und Kirchbüchern berichtet. Oftmals krönte ein Referat über einen ausgewählten Ahnen das grosse Familientreffen.[440] Die ‹Descendenten› erzählten sich eine gemeinsame Geschichte. Das war mindestens ebenso wichtig wie die gemeinschaftliche Verwaltung des Stiftungsvermögens.

Ein weit grösseres Fest fand am 15. September 1920 statt. «Zur Feier des vierhundertsten Jahrestages der Aufnahme ihres Stammvaters in das Bürgerrecht der Stadt Basel» waren alle Angehörigen der Familie Stähelin «mit Einschluss der verheirateten Töchter und ihrer Männer» in das Restaurant Schützenhaus eingeladen.[441] Es war das erste derartige Fest zur Beförderung des Familiensinns, dabei wurde die Einbürgerung im Jahr 1520 als Gründungsdatum der Familie zelebriert.[442] Den historischen Charakter des Anlasses betonte eine Broschüre mit einer Auswahl von alten Porträts, die dazu publiziert wurde.[443] Andere Basler Geschlechter übernahmen diese Art von historisch-genealogischer Denkschrift.[444]

Zwischen 1870 und 1920 gaben sich die Stähelin eine Geschichte, die sie mit allerlei Dokumenten und Objekten zu belegen wussten. Es waren fünfzig Jahre voller Aufbrüche und Unsicherheiten, Kriege mit globalen Auswirkungen brachen los, der Kommunismus trat als Alternative auf, neue Technologien beschleunigten den Gang der Dinge, auch in Basel. Familiengeschichte bot Kontemplation, viele Stähelin fanden in diesen nervösen Zeiten Gefallen an ihr. Feste und Versammlungen, das Gespräch über die Ahnen oder die Lektüre im 1903 publizierten ‹Familienbuch› schufen eine Art geteiltes Familienbewusstsein. Ein Beispiel für die starke Identifikation mit dieser Überlieferung sind die Memoiren von August Staehelin (1871–1959), einem Enkel des Ständerats gleichen Vornamens. «Die Staehelin waren kein kriegerisches Geschlecht», schreibt er im Kapitel

‹Militaria›. Aus dem weitgehenden Fehlen von Offizieren oder Rittern im eigenen Stammbaum folgert der Arzt: «So hatte auch ich wenig militärisches Blut geerbt.» Auch die Erblehre war ein Kind dieser Zeit.

Was August mit Stolz und etwas Hochmut erfüllte, rührte oftmals von «Vischer'schen Seite», also von den Vorfahren seiner Mutter her. Neben der Begabung für Musik war es in erster Linie der aristokratische Lebensstil, den August bei den Grosseltern Vischer erfuhr. Auf deren Schloss Wildenstein verbrachte er jeweils die Sommerferien. Der Beschreibung des ehemaligen Landvogtsitzes oberhalb von Bubendorf widmete er fast vierzig Seiten seiner Memoiren. Die dabei hergestellte Nähe zu der faktisch entmachteten Aristokratie kontrastiert mit dem Understatement des Titels des Manuskripts: ‹Erinnerungen eines Durchschnittsmenschen›.[445] Zuhause ass August vorzugsweise mit goldenem Besteck, am Griff war das Familienwappen des Patriarchen eingraviert.[446]

August heiratete eine Burckhardt und in zweiter Ehe eine Paravicini, beides alte Basler Bürgergeschlechter. Bei anderen Familienmitgliedern schlugen sich die aristokratischen Vorlieben bei der Partnerwahl noch eindeutiger nieder. Ab den 1870er-Jahren sind mehrere Heiraten in den alten Adel registriert: Die Baronin von Holzing-Berstett von und zu Bollschweil und die Freiin von Enzberg stammten aus Deutschland, aus Österreich-Ungarn eine von Simon. Auch in der Schweiz fanden Stähelin Frauen mit, politisch wertlosem, Adelsprädikat; von Fellenberg, von Mandach, von Salis. Es waren vor allem Männer, die sich eine vornehme Heiratspartie sicherten, im ‹Familienbuch› erwähnt ist aber auch eine Stähelin, die einen Grafen heiratete, der auf Schloss Langenstein bei Singen am Bodensee aufgewachsen war. Dort liegt heute ein Golfplatz, der Adel ist weggezogen. In demokratischen Staaten blieb kein Platz für Standesprivilegien.[447]

Im Schweizerischen Bundesstaat stand das Bürgertum an der Spitze der Gesellschaft. Sozial und kulturell handelte es sich dabei um eine recht homogene Gruppe, wie Albert Tanner in einer Studie schreibt: «Durch eine ihnen typische Art der Lebensführung und des Lebensstils» hätten sich die Bürger definiert,

Mentalitäten und Wertevorstellungen geteilt, sich durch Besitz, Bildung oder Beziehungen von «den übrigen sozialen Klassen» abgehoben. Die Standesgesellschaft war in Basel vor dem Ersten Weltkrieg besonders ausgeprägt, wie Sarasin in ‹Stadt der Bürger› nachgewiesen hat.[448]

ZUNAHME DER SCHEIDUNGEN

Die bürgerliche Gesellschaft war eine ausgeprägte Familiengesellschaft und die Ehe ihre Grundlage. Obwohl die Gleichstellung der Geschlechter 1881 im Bundesrecht eingeführt wurde, war die Frau dem Mann weiterhin unterstellt. Sie stand unter seiner Vormundschaft, als ihr Reich galt das häusliche Heim, das sie zu pflegen hatte. Zu Beginn des 20. Jahrhunderts mehren sich die Zeichen einer Emanzipation, in den Worten von weiblichen Stähelin schwang dabei Zuversicht mit: «Das feste Gefüge alter Traditionen und allzu enger Anschauungen» habe sich nun endlich etwas gelockert.[449] Welche neuen Möglichkeiten der Lebensführung sich eröffneten, aber auch die anhaltende Kraft des Geschlechtergefüges zeigen exemplarisch die Biografien von Charlotte Louise Staehelin, geborene Burckhardt (1877–1918) und Helene Stähelin (1891–1970).

Charlotte war die erste Frau jenes August, der sich in seinen Memoiren als «Durchschnittsmenschen» bezeichnete. Staehelin schreibt, seine Frau habe er an «Bällen und Gesellschaften» gesehen, aber nie allein mit ihr sprechen können. «Die Mädchen von damals waren eben wohlbehütete Geschöpfe», erinnerte er sich 1947. «Sie konnten nicht wie heutzutage allein Theelokale oder Kinos aufsuchen.»[450] In den Tagebüchern der ledigen Charlotte, die ‹Lolly› gerufen wurde, ist der Heiratsmarkt das alles dominierende Thema. Der Bandfabrikant Bally aus Säckingen habe sie und ihre Freundinnen eingeladen, damit sein Sohn «die Baslerinnen» sehe, berichtet sie einmal, ferner von Tanzabenden, Dinners und Schnitzeljagden, die für die Verkuppelung des Nachwuchses organisiert wurden.[451]

Charlotte war eine gute Partie: wohlerzogen, hübsch, die Winter verbrachte sie im Stadthaus am Münsterhügel, die Sommer auf dem prächtigen Wenkenhof in Riehen. Die Familie Burckhardt zählte zu den reichsten der Stadt.[452] Die Heirat mit

August segneten Vater und Schwiegervater ab, damit war Charlotte Teil der Familie Staehelin, respektive eines Zweiges, der zwischen 1914 und 1918 eine Krise erlebte, die nichts mit dem zeitgleich wütenden Ersten Weltkrieg zu tun hatte.

«In dieser Zeit wurde wieder mehr wie sonst von der unglücklichen Ehe unserer Schwägerin Staehelin-Vonder Mühll geredet», schrieb Charlotte in ihr Tagebuch.[453] Deren Mann war schwul, und die Schwägerin hatte eine Affäre mit Fritz Hoffmann-La Roche, dem Gründer des Pharmakonzerns ‹Roche›, den Vonder Mühll später heiratete.[454] Die Trennung der Eheleute und die Homosexualität des Verwandten spaltete die neue Familie von Charlotte. «Man hatte keine Familientage mehr», heisst es im Tagebuch. Ihre Schwiegermutter habe die Situation «halb krank» gemacht. «Keines verstand das Andere, kurz, das Beste war, jedes blieb für sich daheim.»[455] Noch bevor sich die Spannungen gelegt hatten, verstarb Charlotte Staehelin-Burckhardt an der Spanischen Grippe. Ihre Tagebücher wurden posthum veröffentlicht, als Titel diente ein Zitat: ‹Unter dem Siegel der Verschwiegenheit›. Die grossen politischen und sozialen Fragen ihrer Zeit fanden in ihren Aufzeichnungen nicht statt. Im Gegensatz zu ihr war Helene Stähelin von der bürgerlichen Frauenbewegung geprägt.

Helene Stähelin war eines von zwölf Kindern von Luise und Gustav Stähelin-Lieb. Ihr Vater war Pfarrer in Allschwil, von 1896 bis 1934 Verwalter der Familienstiftung.[456] Helene studierte Mathematik in Basel und Göttingen, promovierte und unterrichtete am Töchterinstitut in Ftan und als Sekundarlehrerin in Zug. Bemerkenswert ist ihre Rolle in der Internationalen Frauenliga für Frieden und Freiheit, dem ältesten und bis heute aktiven Zusammenschluss von Pazifistinnen.[457]

Stähelin sei «ein Intellektualist mit unpraktischer Wesensart», protokollierte ein Zuger Polizist der Bundesanwaltschaft. Sein Urteil deklinierte weibliche Stereotype: die Beschattete habe «keine Fähigkeit zu führen», sei «verträumt, seltsam, kompliziert». Doch politisch sei sie letztlich harmlos, lautete das Fazit 1955, zumal sie nichts mehr verabscheue als die Kommunisten. «Wenn diese Partei etwas bringen würde und wäre es das Frauenstimmrecht, dann würde sie alsogleich abbremsen, denn von dieser Seite nähme sie nichts an» – nicht einmal ihren «Lieblingsgedanken», das Recht der Frauen auf politische Mitsprache.[458]

Helene war keine Kommunistin, das beruhigte die Polizei. Aber sie war eine überzeugte und engagierte Aktivistin. Vor dem Ausbruch des Zweiten Weltkriegs warnte Stähelin in Vorträgen vor dem Einsatz von Giftgas, während des Kriegs forderte sie vom Bundesrat die Wiederherstellung der freien Meinungsäusserung,[459] schliesslich war sie von 1948 bis 1967 Präsidentin der Schweizer Sektion der Frauenliga. In diesem Amt setzte sie sich für einen Beitritt zur UNO ein, daneben war sie in der Schweizerischen Mathematischen Gesellschaft aktiv und engagierte sich für das Frauenstimmrecht. Dieser «Lieblingsgedanke» wurde auf nationaler Ebene erst 1971 Realität, ein Jahr vorher war Helene verstorben. Politisch war sie eine Bürgerin zweiten Grades geblieben.

Der vielversprechendste Zugang zur ‹Kulturellen Revolution› der 1960er-Jahre führt über die Familie und den Haushalt, schreibt der Historiker Eric Hobsbawm.[460] Ob in den USA, Belgien oder der Schweiz: Die Scheidungsraten nahmen exponentiell zu, die Pille entkoppelte Sex und Schwangerschaft, das Ideal der bürgerlichen Kernfamilie geriet ins Wanken. Auch in der Familie Stähelin nahm die Scheidungsrate nun massiv zu, wie eine Auswertung der genealogischen Datenbank zeigt: 1,8 Prozent beträgt sie bei Familienmitgliedern, die zwischen 1850 und 1900 geboren wurden und heirateten, 25 Prozent für jene, die in den darauffolgenden fünfzig Jahren zur Welt kamen.

Eine Bastion des konservativ-bürgerlichen Familienverständnisses war lange der Stähelin'sche Familientag, der seit 1950 alle fünf Jahre stattfindet. Eingeladen waren alle Träger des Nachnamens «mit ihren Frauen und konfirmierten Kindern» sowie gebürtige Stähelin mit ihren Ehemännern.[461] Der Familientag war ein förmlicher Anlass mit Sitzordnung und langen Reden, die ausländischen Gäste wurden auf Französisch und später auch auf Englisch begrüsst, oftmals im Zoologischen Garten in Basel. Am Fest nahmen jeweils um die 125 Personen teil, die meisten sprachen sich mit ‹Sie› an.[462]

Stammbäume lagen auf, manchmal auch Briefe, etwa von Sœur Marie Jacqueline de Jésus Stehelin (1899–1991), die in Algerien und Japan missionierte und daher nicht am Familientag teilnehmen konnte.[463] Nicht fehlen durften die Listen mit den Namen der Verstorbenen, der frisch Vermählten und der Novizen, also jenen Stähelin, die seit dem letzten Familientag die Volljährigkeit erreicht hatten. «Wir sind froh und stolz auf den prächtigen Nachwuchs und würden uns freuen, wenn er dem Familiennamen alle Ehre machen wird», wurden sie 1965 begrüsst. Für die ‹Stammhalter› folgte noch eine Aufmunterung: «Dass auch einmal der Nachwuchs nicht ausbleibe.»[464]

An solch paternalistischen Noten störten sich die Jungen, auch in Basel. Die mit der Chiffre 1968 verbundene ‹Kulturelle Revolution› richtete sich gegen bürgerliche Traditionen, gegen das Establishment, gegen den Mief der Bourgeoisie. An den jungen Stähelin gingen die Demonstrationen und Sit-ins nicht spurlos vorbei. Viele studierten und waren an Themen wie Emanzipation, Antimilitarismus oder Umweltschutz interessiert. Bei älteren Stähelin konnten die antiautoritären Regungen dagegen Panik auslösen. «Die Ereignisse des Frühsommers 1968, scheinbar ausgelöst durch die Studenten verschiedener europäischer Grossstädte, zeigen ein deprimierendes Bild jugendlicher Aktivität», konstatierte ein Stähelin in einem Leserbrief. «Der Bürger kann es nur schwer glauben.»[465]

Die Familie war tief im Bürgertum verankert, in Basel hatten die Stähelin Mitte des 20. Jahrhunderts den Ruf eines Gelehrtengeschlechts. Neben mehreren Professoren stellte sie viele Advokaten, einige waren in Basel als Richter tätig. Auch die Mediziner waren zahlreich, auch als Journalisten und Architekten waren einige Stähelin aktiv. Aber fast keiner als Politiker. So war der Nationalrat Heinrich Staehelin (1903–1976) in verschiedener Hinsicht eine Ausnahme: Er vertrat nicht den Kanton Basel-Stadt, sondern den Kanton Aargau, seine Partei waren nicht die Liberalen, sondern der Landesring der Unabhängigen.[466] Anders als bei den Stähelin aus dem Kanton Thurgau[467] spielten politische Ämter in Basel nur mehr eine kleine Rolle.

In der ‹Basler Chemie›, die zum Inbegriff des lokalen Wohlstandes geworden war, hiessen dagegen verschiedene Direktoren oder Verwaltungsräte Stähelin. An der Entwicklung neuer Medikamente war auch der Pharmakologe Hartmann Stähelin (1925–2011) beteiligt. Dass er für seine Leistungen nicht den Nobelpreis erhalten habe, wurde im von ihm initiierten Buch ‹Die Akte Sandimmun – Ein Pharmaskandal› mit seinem bescheidenen Auftreten erklärt. Die Entdeckung des bei Transplantationen eingesetzten Blockbusters habe sein Arbeitgeber ‹Sandoz› (heute ‹Novartis›) einem Forscher zugeschrieben, der als «umtriebiger PR-Mann» und «begnadeter Verkäufer» geblendet habe. Ein solches Buhlen um Anerkennung, so die Diagnose des Ghostwriters, wäre dem wahren Erfinder zuwider gewesen. Denn Stähelin sei ein «Akademiker alter Schule», ruhig und höflich, dem «Lauten und Spektakulären» abgeneigt.[468]

Hartmann war von 1975 bis 1996 Verwalter des Familienfonds, zudem: Mitglied der Kommission der Christoph Merian Stiftung, Präsident der Naturforschenden Gesellschaft Basel, die Liberal-Demokratische Partei vertrat er im Bürgerrat. Neben der Forschung bei Sandoz pflegte er die alten bürgerlichen Institutionen der Stadt und die Traditionen seiner Familie. «Ich habe immer noch den Verdacht, dass Irene mich heiratete, weil sie keinen neuen Namen lernen wollte», witzelte er einmal in einer Geburtstagsrede, «denn sie ist auch eine geborene Staehelin, allerdings aus einem vornehmeren Zweig der Familie, der sich mit ae schreibt und aus Grossbasel kommt, nicht mit ä wie der bescheidenere Kleinbasler Zweig.»[469]

Irene, geboren 1935, und Hartmann schlossen 1957 die bis heute letzte Ehe Stähelin-Staehelin, nahe verwandt waren sie aber tatsächlich nicht, väterlicherseits trafen sich ihre Ahnen im 18. Jahrhundert. Die charakteristischen Basler Allianznamen findet man in der Generation ihrer Kinder höchstens noch vereinzelt.[470]

ENTHÜLLUNGEN AUS DEM ‹DAIG›

Die Basler Oberschicht hatte lange den Ruf eines Geheimbundes, der in Mundartfilmen eine Reihe von näselnden Bösewichten stellte. In der Schweiz bezeichnet man sie gerne als ‹Daig›. Die Stadt werde immer noch von den alteingesessenen und engversippten Familien geprägt, konstatierte die

Zeitschrift ‹Bilanz› 1984 in einem ‹Daig-Spezial›. Damit waren auch die Stähelin gemeint. Die Artikelserie berichtete von einer in sich geschlossenen Gesellschaft. «I bitt Sie, so haisst me doch z'Basel nit», so laute das tödliche Urteil für Parvenüs in Basel. Die Spitzzüngigkeit des Baslers war ebenso legendär wie eine Verschwiegenheit, die sich leicht als Bescheidenheit auslegen lässt. «Dr Daig, isch das e Thema?», habe man ihnen geantwortet und befunden, dass es diese alte Oberschicht doch längst nicht mehr gebe, schreiben die Journalisten.[471] Mit dem Begriff ‹Daig› wurden auch Mitglieder der Familie Stähelin höchst ungern in Zusammenhang gebracht. Sie mochten nicht als «begüterte Zopfbürger» abgestempelt werden, wie eines von ihnen schrieb.[472]

Der grosse Enthüllungsbericht zum Basler ‹Daig› erschien 1988 und trug den pikanten Titel ‹Die Frau des Geliebten meiner Mutter›. Die Autorin hiess Diane d'Henri. Wenige Woche nach der Publikation teilte sie der Presse mit, wer hinter dem Pseudonym steht: Marie-Louise Staehelin, in erster Ehe Schlumberger, in zweiter Ehe Jarosy (1902–1997).[473] Die Figuren in ihrem Buch waren nun leicht zu identifizieren, jene namens ‹Stackenhorst› hiessen in der Realität Stähelin, sie sind mit der Autorin väterlicherseits verwandt. Eine von ihnen ist die ‹Queen›, ihre verehrte Grossmutter Staehelin, andere aber grausame Bösewichte.[474]

Das Buch war eine Sensation. ‹Die Frau des Geliebten meiner Mutter› stand fast vierzig Wochen auf dem ersten Platz der schweizerischen Bestsellerliste; bis heute ist es in dreizehn Auflagen erschienen, jüngst auch als Hörbuch.[475] Dieser Erfolg ist ohne die Authentizität, die der in Presse und TV enthüllte Name Staehelin dem Leser versprach, nicht nachzuvollziehen. In Interviews erzählte Marie-Louise frei heraus, wie es in den 1920ern zu und her gegangen sei im Basler ‹Daig›: von der Doppelhochzeit, die sie und ihre Schwester mit zwei Cousins einzugehen hatten, der Affäre ihrer eigenen Mutter mit ihrem Gatten, schliesslich von der Scheidung von diesem. Die Trennung habe sie mit dem Verstoss aus der besseren Gesellschaft bezahlt. Sie lebte mittellos, mit der Heirat eines Ungarns verlor sie zeitweise die Staatsbürgerschaft, zog von Stadt zu Stadt, weg von Basel.[476]

Die Verkaufszahl von über 120000 Exemplaren legt nahe, dass ihr Buch nicht nur ein lokales, sondern ein nationales Publikum ansprach. Gesellschaftliche Zwänge und allerlei Schikanen kannten viele Schweizerinnen, egal welcher Herkunft sie waren. Die Gleichberechtigung der Ehepartner war erst im Publikationsjahr 1988 in Kraft getreten. Der Presse und im Fernsehen erklärte Marie-Louise, sie wolle mit ihrem Buch dazu beitragen, dass Junge «heiraten, wen sie wollen».[477] Die Autorin sei ihre «heimliche Heldin», schrieb eine Rezensentin.[478] Den späten Rummel um ihre Person genoss Staehelin in vollen Zügen. «Wisse Sie», erklärte sie stolz, «i bin e Schtar, i bin e Kinschtlere».[479] Ein Star, eine Künstlerin, das war das Gegenteil eines ‹Durchschnittsmenschen›, eines ‹Akademikers alter Schule›, eines Lebens ‹unter dem Siegel der Verschwiegenheit›. Die Basler Bescheidenheit war ihre Sache nicht.

An der Basler Fasnacht war das ‹Skandalbuch› ein grosses Thema: «D'Frau Staehelin sait ze ihrem Maa: / Jetz lytt ich dr Frau Kopp schnäll aa / und frog emool die Plauderdäsche / Ka Ihre Maa au Biecher wäsche?»[480] Damit wurde das ‹Daig-Buch› mit der Geldwäscherei-Affäre um den Mann der ersten Bundesrätin Elisabeth Kopp verbunden. Die pikanten Enthüllungen und die schrillen Medienauftritte der Autorin sind für den ‹Daig› eine kaum ertragbare Peinlichkeit, so die Pointe. Der Verlag schrieb später, Basler Anwälte hätten mit Klagen gegen die Publikation gedroht.[481] Das Satiremagazin ‹Nebelspalter› vermutete derweilen, die angeschwärzten Familien hätten die erste Auflage von ‹Die Frau des Geliebten meiner Mutter› kurzerhand aufgekauft, damit niemand das Buch lesen könne.[482] Wollten die Stähelin das Buch also verhindern und wegkaufen?

«In aller Wält, vo Singapur bis Georgia / hämmer e Ruef wie z'Rom d'Familie Borgia», reimte Bernhard Staehelin (1923–2010) am Familientag 1990, womit er die Anwesenden mit einem alten Adelsgeschlecht in eine Reihe stellte, das für Bestechung, Vetternwirtschaft und Morde berüchtigt ist. «Das Renommé verdanke mr ere Daame / wo Diane d'Henri haisst in dr Reklaame / fir dr Beschtseller Nummere Ains: Die Frau / des Geliebten der Mutter – gänds zue, Iir händ en au.» Anstatt zu verschweigen, was die Familie seit Monaten beschäftigen musste, widmete Bernhard dem Skandal also einen langen Vers.

«Im Innere vo däm Johrhundertwärk / haisst d'Diane d'Henri drno Schtackelbärg / und hit duet si sich aller Wält erwyyse / als e Frau Schtäächeli, Marie Louise.» Den holprigen Schreibstil der abwesenden Autorin verballhornte der Rechtsprofessor genüsslich. Bemerkenswert ist jedoch weniger der Spott, sondern die Legitimierung des populären Buchs. Diese Geschichte «mit beese Ryyche, pervärsem Sex und meeglischt au no Lyyche» sei da und dort sicher stark übertrieben und vor allem zerre sie die ganze Verwandtschaft in ein falsches Licht: «vyyl maine sicher, dass dr ‹Basler Daig› / hit gnau so lääbi, wie im Buech er haig». Aber letztlich, so die Quintessenz des Verses, müsse man mit dem Werk leben und Frieden mit der Vergangenheit schliessen. «Soll me's beduure oder schtolz und froh syy?» – das sei dem Einzelnen überlassen.[483]

VERLINKUNG DER FAMILIE

Am 11. Januar 1991 beschlossen die ‹Descendenten›, die weiblichen Verwandten in ihren Kreis aufzunehmen.[484] Eine solche Öffnung wurde bereits fünfundzwanzig Jahre früher diskutiert, ohne Resultat. Über hundert Jahre lang war die Versammlung eine reine Männerrunde geblieben. Als erste Frau wurde 1991 Simone Forcart, geborene Staehelin, in die Stiftungskommission gewählt, 1993 waren erstmals alle «Descendenten und deren majorenne Töchter» zur Versammlung eingeladen. Seit 1888 findet der Anlass alle drei Jahre statt, die Traktanden sind unverändert: Begrüssung, Präsenzliste und Protokoll, dann Berichterstattung, Rechnungsgenehmigung und Wahl des Vorstandes, zum Schluss ein gemeinsames Nachtessen.[485]

Festlicher geht es am Familientag zu und her. 1990 nahmen erstmals Verwandte aus Brasilien daran teil. Die Verwandten wurden auf Portugiesisch begrüsst. Sie waren vergessen gegangen, ehe sich einer von ihnen in Basel erkundigt hatte, ob sein Urahne Arnold Alfred Stähelin (1822–1892) von hier stamme. Das Fest findet nach wie vor alle fünf Jahre statt. Obwohl es stets mit viel Aufwand geplant wurde, äusserten Teilnehmende nach dem Familientag ab und an Widersprüche in «Bezug auf

Stilfragen». Einmal war die Musik zu laut, wie es in einem Protokoll heisst, ein andermal war die Tischordnung falsch, und fast nie fand das statt, was je länger desto mehr gewünscht wurde: eine Mischung von jungen und alten, vertrauten und fremden Menschen. Die Familie war international und längst so weit verzweigt, dass sich die meisten Teilnehmer gar nicht kannten.[486]

«Im Zeitalter der Gleichberechtigung der Frauen und des neuen Eherechts» musste auch das 1903 erstmals publizierte ‹Familienbuch› überdacht werden, wie Andreas Staehelin, Professor, Staatsarchivar und Familienhistoriker, im Vorwort zur dritten Auflage von 1995 schreibt. Auch Kinder von ledigen Frauen oder von Ehepaaren, die sich nach einer weiblichen Stähelin benannten, wurden nun erfasst. «In diesen Fällen setzt sich die Familie matrilinear, das heisst mutterrechtlich fort», erklärte Andreas, der viel Freizeit in die Genealogie seiner Familie investiert hatte.[487]

Nach der Jahrtausendwende konnten Familienmitglieder auf einer Website (erst www.stehelin-staehelin.ch, später www.ststst.ch) durch den Stammbaum surfen und sich kundig machen, mit welcher Stehelin, Stähelin oder Staehelin man wie verwandt ist. Ein Passwort gibt ihnen Zugang. Suchende klicken sich von nahen zu fernen Verwandten, und zurück.

Die digital erfassten Familienmitglieder leben in der Schweiz oder Australien, Kalifornien oder in der Provence, Florianópolis oder Basel. Sie arbeiten als Managerin, Psychotherapeutin, Biogärtnerin; sind Cellist, Lokführer, Chirurg. In einem Zweig stösst man auf einen Bruder, der als UN-Diplomat arbeitete, und eine Schwester, die die Bürgerpartei Basel gründete. Es sind Heiraten aufgeführt, Scheidungen, Adoptionen, Publikationen, Werdegänge. Einige Stähelin beantragten, dass sie sich Staehelin schreiben dürfen, andere liessen den Namen von Stehelin zu Stähelin ändern.[488] Klicken sich die Verzeichneten durch den Online-Stammbaum, so bleibt immer das gleiche Ende: Am Anfang war Hans, der ‹Seiler›.

SCHLUSS:

FREMD- UND SELBSTBILDER EINER FAMILIE

Ein Mädchen mit Namen Stähelin, das im Jahr 2020 zur Welt kommt, wird wohl in der 17. Generation der Familie verzeichnet werden. In einigen Jahren wird es in diesem Buch, falls es sich für seine Vorfahren interessiert, etwas über die weit zurückreichende Familiengeschichte erfahren; wie ein Migrant im Basel des 16. Jahrhunderts Seile und Schnüre drehte, wie später Männer in Zünften und Räten wirkten, mit Eisen und Kolonialwaren handelten, in Kirchen und Missionen predigten. Das Mädchen wird lesen, dass Frauen nach der Geburt starben, Geschäfte führten, den Haushalt bestellten, in alle Welt korrespondierten. Familien schufen Netzwerke, die Kapital, Ämter und Reputation transferierten. Ob in Basel oder im Elsass, in Kanada oder im Süden Brasiliens: die Familienmitglieder organisierten sich. Die Geschichte der Familie ist auch eine globale.

Dereinst könnte die junge Frau, die vielleicht mit einem Mann oder einer Frau eine Familie gründet, den ‹Stähelin› selber auf den Grund gehen, zum Beispiel als Historikerin, Soziologin oder Genealogin. Als Historikerin würde sie zu anderen Schlüssen kommen als die Autoren dieses Buchs. Die Geschichtsschreibung wird immer von den Fragen der Gegenwart angetrieben. Sie ist, nach dem schönen Wort des Historikers Paul Veyne, ein «wahrer Roman»: Der Historiker erzählt mit den Quellen, die er gezielt auswählt und deutet, seine plausible Geschichte, die aber keine beliebige ist. Als Soziologin könnte sich die Frau fragen, wie die Menschen, die sich mit ihren Vorfahren verbunden fühlen – oder auch nicht –, das ‹symbolische Kapital› ihres Namens transferieren.

Würde sich die Frau aber der Genealogie zuwenden, stünde sie bald schon einer schier unendlichen Geschichte gegenüber. Sie könnte einen DNA-Test machen, digitale Stammbäume verlinken und unzählige Verwandte entdecken. Denn in der ersten Generation der Stähelin gab es nicht nur das ‹Stammpaar›, sondern Tausende anderer Menschen, mit denen die 2020 geborene Stähelin den Genpool teilt. In der Familiendatenbank fehlen fast alle ihrer weiblichen Verwandten, die meisten männlichen ebenfalls. Der Name ‹Stähelin› ist kein Familienmarker.

So oder so: Die Frau bliebe erinnerungspolitisch in Kontakt mit den Stähelin. Sie würde das Bewusstsein weitertragen, in einer jahrhundertealten Tradition zu stehen. Damit würde sie sich vom Grossteil ihrer Zeitgenossen unterscheiden. Die allermeisten Familien besitzen kein ‹Familienbuch›, das 17 Generationen zurückreicht.

Heute verwaltet die Stähelin'sche Familienstiftung etwa 300 Adressen von Menschen, die sie als Teil der Familie bezeichnet. Die Mitglieder der Familie erhalten Einladungen zu Familienanlässen und sind gebeten, Geburten, Heiraten und Todesfälle für ihre nächsten Verwandten zu melden, idealerweise auch schulische oder berufliche Meilensteine, damit die genealogische Datenbank à jour bleibt. Mit acht von ihnen haben wir, die Autoren dieses Buchs, Interviews geführt.[489] Darunter waren ältere Frauen und jüngere Männer, Franzosen und Schweizerinnen, solche, die sich stark mit der Familie identifizieren, und andere, die von sich sagen, sie blieben den grossen Familienfesten aus Prinzip fern. Rund vierzig Mitglieder haben unsere Online-Umfrage beantwortet (Seite 226). Auch sie haben wir gefragt, was ihnen Familie bedeutet.

Was ist ‹ein Stähelin›? Die Verwandtschaft in Brasilien, die sich auf einen im 19. Jahrhundert ausgewanderten Basler Stähelin zurückführt, ist heute grösser als jene in der Schweiz, zumindest gemessen an der Zahl der Einträge in der Datenbank. Die Brasilianerinnen und Brasilianer sind Staatsbürger des grössten Landes Lateinamerikas. Das Stadtbürgerrecht, auf das sich die Basler Stähelin beziehen, ist ihnen fremd – und dennoch hat es eine Bedeutung für sie. Im Austausch mit Familienmitgliedern in Brasilien, aber auch solchen in Nordamerika hörten und lasen die Autoren oft Wörter wie ‹origem› (Herkunft) oder ‹roots› (Wurzeln) – und damit verbunden: ‹an immense sense of pride›, also Stolz. Es scheint, als ob die Jahreszahl 1520 und das mittelalterliche Basel für Stähelin jenseits des Atlantiks einen besonderen Reiz hätten. Je ferner die ‹Herkunft› geografisch liegt, je weiter zurück sie datiert werden kann, desto tiefer reichen die ‹Wurzeln›. Das macht ‹stolz›.

Aus dem angrenzenden Frankreich tönt es zuweilen ganz anders. Ihr Vater sei Hobbygenealoge gewesen, schreibt eine Stehelin: «Je savais donc qu'une branche a émigrée en Suisse.» Ein Franzose als ‹Stammvater› der in die Schweiz ausgewanderten Stähelin? Zeigt der Stammbaum nicht, dass Basler Stähelin ab dem 18. Jahrhundert nach Frankreich migrierten, sich in der Normandie und der Provence, in Paris und Bordeaux, vor allem aber im Elsass niederliessen? Doch Madame Stehelin lokalisiert den Anfang der Familie in Frankreich, nicht in Basel. Sie beruft sich auf ein anderes Familiengedächtnis, auf andere Quellen. Falsch ist das nicht.

Die Familiengeschichte ist international, aber der geografische Bezugspunkt bleibt für viele Stähelin Basel. Für sie, aber auch für Familien wie die Geigy, Ryhiner oder Vonder Mühll gilt, was das ‹Historische Lexikon der Schweiz› zu den Burckhardt schreibt: Die Berufung auf den ‹Stammvater›, das Bewusstsein, dem ‹Daig›, also der alteingesessenen Basler Führungsschicht anzugehören, die Durchführung von Familientagen und die Erhaltung einer Familienstiftung bilden für viele Mitglieder der Familie eine Klammer.[490]

Akademie und Pietismus, globaler Handel und lokale Macht sind für sie wichtige Themen. Ihre Karrieren verliefen ähnlich. Die ‹Stammväter› vieler Familien des ‹Daig› waren seit dem 16. Jahrhundert aus dem Süddeutschen, Lothringen, den Niederlanden und anderen Gegenden nach Basel gezogen und wurden eingebürgert. Ihre männlichen Nachkommen schafften den sozialen Aufstieg, oft durch eine Ehe mit einer Baslerin. Vom 18. bis 20. Jahrhundert heirateten die Stähelin in keine andere Familie häufiger als in jene der Burckhardt, wobei die führenden Bürgergeschlechter im Stammbaum fast lückenlos verzeichnet sind.

«In der Aussensicht gehören wir zum Daig», hält ein Basler Stähelin, beruflich in führender Position, im Gespräch fest. Damit verbunden sei die Vorstellung von Privilegien, Reichtum und Macht. Doch so einfach sei es nicht. In der Familie verwende man den Begriff nie, und sowieso müsse man fragen, was ‹Daig› überhaupt bedeute. In der Umfrage gaben die meisten an, es habe früher wohl diese kleine Schicht reicher, eng verwandter bürgerlicher Familien gegeben, aber heute bestehe der ‹Daig› nicht mehr. Die damit assoziierten Familien, auch die Stähelin, sind in Kulturinstitutionen oder im Basler Zoo auf den Tafeln aufgeführt, welche die Spenden von Mäzeninnen und Mäzenen verdanken. Ohne ‹Daig› sähe Basel anders aus. Er ist ein gängiger Begriff, in Basel und ausserhalb. Alle reden zwar vom ‹Daig›, aber warum will niemand dazugehören?

Wie sein Verhältnis zum ‹Daig› ist, das wollte 2012 ein 22-jähriger Stähelin aus Zürich, Journalist von Beruf, von seinem fünfzig Jahre älteren Vetter aus Basel wissen.[491] Es gebe in Basel Menschen, die dächten, alles sei einem in die Wiege gelegt worden, antwortete dieser: «Sie sehen nur, wo man es leichter gehabt hat. Wo man es schwerer gehabt hat, sehen sie nicht.» Er habe im Ausland studiert und sei dann aus Basel weggezogen, weil er sich dort wie in einer «Schablone» gefühlt habe. Der Journalist pflichtete ihm bei: Sein Grossvater sei nach Zürich gezogen, weil es ihm im Basler «Korsett» zu eng geworden sei.

Ein ‹Daig›-Name ruft also Erwartungen und Vorurteile, Bewunderung und Neid hervor, zumindest in Basel.

Eine Stähelin erinnerte sich im Gespräch an die Scham, die sie spürte, wenn «Tante Stächli» allzu laut im Tram gesprochen habe. Ein Wort wie «allewyl» (immer) habe genügt, damit auch es, das kleine Mädchen, als Teil des ‹Daig› erkennbar wurde. Die Autoren haben den Soziolekt bei einigen Interviews vernommen. Spitzig und kontrolliert, distinktiv und distinguiert klingt er. Eine, die so spricht, empfing sie in ihrer Wohnung, die einem Museum gleicht: Porträts der Ahnen an der Wand, Geschirr mit dem Stähelin'schen Ritterarm in einer Vitrine, gläserne Wappenscheiben an den Fenstern. Wo man hinblickt: Familie – und nicht nur Stähelin, sondern auch Iselin, Vischer, Burckhardt. Hier ist der ‹Daig›, zumindest als Tradition, allgegenwärtig.

Politische Macht qua Abstammung haben die Stähelin keine mehr. Die liberale Demokratie hat die aristokratische Republik abgelöst. Das Regiment einiger weniger Familien, wie es in Basel noch im 19. Jahrhundert fest etabliert war, ist nicht mehr denkbar. Auch kirchlich-religiöse Macht spielt für die Familie keine Rolle mehr – nur schon deswegen, weil die institutionalisierte Religion ihre Macht eingebüsst hat. Sind in den früheren Jahrhunderten Pfarrer, Missionarinnen und Theologen zahlreich im Stammbaum vertreten, findet man sie kaum mehr.

Die Familie kennt verschiedene Glaubensrichtungen. In Nordfrankreich oder Brasilien sind ihre Mitglieder meist Katholiken, in Basel haben Stähelin auch jüdische Frauen geheiratet und sind konvertiert. Die Prägekraft des gutbürgerlichen Protestantismus ist allerdings nicht zu unterschätzen. Die Religion spiele in ihrem Leben eine wichtige Rolle, erzählen Stähelin, die in Basel aufgewachsen sind. Die Gesinnung ihres Elternhauses sei puritanisch und ethisch gewesen. Dazu gehören die Tugenden Fleiss und Bescheidenheit.

Und das Kapital? Basel ist in der reichen Schweiz eine besonders reiche Stadt, in der viel ‹altes Geld› vererbt wird.[492] Wir haben die Familienmitglieder nicht nach ihrem Vermögen befragt. Auf der Liste der «300 reichsten Schweizer», die das Magazin ‹Bilanz› jährlich präsentiert, fehlt der Name Stähelin – im Gegensatz zu Hoffmann, Sarasin oder Staechelin, geschrieben mit ‹ch›. Fest steht: In der Familie Stähelin waren einzelne Mitglieder sehr reich, insbesondere in der ersten Hälfte des 19. Jahrhunderts, als die Kolonialwarenhandlung ‹Gebrüder Stähelin›, das Textilunternehmen ‹B. de B. Staehelin› oder der Eisenbahnbauer ‹Stehelin et Huber› florierten. Diese Unternehmen existieren nicht mehr, die Vermögen wurden verteilt und neu angelegt; vielleicht steckt heute ein Teil davon in Aktien eines hochprofitablen Unternehmens, vielleicht hängt bei einem Stähelin daheim ein Gemälde aus der Hand einer hochgehandelten Künstlerin, vielleicht stammt er aber aus einem der weniger wohlhabenden Zweige oder hat sein Erbe verprasst.

Familie ist die wichtigste Transferagentur von Vermögen, aber auch von Bildung, die wiederum die zentrale Voraussetzung für beruflichen Erfolg ist. Die Stähelin sind kein dominantes ‹Gelehrtengeschlecht› der Universität Basel mehr, aber der Bildungsgrad der meisten Familienmitglieder ist hoch; Matura und Studium begegnet man in der genealogischen Datenbank oft, Doktorinnen und Doktoren sind nicht selten. «Wir haben eine gute Bildung bekommen», sagt einer mit Professorentitel, «meine Eltern haben studiert, meine Grosseltern haben studiert, und ich habe auch studiert.» Die Stähelin gehören zur schmalen bildungsbürgerlichen Schicht. In der Schweiz sind die Studienraten im internationalen Vergleich tief.

Die Stähelin, die wir befragt haben, stehen in Kontakt mit der Familienstiftung. Sie sind also grundsätzlich interessiert an Genealogie und familiärer Geselligkeit. Auf den ersten Blick sind sie ziemlich divers, nur schon aufgrund der Nationalitäten und Muttersprachen. Bei genauerem Hinschauen zeigt sich, dass es Gemeinsamkeiten gibt. Fast alle scheinen wohlhabend zu sein, sind gut gebildet und vertreten einen kultivierten Protestantismus oder eine damit verwandte säkularisierte Geisteshaltung. Wir haben keine Bäuerinnen, keine Arbeiter, keine Muslime angetroffen, auch keine in Erziehungsanstalten Fremdplatzierten, in Gefängnissen administrativ Versorgten oder Ausgesteuerten. Zumindest die kleine Gruppe der Befragten bildet eine relativ homogene Gruppe, insbesondere jene aus der Schweiz.

Wie geht es weiter mit der Familie? Sie hat den Stammbaum geöffnet für weibliche Nachkommen, angeheiratete Kinder und gleichgeschlechtliche Partner. Über kurz oder lang droht der Name als Identifikationsmerkmal der Familie zu erodieren, für die genealogische Erfassung spielt er nur noch eine untergeordnete Rolle. Dazu gehört nun auch, wer nicht Stähelin heisst. Franst der Stammbaum aus, stirbt er in seiner zunehmenden Unübersichtlichkeit ab – oder provoziert er eine Gegenbewegung? Eine junge Interviewte hat für das Festhalten am Namen plädiert. «Sicher ist, dass diese Familie weiterlebt», sagt eine andere. Noch eine andere zweifelt: «Der Zusammenhalt war früher grösser.» Die Familie habe eine Zukunft, glauben die meisten. Wie wird sie aussehen? «Verzettelter als heute schon», «solide, aber wenig Genialität», «mehr Multikulti». Die von uns befragten Stähelin können sich vieles vorstellen, aber kaum, dass die Familie ihren Nachfahren nichts mehr bedeuten wird.

ANHANG

DEMOGRAFIE

LUCAS RAPPO

Das ‹Familienbuch› der Stähelin[493] liefert eine Menge interessanter Informationen zur Demografie der Familie: Geburtsdaten und -orte, Heiraten, Nachwuchs, Scheidungen, Namen. Sie reichen vom 16. Jahrhundert bis in die Gegenwart. Die älteren Daten haben Genealogen aus Taufbüchern, Ratsprotokollen und handschriftlichen Notizen zusammengetragen. 1903 erschien das ‹Familienbuch› in der ersten Auflage. Seither ist es von vier Familienmitgliedern laufend ergänzt worden. Mit der dritten Auflage von 1995 ging die Digitalisierung der Daten einher. Heute sind die Informationen in einer Datenbank erfasst. Sie lassen sich mit statistischen Programmen wie Heredis und Puck analysieren.

ANZAHL GEBURTEN

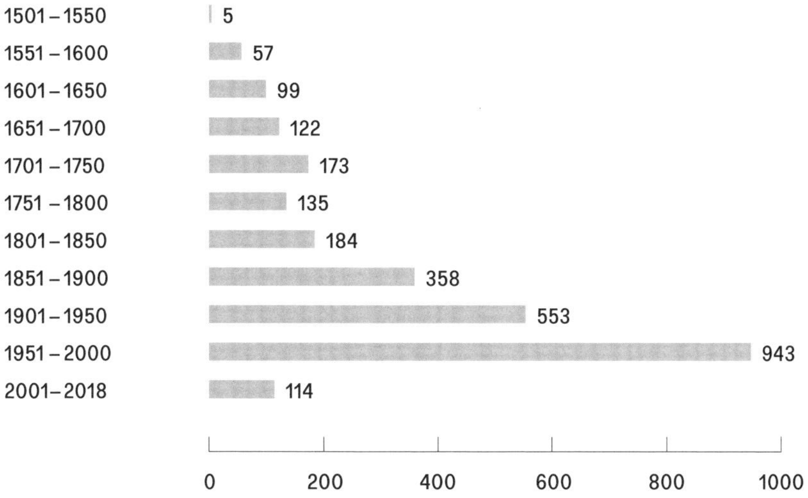

Anzahl der Geburten der im ‹Familienbuch› erfassten Personen. Geburtsjahre eingeteilt in Zeitabschnitte von 50 Jahren

Für die Analyse wurden die Daten bereinigt und aufeinander abgestimmt, also etwa Dubletten entfernt. Die Datenbank umfasst damit knapp 3000 Personen (Stand 2019). Die ältesten Einträge betreffen das ‹Stammpaar›: Magdalena Mieg und Hans Stehelin, deren Geburtsdaten jedoch nicht bekannt sind. Die fünf ersten erfassten Geburten fallen in die Zeit zwischen 1500 und 1550. Mit Abstand am meisten Personen sind für das 20. Jahrhundert aufgenommen: Fast die Hälfte der in der Datenbank erfassten Personen kommt in dieser Zeit zur Welt. Die starke Zunahme hängt auch mit der Aufnahme des brasilianischen Zweigs der Familie zusammen, der viele Mitglieder zählt und, anders als das ‹Familienbuch›, bereits früher auch den weiblichen Nachwuchs weiterverfolgt. Da die Verwandten mütterlicherseits im Basler Stammbaum weitgehend fehlen, ist die Berechnung der Verwandtschaftsgrade bei Heirat nicht möglich, also zum Beispiel, wie häufig Ehen unter Cousins und Cousinen waren.

GEBURTSORTE

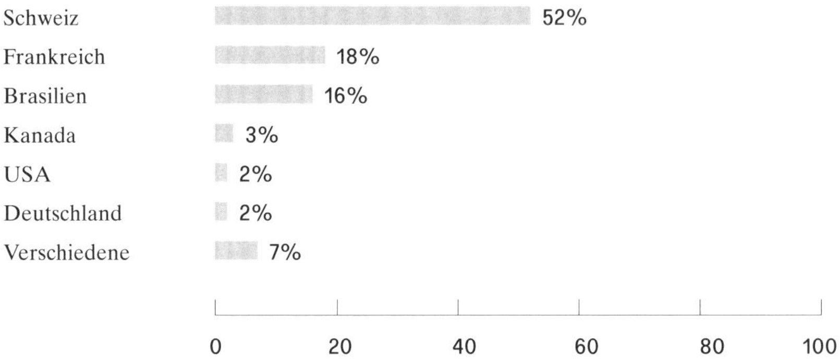

Anteil der Geburtsorte von Familienmitgliedern, in heutigen Ländergrenzen

Die Datenbank verzeichnet 471 verschiedene Geburtsorte. Knapp über die Hälfte der Personen wurde im Raum der heutigen Schweiz geboren (52 Prozent), dann folgen Frankreich (18) und Brasilien (16). Die Basler Familie ist damit zugleich bemerkenswert international.

LEBENSERWARTUNGEN

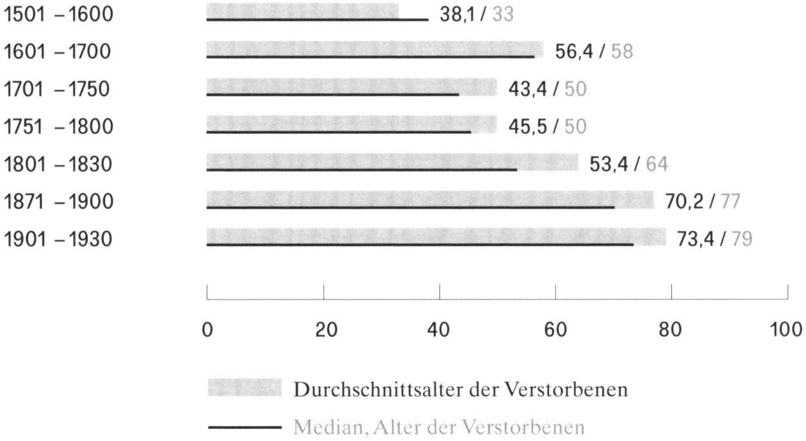

Lebenserwartung der in einem Zeitraum geborenen Familienmitglieder

Das durchschnittliche Sterbealter der in der Datenbank verzeichneten Personen steigt im Lauf der Jahrhunderte kontinuierlich an, trotz eines Rückgangs für die Männer im 18. Jahrhundert und für die Frauen zwischen 1800 und 1850. Die Schwankungen sind wohl auf die präzisere Erfassung der jung Verstorbenen zurückzuführen, also der Säuglinge und Kinder. Sie senken den Durchschnitt. Die Pestwellen, die Basel mehrfach trafen, waren um 1700 abgeklungen, von den akuten Subsistenzkrisen des 19. Jahrhunderts dürfte die mehrheitlich wohlhabende Familie kaum betroffen gewesen sein.[494]

Die Zahlen für das 16. Jahrhundert beruhen auf den Lebensdaten von nur 27 Personen. Eine ist im Alter von 4 Jahren gestorben, 3 zwischen 15 und 20 Jahren. Wahrscheinlich sind noch mehr Kinder gestorben, die aber nicht im ‹Familienbuch› verzeichnet sind. Das Durchschnittsalter der im 16. Jahrhundert geborenen Stähelin liegt beim Hinschied bei 38 Jahren, der Median bei 33. Im Median fallen Ausreisser weniger ins Gewicht, die Verzerrung ist somit geringer.

Für das 17. Jahrhundert beruht die Statistik auf 126 Personen. Vier Kinder sterben, bevor sie 5 Jahre alt werden – eine im Vergleich mit den Daten der Zeit kleine Zahl. Die durchschnittliche Lebenserwartung der Familie steigt auf 56 Jahre (Median 58). 40 Personen sterben im hohen Alter von 70 und mehr Jahren.

Die Kindersterblichkeit für diesen Zeitraum liegt bei 4 Promille, wobei wiederum davon auszugehen ist, dass nicht alle verstorbenen Kinder der Familie erfasst sind. Die Zahl ist äusserst tief. Zum Vergleich: Im alpinen Urseren im Kanton Uri liegt sie bei 324 Promille, in der Stadt Genf bei 261.[495]

In der ersten Hälfte des 18. Jahrhunderts fällt die durchschnittliche Lebenserwartung auf 43 Jahre (Median 50). Das ist überraschend. Der Grund dürfte in der nun besseren Datenerfassung liegen. 30 Kinder sterben zwischen Geburt und dem Alter von 5 Jahren, also fast ein Viertel. 3 Personen sterben zwischen 7 und 19 Jahren. 31 Personen werden älter als 70 Jahre. Das sind 24 Prozent – im 17. Jahrhundert erreichten mehr Familienmitglieder dieses hohe Alter.

Die Lebenserwartung bleibt in der zweiten Hälfte des 18. Jahrhunderts etwa gleich (Durchschnitt 45, Median 50). 28 Personen sterben in hohem Alter, also etwa 23 Prozent, wie in der ersten Jahrhunderthälfte. Eine Person wird 89 Jahre alt. Interessanterweise ist die durchschnittliche Lebenserwartung etwa gleich hoch wie im ländlichen Törbel im Oberwallis: rund 47 Jahre. Im zürcherischen Marschwanden erreicht sie gar 57 Jahre.[496]

Für das 19. Jahrhundert beruht die Statistik auf der Zahl von 509 Personen. Auffällig für das erste Drittel: Wer die ersten 5 Jahre überlebt hat, erreicht das Erwachsenenalter leicht, denn nur 3 Personen sterben vor dem Alter von 20 Jahren. Und 37 Personen werden älter als 70. Im letzten Drittel des Jahrhunderts steigt die Geburtsrate stark an: 214 Familienangehörige kommen zur Welt. Die Kindersterblichkeit dagegen sinkt drastisch. Die durchschnittliche Lebenserwartung liegt nun bei 70 Jahren (Median 77). Das ist deutlich höher als der schweizerische Durchschnitt von rund 40 Jahren.[497] Der Grund dürfte in der privilegierten Lebenssituation der meisten Familienmitglieder liegen.

Für das 20. Jahrhundert ist für die Auswertung nur das erste Drittel berücksichtigt worden, da viele später Geborene noch am Leben sind. Die Lebenserwartung steigt nun auf 73 Jahre (Median 79). Das hohe Alter wird zur Norm: 41 Personen überschreiten die Grenze von 70 Jahren. Die Kindersterblichkeit bleibt tief. Die Ursache ist der medizinische Fortschritt.

HEIRATSALTER

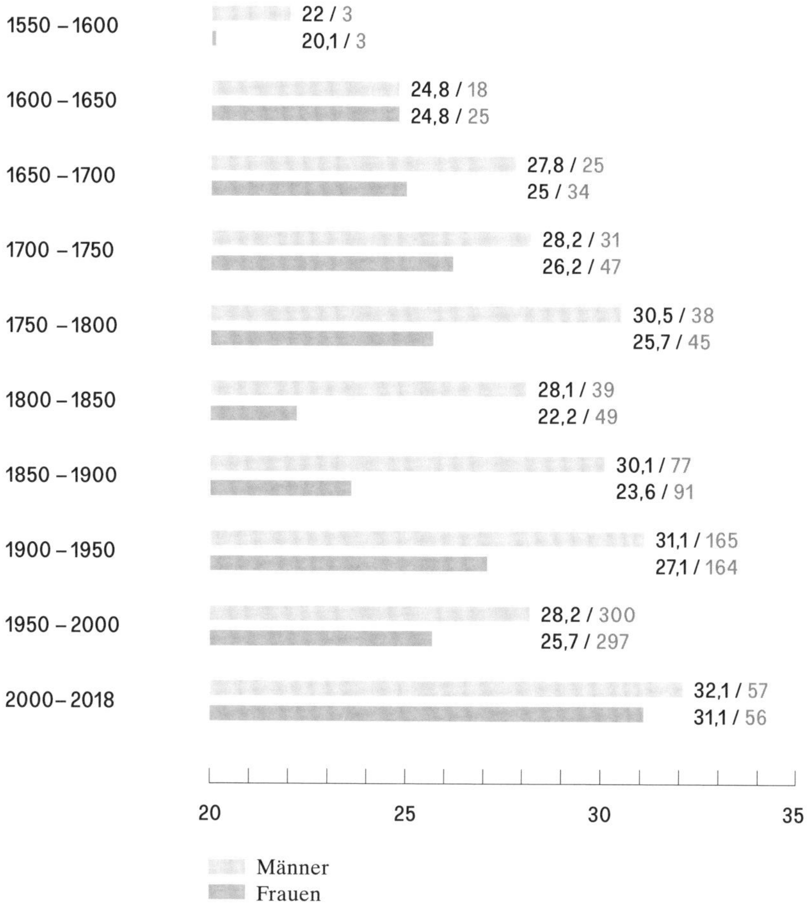

Durchschnittliches Heiratsalter bei der ersten Heirat
Anzahl verzeichneter Individuen

Für das 16. Jahrhundert sind nur sechs Eheschliessungen verzeichnet – zu wenig für eine Auswertung, aber eine Tendenz zeichnet sich ab: Frauen heiraten jünger als Männer. Zu Beginn des 17. Jahrhunderts liegt das Heiratsalter beider Geschlechter unter 25 Jahren. Darauf steigt es kontinuierlich, mit einem leichten Rückgang in der zweiten Hälfte des 20. Jahrhunderts. Der Altersabstand zwischen den Ehepartnern ist in der zweiten Hälfte des 19. Jahrhunderts am grössten: Die Männer sind bei der Heirat im Schnitt 30 Jahre alt, die Frauen 23,5. Über den gesamten Zeitraum liegt der Unterschied bei 3,4 Jahren. Im 21. Jahrhundert rücken die Heiratspaare im Schnitt bis auf ein Jahr zusammen: Er ist 32, sie 31.

ANZAHL KINDER PRO EHE

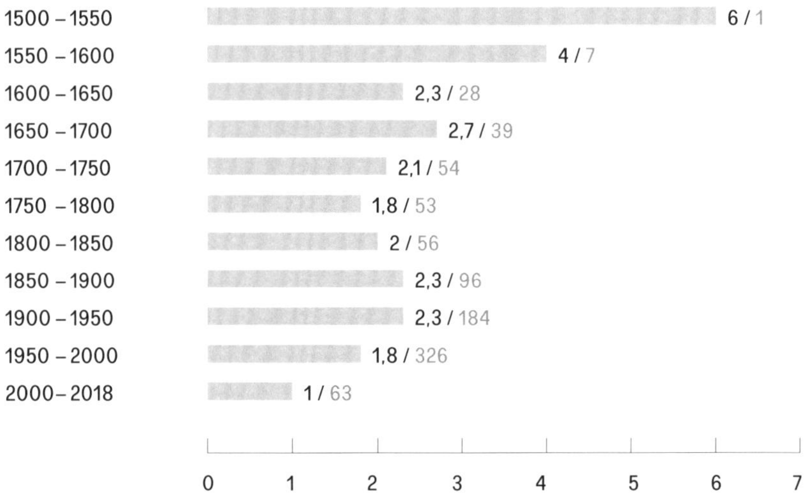

Durchschnittliche Anzahl Kinder
Anzahl verzeichnete Ehen

Nur im 16. Jahrhundert ist pro Ehe eine relativ hohe Kinderzahl zu verzeichnen, nämlich zwischen 4 und 5 im Schnitt. Ab 1600 sinkt die Zahl leicht und kontinuierlich bis auf 1,8 in der zweiten Hälfte des 20. Jahrhunderts. Damit liegt die Familie über dem schweizerischen Durchschnitt von 1,5.[498] In der zweiten Hälfte des 18. Jahrhunderts ist ein leichter Anstieg auf 2,7 Kinder zu verzeichnen. Zugleich steigt die absolute Zahl der Eheschliessungen an: Die Familie wird gemäss Stammbaumlogik gross und grösser, ausgehend von der ‹Ur-Ehe› vor 1550 zwischen Hans und Magdalena.

In der zweiten Hälfte des 16. Jahrhunderts weist die Familie 4 Erstheiraten, 2 Zweitheiraten und eine vierte Heirat auf. Immer wieder starben Frauen im Wochenbett. Fast die Hälfte der Ehen weist kein Kind auf, was angesichts der rudimentären

Verhütungsmethoden auf unvollständige Aufzeichnungen zurückzuführen ist. In der ersten Hälfte des 17. Jahrhunderts sind 29 Ehen verzeichnet, worunter 16 Erstheiraten, 5 Zweit- und 3 Drittheiraten. Die durchschnittliche Kinderzahl pro Ehe sinkt auf 2,2. Das ist deutlich tiefer als der schweizerische Durchschnitt.[499] Kinderlos sind 13 Ehen. Wiederum: Die hohe Zahl ist kaum realistisch. Wenn man die kinderlosen Paare ausscheidet, erhöht sich die Durchschnittszahl auf 4 Kinder (Median 3,5).

Die erste Hälfte des 18. Jahrhunderts weist 53 Heiraten auf. Darunter sind 7 Zweit- und keine Drittehe. Die kinderlosen Paare einberechnet liegt der Durchschnitt bei 1,9 Kindern, ohne diese Paare bei 4,1 (Median 4). In der zweiten Jahrhunderthälfte (53 Heiraten) liegt der Durchschnitt bei 1,8 Kindern beziehungsweise ohne kinderlose Paare bei 4,3 Kindern (Median 4). Im 19. Jahrhundert steigt die Zahl der Eheschliessungen stark an: in der ersten Hälfte 61, in der zweiten 92. Die Zahl der Zweitheiraten sinkt. Die durchschnittliche Kinderzahl liegt nun bei 2,3 Kindern, ohne die kinderlosen Paare bei 4,6 (Median 4).

In 20. Jahrhundert steigt die Zahl der Heiraten weiter an: 190 in der ersten und 327 in der zweiten Hälfte. Die Datenbank berücksichtigt nun auch nicht-patrilineare Verbindungen. Eine neue, in Brasilien praktizierte Verbindungsform taucht im ‹Familienbuch› auf: der Pacs (Pacte civil de solidarité), eine Art eingetragene Partnerschaft. Rosemerie Mafra, deren Mutter Terezinha Imelda Stähelin heisst, verbindet sich 1992 so mit Sergio Schmitz. Zudem ist der brasilianische Zweig der Familie äusserst fruchtbar. Auffällig ist, dass in der ersten Hälfte des 20. Jahrhunderts 8 Paare 12 oder mehr Kinder haben. Celso Stähelin (1915–1976) und sein Vater Joao (1887–1960) haben je 16 und mehr Kinder. Beide sind nicht im ‹Familienbuch› verzeichnet, dafür in der digitalen Datenbank.

SCHEIDUNGEN

Die Familiendatenbank verzeichnet 150 Individuen, die geschieden sind, die meisten davon im 20. Jahrhundert. Die erste Scheidung ist für 1771 verzeichnet, als sich Martin Stähelin und Ursula Bischoff trennen, die 1766 geheiratet haben. Das zweite Paar trennt sich 1841: Elisabeth Stähelin und Karl Bischoff, die 1831 geheiratet hatten. Zwischen 1850 und 1900 beträgt die Scheidungsrate 1,8 Prozent, zwischen 1900 und 1950 steigt sie massiv auf 25 Prozent. Damit liegt die Familie deutlich über dem schweizerischen Durchschnitt, der um 1950 bei rund 13 Prozent liegt.[500] Eine Erklärung dafür könnte der sowohl städtische als auch protestantische Kontext der Familie sein.

NAMEN

Die Schreibweise des Familiennamens verteilt sich folgendermassen: Stähelin (40% aller Verzeichneten), Stehelin (12%) und Staehelin (2%). Knapp die Hälfte der verzeichneten Personen wurde auf einen anderen Namen getauft. Sie sind Heiratspartnerinnen und -partner der Stähelin. Mit welchen Familien gingen diese vorzugsweise Ehen ein?

Im 16. Jahrhundert sind zwei gebürtige Mentzinger verzeichnet, die anderen Namen kommen einmal vor, darunter Mieg, wie die wohl kurz nach 1500 geborene Frau des ‹Stammvaters› hiess.

Den raschen Aufstieg in die Schicht der regierenden Familien bezeugen die Namen einzelner Ehepartner, die im 17. Jahrhundert geboren wurden: Iselin (3), Faesch (2) und Wettstein (1). Darauf beginnt die hohe Zeit der Heiratsallianzen. Der Name Stähelin wird spätestens um 1700 mit der Basler Oberschicht assoziiert.

Die bekannten Bürgergeschlechter sind im 18. Jahrhundert lückenlos verzeichnet. Zwischen 1701 und 1750 geboren sind Ehepartnerinnen und -partner namens Gemuseus (2), Passavant (2), Sarasin (2) und Vischer (2) mehrfach vertreten. Mit Abstand am häufigsten verheiraten sich die Stähelin mit den Merian (6) und den Reber (8), die im Elsass zu Wohlstand gekommen waren.

Die Verwandtschaft wurde im 19. Jahrhundert noch enger geknüpft: 4 Burckhardt, 4 Bischoff und 3 Preiswerk, die zwischen 1801 und 1850 zur Welt kamen, heirateten jemanden aus der Familie Stähelin. Zwischen 1851 und 1900 folgten weitere 4 Burckhardt und 6 Vischer. Dann endet die Zeit der auffallend engen Bande der grossbürgerlichen Basler Familien.

Auffallend präsent sind im 20. Jahrhundert brasilianische Namen sowie jene von deutschen Migranten, die Stähelin in

Brasilien heirateten. Dort taucht die Familie erstmals 1866 auf, kurz nach der Emigration eines männlichen Basler Mitglieds. Die brasilianischen Genealogen haben nicht nur die Namensträger Stähelin weiterverfolgt, sondern auch die Kinder der Mütter. So sind folgende Häufungen zu erklären: Zwischen 1901 und 1950 kamen 11 Schmitt zur Welt, zwischen 1951 und 2000 zahlreiche da Silva (17), Pereira (11) und da Cunha (7). Namen wie Forcart, Bernoulli oder Burckhardt finden sich jüngst ähnlich oft wie Müller, Gwiazdowski oder Xie.

UMFRAGE

Was bedeutet Ihnen die Familie? Was ist typisch für die Stähelin? Fühlen Sie sich mit Hans, dem ‹Stammvater›, verbunden? Diese und weitere Fragen stellten die Autoren im Frühjahr 2019 gut vierzig Mitgliedern der Familie Stähelin. Die Umfrage wurde mit einem Online-Portal durchgeführt (Survey Monkey), den Teilnehmenden stand der Fragebogen in Deutsch, Französisch und Englisch zur Verfügung.

Alle Teilnehmenden sind in der genealogischen Datenbank der Familie Stähelin erfasst. Der Kontakt mit ihnen entstand über die Familienstiftung, die 363 Postadressen von Familienmitgliedern verwaltet. Sie schickte die Anfrage zur Umfrage der Autoren per E-Mail an 253 Mitglieder. Davon antworteten 41, also rund ein Sechstel. Nach ihrer Anmeldung zur Umfrage erhielten die Teilnehmenden einen Zugang zum Online-Portal. In der Umfrage gaben sie ihren Namen an.

Die Umfrage ist selbstverständlich nicht ‹repräsentativ› für die ‹Familie Stähelin›. Nur ein relativ kleiner Teil der Familienmitglieder hat daran teilgenommen. Zudem sind die meisten der Befragten nicht direkt miteinander verwandt, das heisst: die Verwandtschaft zwischen den Teilnehmenden liegt meist über dem 3. Grad. Sie bilden eine heterogene Gruppe, gemeinsam ist ihnen, dass sie zur ‹Familie Stähelin› gezählt werden.

41 Personen nahmen an der Umfrage teil, davon sind 18 Frauen und 23 Männer. Der älteste Teilnehmer war 91 Jahre alt, der jüngste 16, die Teilnehmenden zählten im Durchschnitt 55 Jahre. Gut 60 Prozent sind verheiratet, 17 Prozent ledig, 12 Prozent geschieden. Einzelne machten keine Angabe zum Zivilstand, sind verwitwet oder in einer eingetragenen Partnerschaft lebend.

Zwei Drittel der Gruppe wohnen in der Schweiz, jeder Fünfte in Frankreich, jeder Zehnte in den USA. Ein Teilnehmer lebt in Deutschland. Unter den Wohnorten befinden sich Avignon und Schiltigheim, Boston und New York, Genf und Urnäsch. Gehäuft treten auf: Riehen (2), Zürich (3), Binningen (4) und Basel, wo 11 Teilnehmende wohnen, was 27 Prozent entspricht. 10 besitzen die französische Staatsbürgerschaft, 1 die der USA, 3 sind Doppelbürger (Frankreich-USA, Schweiz-USA, Schweiz-Deutschland), die restlichen 27 sind Schweizerinnen oder Schweizer.

Ebenfalls gefragt wurde nach den Berufen. 2 Teilnehmende sind Schüler, 3 pensioniert. Die Berufstätigen verfügen über einen relativ hohen Bildungsgrad, die meisten haben studiert. Vereinzelt arbeiten sie als Pfarrerin, Logopädin und Chemiker, gehäuft treten auf: Architektin und Architekten (3), Lehrerinnen und Lehrer (3), Bankier (4) und Juristinnen und Juristen (4).

7 gaben an, in der Privatwirtschaft tätig zu sein, die meisten von ihnen in einer leitenden Funktion. Stark vertreten sind Berufe im Gesundheitswesen, dem sich 7 Personen zuordnen lassen: 1 Ärztin, 1 Chirurg, 1 Pflegefachfrau, 1 Psychotherapeutin, 1 Medizinstudentin sowie 2 Medizinprofessoren. Neben den beiden Medizinprofessoren nehmen 2 Diplomaten eine Spitzenposition in ihrem Berufsfeld ein; 1 von ihnen war Chefbeamter bei der Direktion für Entwicklung und Zusammenarbeit (Deza).

Die 41 Teilnehmenden haben in der Umfrage unter anderem folgende Fragen beantwortet:

FÜHLEN SIE SICH MIT DEM ‹STAMMVATER›, DEM SEILER HANS, DER VOR 1520 IN BASEL EINWANDERTE, VERBUNDEN?

Ja	24
Nein	8
Ich weiss es nicht	9

Total 41 Antworten

Fast 60 Prozent der Teilnehmenden bejahen die Frage. Stark ist die Identifikation nicht in, sondern ausserhalb der Schweiz: 48 Prozent der Teilnehmenden mit Schweizer Staatsbürgerschaft antworteten ‹nein› oder ‹ich weiss es nicht›, von den Teilnehmenden mit einer anderen Nationalität klickten 71 Prozent auf ‹ja›. Zu vermuten ist, dass ‹Stammvater› Hans für sie in der Umfrage die ferne und doch bekannte Wurzel ihrer Herkunft verkörpert hat.

WIE INFORMIEREN SIE SICH ÜBER DIE GESCHICHTE DER FAMILIE STEHELIN-STÄHELIN-STAEHELIN?

Ich schlage im Familienbuch nach	22
Ich forsche im Internet nach	3
Ich forsche in Archiven	1
Ich tausche mich mit Verwandten darüber aus	36

Total 41 Antworten, Teilnehmende konnten mehrere Antworten wählen

Ob in den USA, Frankreich oder der Schweiz: Der Austausch mit den Verwandten ist die wichtigste Quelle, um sich über die Geschichte der Familie zu informieren (88 %). Niemand hat angegeben, sich gar nicht für die Familiengeschichte zu interessieren. Eigene Recherchen in Archiven oder im Internet stellen indes nur wenige an. Ein Grund dafür dürfte das ‹Familienbuch› sein: In der mehrheitlich deutsch verfassten Genealogie schlagen zwei Drittel der deutschsprachigen Familienmitglieder nach, die Teilnehmenden, welche die Umfrage Französisch oder Englisch ausgefüllt haben, besitzen das ‹Familienbuch› dagegen nur vereinzelt.

WELCHE DIESER GEGENSTÄNDE MIT BEZUG ZUR FAMILIE STEHELIN-STÄHELIN-STAEHELIN BESITZEN SIE?

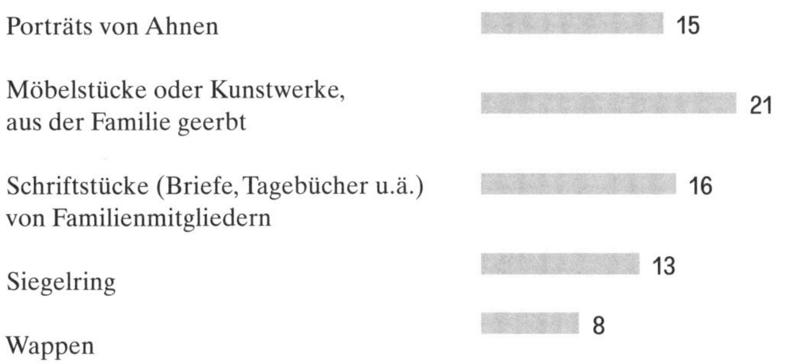

Total 41 Antworten, Teilnehmende konnten mehrere Antworten wählen

Gegenstände mit Bezug zur Familie sind in erster Linie in der Schweiz vorhanden. Von den 15 Besitzern von Ahnenporträts sind 12 Schweizer Bürger (80%), noch höher ist der Anteil bei Erbstücken (85%) oder Schriftstücken (94%) aus Familienbesitz. Das Stähelin'sche Familienwappen scheint ausserhalb der Schweiz kaum bekannt. 11 von 13 Besitzern eines Siegelrings leben in der Schweiz, 1 gemaltes Wappen ist in den USA verzeichnet, 7 in der Schweiz.

AN WELCHEN FAMILIENTREFFEN STEHELIN-STÄHELIN-STAEHELIN NEHMEN SIE TEIL?

Familientag (alle fünf Jahre)	30
Descendenten-Versammlung (alle drei Jahre)	16
Feste meines Familienzweiges	21
An keinem	5

Total 38 Antworten, Teilnehmende konnten mehrere Antworten wählen

Der Familientag fand 1920 erstmals statt, seit 1950 alle fünf Jahre, zuletzt 2015. Für die Schweizer Befragten scheint das Fest in Basel ein Muss: 25 von 26 geben an, am Familientag teilzunehmen. Bereits seit 1888 findet alle drei Jahre die Descendenten-Versammlung statt. Sie bildet das Wahlgremium der Familienstiftung. In der Umfrage geben 16 an, am Anlass teilzunehmen; 15 von ihnen wohnen in der Schweiz, 1 in Paris. 55 Prozent antworten, sich mit ihrer engeren Stähelin-Verwandtschaft zu Familienfesten zu treffen. Die 5 Teilnehmenden, die an keinem Familienfest der Stähelin teilnehmen, leben in Frankreich.

DER STAMMBAUM DER FAMILIE STEHELIN-STÄHELIN-STAEHELIN FOLGTE LANGE – WIE FAST ALLE STAMMBÄUME – DEM PATRILINEAREN PRINZIP, D.H. ER VERFOLGTE NUR MÄNNLICHE FAMILIENMITGLIEDER WEITER. STÖRT SIE DAS?

Ja	25
Nein	14
Ich weiss es nicht	3

Total 41 Antworten

Die Dominanz der Männer im Stammbaum stösst unter französischen Stähelin auf besonders starke Ablehnung: 10 von 11 Teilnehmenden, welche die Umfrage auf Französisch beantwortet haben, stören sich am patrilinearen Prinzip. In den deutschen und englischen Antworten geben 41 Prozent an, sich nicht daran zu stören. Seit 1995 verfolgt der Stammbaum auch weibliche Familienmitglieder, die ihren Namen behalten.

WIE STARK FÜHLEN SIE SICH DER FAMILIE STEHELIN-STÄHELIN-STAEHELIN ZUGEHÖRIG?

Total 41 Antworten

80 Prozent der Teilnehmenden antworten, dass sie sich der Familie stark zugehörig fühlen.

EINLEITUNG
WAS IST EINE FAMILIE?

1 Siehe Bibliografie.
2 Stähelin-Schwarz et al. (Geschichte), S. 6.

1. VOM HANDWERK INS REGIMENT: DIE STÄHELIN IM ANCIEN RÉGIME

3 Stähelin-Schwarz et al. (Geschichte), S. 24.
4 Stähelin-Schwarz et al. (Geschichte), S. 15.
5 StABS, PA 182.
6 Schweizerischer Volksfreund, 21./22.11.1879.
7 StABS, Genealogiezimmer, Stammbäume Stähelin.
8 StABS, PA 182, 1–2, Genealogie und Stammbaum.
9 StABS, PA 182, 1–2.
10 StABS, Genealogiezimmer, Stammbäume Stähelin.
11 Aicher (Ende), S. 54.
12 StABS, PA 182, A 2a.
13 HLS, Stähelin.
14 StABS, PA 182c, B 2-1 (1), Nachträge zum Archiv.
15 Stähelin-Schwarz et al. (Geschichte), S. 24.
16 Platter (Lebensbeschreibung), S. 81 f.
17 StABS, PA 182, A 1.
18 Stähelin-Schwarz et al. (Geschichte), S. 25.
19 Von Greyerz (Reformation), S. 83.
20 Meyer (Ende), S. 42.
21 HLS, Zünfte.
22 Geering (Handel), S. 63–83.
23 Burnett (Reformation), S. 171.
24 Wackernagel (Basel), Bd. III, S. 293.
25 Füglister (Handwerksregiment), S. 2 f.
26 Von Greyerz (Reformation), S. 80 ff.
27 Burnett (Reformation), S. 190.
28 Burnett (Reformation), S. 192.
29 Roth (Aktensammlung), S. 548 f.
30 Stroux (online).
31 Stähelin-Schwarz et al. (Geschichte), S. 25.
32 Stroux (online).
33 Stähelin-Schwarz et al. (Geschichte), S. 25.
34 Platter (Tagebuch), S. 71.
35 Stähelin-Schwarz et al. (Geschichte), S. 27.
36 Stroux (online).
37 Stähelin-Schwarz et al. (Geschichte), S. 40.
38 Stähelin-Schwarz et al. (Geschichte), S. 170.
39 Stähelin-Schwarz et al. (Geschichte), S. 6.
40 HLS, Illegitimität.
41 HLS, Ganzes Haus.
42 Sarasin (1990), S. 217. HLS, Socin.
43 Von Greyerz (Reformation), S. 80.
44 Braun (Régime), S. 214.
45 Kriemler (Lesegesellschaft), S. 218.
46 Röthlin (Handelspolitik), S. 89. Von Greyerz (Reformation), S. 88–89.
47 Geering (Handel), S. 103.
48 Röthlin (Handelspolitik), S. 92.
49 Schüpbach-Guggenbühl (Schlüssel), S. 19 ff. Von Greyerz (Reformation), S. 89.
50 Röthlin (Handelspolitik), S. 129.
51 Schüpbach-Guggenbühl (Schlüssel), S. 38.
52 Burghartz (Zeiten), S. 31.
53 Burghartz (Régime), S. 133–136.
54 Stähelin-Schwarz et al. (Geschichte), S. 31.
55 Röthlin (Handelspolitik), S. 127.
56 Röthlin (Handelspolitik), S. 117.
57 Röthlin (Handelspolitik), S. 117.
58 Röthlin (Handelspolitik), S. 29.
59 Stähelin-Schwarz et al. (Geschichte), S. 48.
60 Stähelin-Schwarz et al. (Geschichte), S. 60.
61 Stähelin-Schwarz et al. (Geschichte), S. 58.
62 Stähelin-Schwarz et al. (Geschichte), S. 48.
63 Stähelin-Schwarz et al. (Geschichte), S. 117, 48, 113.
64 Buxtorf (Gräber), S. 47.
65 Bourdieu (Unterschiede).
66 Stähelin-Schwarz et al. (Geschichte), S. 32.
67 Stähelin-Schwarz et al. (Geschichte), S. 113.
68 Stähelin-Schwarz et al. (Geschichte), S. 145.
69 Stähelin-Schwarz et al. (Geschichte), S. 47.
70 Stähelin-Schwarz et al. (Geschichte), S. 32, 42.
71 Schüpbach-Guggenbühl (Schlüssel), S. 52, 90, 106.
72 Burghartz (Zeiten), S. 133.
73 Burghartz (Zeiten), S. 9–14.

74 Stähelin-Schwarz et al. (Geschichte), S. 43 f.
75 StABS, PA 182, B8, Balthasar Stähelin-Gemuseus.
76 Stähelin-Schwarz et al. (Geschichte), S. 63.
77 StABS, PA 182, B8, Balthasar Stähelin-Gemuseus.
78 Stroux (online).
79 StABS, PA 182, B8, Balthasar Stähelin-Gemuseus.
80 StABS, PA 182, B8, Balthasar Stähelin-Gemuseus.
81 Burghartz (Zeiten), S. 141.
82 StABS, PA 182, B 14.
83 StABS, PA 182, B 14. Stähelin-Schwarz et al. (Geschichte), S. 63.
84 Koelner (Basel), S. 137–138.

2. VERWANDTE IN ALLER WELT: KANADIER, FRANZÖSINNEN, BRASILIANER

85 StABS, PA 182a A 3 b.
86 StABS, PA 182a A 3 b.
87 StABS, PA 182a C 3, Protokolle StFF, 1980. StABS, PA 182c B-2-1(1), Protokolle 1989.
88 StABS, PA 182a A 3 b.
89 Novartis Firmenarchiv, Firmenarchiv Geigy, FB 27-/1, Staehelin, Carl A. (1899–1971), Nachruf Firmenzeitung Geigy.
90 Holenstein et al. (Migrationsgeschichte).
91 Teuscher (Property), S. 78.
92 HLS, Gertrud Lendorff.
93 Stähelin-Schwarz et al. (Geschichte), S. 87.
94 StABS, PA182a B 79, Balthasar Stähelin-Preiswerk.
95 Staehelin (Refugiantenfamilien).
96 Stähelin-Schwarz et al. (Geschichte), S. 49, 81, 91, 93.
97 HLS, Eisen.
98 Stähelin-Schwarz et al. (Geschichte), S. 58.
99 Basler Bauten (online), Rosshof am Nadelberg.
100 Stähelin-Schwarz et al. (Geschichte), S. 111.
101 StABS, PA182a F 6–10.
102 Stähelin-Schwarz et al. (Geschichte), S. 88, 112.
103 Association transport ferroviaire Thur (Train), S. 5–11.
104 Association transport ferroviaire Thur (Train), S. 5–11, 47–53.
105 König (Transit), S. 15–22.
106 Stähelin-Schwarz et al. (Geschichte), S. 88, 97, 105, 106.
107 Stähelin-Schwarz et al. (Geschichte), S. 37, 45, 46.
108 BAR, E2200.51-02#1000/607#3635, Stehelin, Jean und Jerome. Stähelin-Schwarz et al. (Geschichte), S. 68, 72, 75.
109 Stähelin-Schwarz et al. (Geschichte), S. 56.
110 StABS, PA 182a B 6. Stähelin-Schwarz et al. (Geschichte), S. 56, 57.
111 StABS, PA 182a B 6, Briefe 4.7.1921 und 1.8.1921.
112 Stähelin-Schwarz et al. (Geschichte), S. 57.
113 StABS, PA 182a A 1, Mont Thabor. Stähelin-Schwarz et al. (Geschichte), S. 52, 54, 55, 56.
114 Mény (Belfort), 2016. Stähelin-Schwarz et al. (Geschichte), S. 81, 82.
115 Stähelin-Schwarz et al. (Geschichte), S. 81, 82.
116 Stähelin-Schwarz et al. (Geschichte), S. 82, 84, 91, 97. CH SWA, Biogr. Albert Koechlin-Staehelin.
117 Stähelin-Schwarz et al. (Geschichte), S. 67/68. HLS, Rudolf Staehelin.
118 StABS, PA 182a A3, Nachruf Malta Staehelin-Kracht.
119 Mohr/Staehelin (Handbuch).
120 BAR, E2200.66-01#1000/666#27*H.5 Schweiz. Innenpolitik; Fall Staehelin. Arbeiterzeitung, 21.10.1939, 9.11.1939, 10.11.1939.
121 BAR, E2200.66-01#1000/666#27*H.5 Schweiz. Innenpolitik; Fall Staehelin. Arbeiterzeitung, 21.10.1939, 9.11.1939, 10.11.1939.
122 BAR, E2200.66-01#1000/666#27*H.5 Schweiz. Innenpolitik; Fall Staehelin. Arbeiterzeitung, 21.10.1939, 9.11.1939, 10.11.1939.
123 StABS, AL 45, 9–33, Besuche von General Guisan. BAR: E2200.66-01#1000/666#27*H.5 Schweiz. Innenpolitik; Fall Staehelin. Arbeiterzeitung, 21.10.1939, 9.11.1939, 10.11.1939.
124 Interview Christine Staehelin-Telschow, 24.8.2018. Stähelin-Schwarz et al. (Geschichte), FNr. 33. BAR: E4001C#1000/783#3035*1076 Fanny Telschow-Staehelin.
125 Stähelin-Schwarz et al. (Geschichte), S. 46, 32, 44, 45, 46, 48, 49, 63, 69.
126 StABS, PA 182a B 34,3 Alfred Stähelin-Gruner.

127 Stähelin-Schwarz et al. (Geschichte), S.71, 78, 92, 128, 129, 132, 134.
128 Stähelin-Schwarz et al. (Geschichte), S.73, FNr.4.2, FNr.47, FNr.54. Novartis, Firmenarchiv Geigy, FB 27-/1, Staehelin, Carl A und KL 3, Staehelin, Gaudenz.
129 Sabean et al. (Kinship), S. 306.
130 Schär (Tropenliebe).
131 Stähelin-Schwarz et al. (Geschichte), S.110.
132 StABS, PA 182a B 81, August Staehelin, Manuskript S.5.
133 StABS, PA 182a B 34,3 Alfred Stähelin-Gruner (1853–1941).
134 Staehelin (Völkerschauen).
135 Clifford (Tribal), S.196: «the restless desire and power of the modern West to collect the world». Übersetzung TE.
136 HLS, Christoph von Graffenried.
137 Stähelin-Schwarz et al. (Geschichte), S.49/50.
138 Stehelin (Electric), S.37.
139 StABS, PA 182a B 25 d. StABS, PA 182a B 62.
140 Stehelin (Electric), S.113–115, 165/166, 178/179, 234.
141 Parker (Sawmill). Stehelin (Electric), S.113–115, 157–163, 169, 182.
142 Stehelin (Electric), S.10, 262–265, 269.
143 StABS, PA 182a C 3, Protokolle StFF, 1980. PA 182c B-2-1(1), Protokolle 1989.
144 StABS, PA 182a A 3 b.
145 Grimm (Wörterbuch), Bd.13, Sp. 442.
146 Stähelin-Schwarz et al. (Geschichte), S.160.
147 Stähelin-Schwarz et al. (Geschichte), S.160.
148 HLS, Brasilien. Cunha (Paradies). Ziegler-Witschi (Schweizer).
149 Wikipedia, englische Ausgabe: São Pedro de Alcântara, Santa Catarina.
150 Wikipedia, portugiesische Ausgabe: Ernei Stähelin.
151 Stähelin-Schwarz et al. (Geschichte), S.160.
152 Persönlicher Bestand TE [Email, Maria da Silva e Melo Teles, Community History Betânia].
153 Arquidiocese de Florianoplis (online).

3. «HERR! MEIN FELS»: PIETISTISCHE FRÖMMIGKEIT

154 Riesebrodt (Cultus).
155 Burckhardt (Betrachtungen).
156 Pfister (Katholiken), S.19.
157 Meyer (Geschichte), S.50 ff.
158 Janner (Machtanspruch), S.56.
159 StABS, PA 182, B 14.
160 Turner (Ernst).
161 Burghartz (Régime), S.140–141.
162 StABS, PA 182, A 3 (1667–1877) Leichenreden.
163 StABS, PA 182, A 3 (1667–1877) Leichenreden.
164 Buxtorf (Gräber), S.20 f., 33.
165 Zit. in: Buxtorf (Gräber), S.33.
166 Zit. in: Buxtorf (Gräber), S.39.
167 Hebeisen (Bewegung), S.71 ff., 83 ff. Schweizer (Mission), S.13 f.
168 Janner (Machtanspruch), S.173.
169 Hebeisen (Bewegung), S.56.
170 Stähelin-Schwarz et al. (Geschichte), S.115, 134.
171 StABS, PA 182, A 3 (1667–1877) Leichenreden.
172 StABS, PA 182, A 3 (1667–1877) Leichenreden.
173 StABS, PA 182, A 3 (1667–1877) Leichenreden.
174 Mettele (Weltbürgertum).
175 Wikipedia, Henriette Maria Luise von Hayn.
176 Staehelin (Christentumsgesellschaft, Bd.1), S.VII.
177 Staehelin (Christentumsgesellschaft, Bd.1), S.VII.
178 Wikipedia, Deutsche Christentumsgesellschaft. Schweizer (Mission), S.19.
179 Schweizer (Mission), S.21 ff. HLS, Basler Mission.
180 Wanner (Handels-Gesellschaft).
181 Siegrist (Brücke), S.118 f.
182 StABS, PA 182, A 1.
183 Stähelin-Schwarz et al. (Geschichte), S.71. StABS, PA, 182a, B 23.4.
184 Stähelin-Schwarz et al. (Geschichte), S.159.
185 Staehelin (Christentumsgesellschaft, Bd.1), S.246.
186 Stähelin-Schwarz et al. (Geschichte), S.135.
187 Staehelin (Christentumsgesellschaft), Bd.2, S.600.
188 Zeller (Rede), S.39.
189 Hafner (Heimkinder), S.77 f.
190 Rothpletz (Bewegung).
191 StABS, PA, 653 J 3, Anstalt Beuggen, Hilfe für die Griechenlandkinder.
192 Staehelin (Christentumsgesellschaft), Bd.2, S.625.

193 Staehelin (Christentumsgesellschaft), Bd. 2, S. 17 ff. Janner (Machtanspruch), S. 412.
194 Janner (Machtanspruch), S. 292, 453.
195 Zit. in: Köppli (Unternehmer), S. 223.
196 Pernet (Konferenz).
197 Janner (Machtanspruch), S. 522.
198 HLS, Fabrikgesetze.
199 Hofmann (Innenansichten), S. 63.
200 Hofmann (Innenansichten), S. 291.
201 Hofmann (Innenansichten), S. 292–310.
202 Stähelin-Schwarz et al. (Geschichte), S. 139.
203 Hofmann (Innenansichten), S. 215–220.
204 StABS, PA, PA 182a A 6.4.
205 Stähelin-Schwarz et al. (Geschichte), S. 140.
206 StABS, PA 182 b, CA (2) 3.
207 Basler Zeitung, 18.11.1980 (Nachruf). Petry (Wagner).
208 StABS, PA 182b, B 1 (1), 7.
209 Wikipedia, Juliane von Krüdener.
210 StABS, PA 182b, B 1 (1), 8.
211 StABS, PA 182b, B 1 (1), 8.
212 HLS, Fritz Lieb.
213 StABS, PA 182b, B 1 (1), 8.
214 HLS, Karl Barth.
215 Hofmann (Innenansichten), S. 291.
216 Hofmann (Innenansichten), S. 66 f.
217 Wikipedia, Kanton Basel-Stadt.
218 Weber (Ethik).
219 Weber (Ethik), S. 134.

4. REPRÄSENTATIONEN: DIE FAMILIE IN BILDERN

220 Bild in Privatbesitz, Information auf Bildrückseite. Stähelin-Schwarz et al.
221 StABS, PA 182a B 32. Stähelin-Schwarz et al. (Geschichte), S. 76.
222 Müller (Schoulmeister), S. 43.
223 UB, A lambda II 1a, Lebensbeschreibung, 1572 mit Nachträgen, Thomas Platter, S. 47. Stähelin-Schwarz et al. (Geschichte), S. 25/26.
224 StABS, PA 182a A 3 a, Porträts, Schnitzelbank 1942.
225 Bild in Privatbesitz. Stähelin-Schwarz et al. (Geschichte), S. 124
226 Baur (Spekulant).
227 Stähelin-Schwarz et al. (Geschichte), S. 50, 52, 54.
228 StABS, PA 182a B 1 l. Wanner (Christoph), S. 250–278.
229 StABS, PA 182a B 33.1.
230 StABS, PA 182a A 3 a, Porträts, Schnitzelbank 1942.
231 StABS, PA 182a A 1, Allgemeines und Einzelnes.
232 Stähelin-Schwarz et al. (Geschichte), S. 161 ff.
233 Stehelin (Electric), S. 113–115. StABS, Staatsarchiv Basel-Stadt, PA 182a B 25
234 StABS, PA 182a A 2 a, Genealogie. StABS, PA 182a A 2 a. StABS, Genealogiezimmer, Stammbaum Stähelin. Privater Bestand [Anm. Stammbaum Ben Staehelin].
235 Klapisch-Zuber (Stammbäume).
236 Stähelin-Schwarz et al. (Geschichte), S. 15/16.
237 StABS, PA 182a E 1, Bernhard Stehelin.
238 Arquidiocese de Florianopolis (online). Bild in Privatbesitz.
239 Stähelin-Schwarz et al. (Geschichte), S. 88, 91. Stehelin (Electric). Association transport ferroviaire Thur (Train). StABS, PA 182a B 62.
240 StABS, PA 182a B 15, Johann Rudolf Stähelin-Stähelin.
241 StABS, PA 182a A 1, Allgemeines und Einzelnes.
242 StABS, PA 182a A 6.3 b Erinnerungen an den Graben. StABS, PA 182a B 1 a/b.
243 Staehelin/Staehelin (Familienbilder).
244 Bild in Privatbesitz. HLS, Johann Rudolf Huber.
245 Stähelin-Schwarz et al. (Geschichte), S. 76. StABS, PA 182a, StABS, PA 182a A 3 a.
246 Stähelin-Schwarz et al. (Geschichte), S. 46. StABS, PA 182a A 3.
247 StABS, PA 182, A1.
248 Barockzimmer; Wandbespannungen Eigentum Kantonale Denkmalpflege Basel-Stadt © Museum der Kulturen Basel; Derek Li Wan Po; 2015. StABS, PA 182a A 6.2.
249 Stähelin-Schwarz et al. (Geschichte), S. 91–94.
250 Stähelin-Schwarz et al. (Geschichte), S. 97–99. StABS, PA 182a A 3 a.
251 Stähelin-Schwarz et al. (Geschichte), S. 107.
252 Stähelin-Schwarz et al. (Geschichte), S. 161 ff. Bild in Privatbesitz.
253 Stähelin-Schwarz et al. (Geschichte), S. 76.
254 StABS, PA 182a A 6.3 a/b, Leonhardsgraben.
255 StABS, PA 182a A 6.4, Rheinfelderstrasse 33.
256 Stähelin-Schwarz et al. (Geschichte), S. 40.

257 HLS, Johann Rudolf Wettstein.
258 O.V. (Epitaphien).
259 Historisches Museum Basel, Inv. 1917.23.
260 HLS, Johann Rudolf Wettstein.
261 StABS, AL 45, 9-10-5, Eröffnung des neuen Kollegiengebäudes, Münster 1939.
262 Von Linné (Pflanzensystem), S. 336–339.
263 Stähelin-Schwarz (Geschichte), S. 32–36.
264 Wikipedia, französische Ausgabe: ‹Staehelina›.
265 StABS, PA 182a B6, Stehelin Bordeux.
266 Zwicky (Basel).
267 Ernst Wolf, Bildnis Prof. Felix Staehelin, 1944, Öl auf Leinwand, 89,5 × 69,3 cm, Sammlung Kunstkredit Basel-Stadt, Foto: Kunstkredit Basel-Stadt, © 2020, ProLitteris, Zürich.
268 Personenlexikon BL, Ernst Wolf.
269 burckhardtsource.org: Felix Stähelin an Jacob Burckhardt, 29. März 1895.
270 BMA, Signatur Nr. 30.037.0000, Die Festgäste in Stähelins Garden, Foto Walter Neidhart, Basel 1942.
271 StABS, PA 182a A 6.4, Rheinfelderstrasse 33.
272 StABS, PA 182a B 14.
273 StABS, PA 182a B 15. Stähelin-Schwarz et al. (Geschichte), S. 65, 116.
274 O.V., Die Weltwoche, Nr. 39, 29.9.1988.
275 Zeitlupe, 2007.
276 StABS, PA 182a B 15. Stähelin-Schwarz et al. (Geschichte), S. 57.
277 Stststst.ch: Quelle: 33 Photobooth-Bilder.
278 StABS, PA 182a A 5, Stähelin-Siegel. Zudem: StABS, PA 182a A 3 a. StABS, PA 182a B 12. StABS, PA 182a B3.
279 Stähelin-Schwarz et al. (Geschichte), S. 18–22.

5. VERDIENEN, VERARMEN, VERERBEN: ÖKONOMIE DER FAMILIE

280 Stähelin-Schwarz et al. (Geschichte), S. 61. StABS, PA 182a C4, Deszendentenversammlung 1972.
281 StABS, PA 182a C4, Deszendentenversammlung 1972.
282 Stähelin-Schwarz et al. (Geschichte), Anhang B. Stiftungs-Urkunden.
283 Stähelin-Schwarz et al. (Geschichte), S. 61.
284 Stähelin-Schwarz et al. (Geschichte), S. 43, 44.
285 Stähelin-Schwarz et al. (Geschichte), S. 62. HLS, Emanuel Socin.
286 StABS, PA 182a C 1-5, Armenstiftung und Familienfonds.
287 Stähelin-Schwarz et al. (Geschichte), Anhang C. Statuten, S. 84.
288 StABS, PA 182a A 6.1 Haus am Rindermarkt. Stähelin-Schwarz et al. (Geschichte), S. 24–26.
289 Stähelin-Schwarz et al. (Geschichte), S. 24–26.
290 Bürgin (Geigy), S. 19. Andreetti (Testamente). Teuscher (Property), S. 81–84.
291 Stähelin-Schwarz et al. (Geschichte), S. 153/154.
292 Stähelin-Schwarz et al. (Geschichte), S. 153–170.
293 Neff (Besitz), S. 10/11.
294 Stähelin-Schwarz et al. (Geschichte), S. 60. Gossman (Basel), S. 43–45.
295 StABS, PA 182a C 2-6, Armenstiftung und Familienfonds.
296 StABS, PA 182a C 2-6, Armenstiftung und Familienfonds.
297 StABS, PA 182a C3, Sitzung 5.5.1967.
298 Interview Christine Staehelin-Telschow, 27.8.2018.
299 StABS, PA 182a C6 1948.
300 Siegrist et al. (Warten), S. 624.
301 StABS, PA 182a C6, Stiftung, Gesuche, 21.4.1952.
302 Stähelin-Schwarz et al. (Geschichte), S. 62, 69, 74, 78, 105, 113/114.
303 Stähelin-Schwarz et al. (Geschichte), S. 62–64. Basler Magazin, 25.3.2000, Nr. 12, S. 12/13. Staehelin/Staehelin (Bilder), S. 17.
304 VonderMühll (Verlobung). Stähelin-Schwarz et al. (Geschichte), S. 64.
305 Stettler et al. (Bamwolle). Labhardt (Kapital), S. 54/55.
306 Stähelin-Schwarz et al. (Geschichte), S. 39–44.
307 StABS, PA 182a B 27. Stähelin-Schwarz et al. (Geschichte), S. 64.
308 StATG, 0'02'24, LXVI/16, Gesuch des Stadtrates von Basel. StABS, Kleiner Rat Protokoll, 26.9.1795.
309 StABS, PA 182a B 1 h. StABS, PA 182a B 27.
310 Bürgin (J.R. Geigy). Labhardt (Kapital).
311 Bürgin (J.R. Geigy), S. 36.
312 Stähelin-Schwarz et al. (Geschichte), S. 65.
313 Labhardt (Kapital), S. 61.
314 StABS, PA 182a B 27, Erbteilung.

315 Altbasel (online), Spiesshof am Heuberg.
316 Stähelin-Schwarz et al. (Geschichte), S.109–114.
317 Wild (Frau). Von Steiger (Rubans). Staehelin (Gold).
318 Huber (Architekturführer), S.52/53.
319 Stähelin-Schwarz et al. (Geschichte), S.135. Wanner (Christoph), S.250–257.
320 Stähelin-Schwarz et al. (Geschichte), S.114.
321 Altbasel (online), Spiesshof am Heuberg.
322 Sarasin (Stadt 1997), S.64.
323 Stähelin-Schwarz et al. (Geschichte), S.114.
324 StABS, PA 182a A 6.3 a/b Erinnerungen an den Graben.
325 StABS, PA 182a B 1 g, Geheimbuch.
326 Bürgin (J.R.Geigy). Köppli (Unternehmer). Christ (Religion).
327 StABS, PA 182a A 6.3 a/b Erinnerungen an den Graben.
328 StABS, PA 182a B 54 g Haushaltungsbuch.
329 StABS, PA 182a A 6.3 a/b Erinnerungen an den Graben.
330 Sarasin (Stadt 1997), S.64. Stähelin-Schwarz et al. (Geschichte), S.114–118. Von Steiger (Rubans), S.242/243.
331 StABS, PA 182a B 1 g, Geheimbuch.
332 Stähelin-Schwarz et al. (Geschichte), S.116/117.
333 Wild (Frau).
334 Stähelin-Schwarz et al. (Geschichte), S.114–118.
335 Wild (Frau). Amstutz/Strebel (Seidenbande).
336 Stähelin-Schwarz et al. (Geschichte).
337 Sarasin (Stadt 1990), S.363–431.
338 Siegrist et al. (Warten), S.624/625.
339 Sarasin (Stadt 1990), S.363–431.
340 Sarasin (Stadt 1990), S.419–421.
341 Andreetti (Testamente), S.78–81.
342 Staehelin (Siegel b, 2003), S.219/220.
343 StABS, PA 182a B 7, B 11, B 12, B 13, B 14, B 15, B 16, B 17, B 27, B 38, B 39, B 41, B 47, B 78. StABS, PA 182a B 5, B 12, B 14, B 16, B 20.
344 Tanner (Patrioten), S.154.
345 Lendorff (Geschichte), S.143. Siehe Stroux (online), «Pr62f».
346 Stähelin-Schwarz et al. (Geschichte), S.69, FNr. 5. CH SWA, Biogr. Max Staehelin-Maeglin (1880–1968). CH SWA, Biogr. Max Staehelin-Dietschy (1909–1988).
347 StABS, PA 182a A 3 b Familientag 1955.
348 Stähelin-Schwarz et al. (Geschichte), S.73.
349 StABS, PA 182a A 3 b Familientag 1955.

6. IN DER GELEHRTENREPUBLIK: ANATOMEN, THEOLOGEN, HISTORIKER

350 Staehelin (Professoren).
351 Stähelin-Schwarz et al. (Geschichte), FNr.34.
352 Stähelin-Schwarz et al. (Geschichte), S.119.
353 Staehelin (Professoren); alle in Stähelin-Schwarz et al. (Geschichte).
354 Staehelin (Geschichte 1957), S.405 f.
355 HLS, Johann Heinrich Staehelin. Staehelin (Geschichte 1957), S.333.
356 Stähelin-Schwarz et al. (Geschichte), S.32.
357 Boscani Leoni (Bergwunder).
358 Stähelin-Schwarz et al. (Geschichte), S.33 ff.
359 Bonjour (Universität), S.333. Staehelin (Geschichte 1957), S.362.
360 Zit. in: Stähelin-Schwarz et al. (Geschichte), S.33 ff.
361 Hafner (Haller).
362 Stähelin-Schwarz et al. (Geschichte), S.35.
363 Zit. in: Stähelin-Schwarz et al. (Geschichte), S.150.
364 Staehelin (Geschichte 1957), S.332.
365 Staehelin (Geschichte 1957), S.234.
366 Bonjour (Universität), S.737. Stähelin-Schwarz et al. (Geschichte), S.105.
367 StABS, PA 182, A 4.
368 StABS, PA 182, A 4.
369 Rüegg (Geschichte).
370 Von Greyerz (Jahrhundert), S.95 f.
371 Staehelin (Geschichte 1957), S.3.
372 Anonymus (Universität), S.39.
373 Staehelin (Geschichte 1957), S.505.
374 Stähelin-Schwarz et al. (Geschichte), S.145.
375 Zit. in: Bonjour (Universität), S.339.
376 Zit. in: Bonjour (Universität), S.339 f.
377 Staehelin (Geschichte 1959), S.11–15.
378 Anonymus (Universität), S.47.
379 Wecker (Entwicklung), S.221.
380 Bonjour (Universität), S.805.
381 Bonjour (Universität), S.804.
382 Zit. in: Wecker (Psychiatrie), S.231.
383 Stähelin-Schwarz et al. (Geschichte), S.119.
384 Wecker (Psychiatrie), S.231.

385 Stähelin-Schwarz et al. (Geschichte), S. 119. Rosenow (Stand), S. 59.
386 Staehelin (Psychopathien), S. 155 f., 167 f.
387 Foucault (Anormale), S. 413.
388 Wecker (Psychiatrie), S. 225. Wikipedia, Ernst Rüdin.
389 StABS, PA 182b, B 1 (1), 7.
390 Bonjour (Universität), S. 324.
391 Stähelin-Schwarz et al. (Geschichte), S. 67.
392 Stähelin-Schwarz et al. (Geschichte), S. 136.
393 Bonjour (Universität), S. 510, 374. Staehelin (Geschichte 1957), S. 39 f.
394 Gossman (Basel), S. 43.
395 Zit. in: Staehelin (Geschichte 1957), S. 39.
396 Stähelin-Schwarz et al. (Geschichte), S. 66.
397 Bonjour (Universität), S. 506.
398 Bonjour (Universität), S. 507.
399 Stähelin-Schwarz et al. (Geschichte), S. 70.
400 Bonjour (Universität), S. 650 f.
401 Stähelin-Schwarz et al. (Geschichte), FNr. 34.
402 Steinmann (Erinnerung).
403 StABS, PA 182 B 86, A 14.
404 Stähelin-Schwarz et al. (Geschichte), FNr. 35, FNr. 35.1.
405 Stähelin-Schwarz et al. (Geschichte), FNr. 4, 30, 41, 43, 45, 46, 56.
406 Stähelin-Schwarz et al. (Geschichte), FNr. 53.
407 HLS, Balthasar Staehelin.

7. VON DER ARISTOKRATIE ZUM BÜRGERTUM: DIE STÄHELIN IN DER MODERNE

408 Sabean et al. (Kinship).
409 Stähelin-Schwarz et al. (Geschichte).
410 Stähelin-Schwarz et al. (Geschichte), S. 104, 114, 115. Siehe Stroux (online), «Sn177, Rr».
411 Stähelin-Schwarz et al. (Geschichte), S. 76, 77, 116. Siehe Stroux (online), «Sn64, BiN».
412 VonderMühll (Verlobung).
413 VonderMühll (Verlobung).
414 Sarasin (Stadt 1997), S. 125–129.
415 VonderMühll (Verlobung), S. 136.
416 StABS, PA 182a B 15, Johann Rudolf Stähelin.
417 D'Henri (Frau), S. 18/19.
418 Stähelin-Schwarz et al. (Geschichte), S. 64.
419 VonderMühll (Verlobung).
420 Roth (Bild).
421 Stähelin-Schwarz et al. (Geschichte), S. 77, 78.
422 StABS, PA 182a A 6.4, Riehenstrasse. StABS, PA 182a A 6.3 a/b, Leonhardsgraben.
423 Wiedmer (Aristokrat). Manz (Augenzeugen).
424 Stähelin (Erlebnisse).
425 Stähelin (Erlebnisse).
426 Stähelin-Schwarz et al. (Geschichte), S. 145. HLS, Johann Rudolf Stähelin.
427 Stähelin-Schwarz et al. (Geschichte), S. 105/106. HLS, August Stähelin.
428 Vischer (Gelehrter), S. 39–41.
429 König (Transit), S. 15–22.
430 Stähelin-Schwarz et al. (Geschichte), S. 105/106. HLS, August Stähelin.
431 StABS, PA 182a C 1, Armenstiftung.
432 Tanner (Patrioten), S. 153.
433 Janner (Machtanspruch), S. 13.
434 StABS, PA 182a A 2a, Genealogie.
435 Schweizerischer Volksfreund, 21./22.11.1879.
436 StABS, PA 182a C 1, Armenstiftung.
437 StABS, PA 182a C 1-4, Armenstiftung; Rechnung, Protokolle, Descendentenversammlung.
438 HLS, Preiswerk, Burckhardt, Vischer.
439 Sabean (German).
440 StABS, PA 182a C 1, 3, 4, Armenstiftung, Protokolle, Descendentenversammlung.
441 StABS, PA 182a A 1, Allgemeines.
442 StABS, PA 182a B 22, Fritz Stähelin.
443 Staehelin/Staehelin (Familienbilder).
444 Zwicky (Basel).
445 StABS, PA 182a B 81, August Staehelin.
446 Interview Christine Staehelin-Telschow.
447 Stähelin-Schwarz et al. (Geschichte), S. 53, 79, 102, 123.
448 Sarasin (Stadt 1990/1997).
449 StABS, PA 182a A 6.4, Riehenstrasse. StABS, PA 182a A 6.3 a/b, Leonhardsgraben.
450 StABS, PA 182a B 81, August Staehelin.
451 Staehelin (Siegel a), S. 161/162.
452 Staehelin (Siegel a/b).
453 Staehelin (Siegel b).
454 StABS, PA 182a B 84. D'Henri (Frau). Wanner (Fritz).
455 Staehelin (Siegel b), S. 294/295.
456 Stähelin-Schwarz et al. (Geschichte), S. 126.
457 HLS, Helene Stähelin. Siehe Personenlexikon BL, Helene Stähelin.
458 BAR, E 4320 (B), 1974/47 Bd. 67. StABS, PA 182a B 90, Helene Stähelin.

459 BAR, E 4320 (B), 1974/47 Bd. 67.
460 Hobsbawm (Zeitalter), S. 402.
461 StABS, PA 182a A 3 b, Familientage.
462 StABS, PA 182a C3, Protokolle 1980.
463 StABS, PA 182a B 63, Soeur Stehelin.
464 StABS, PA 182a A 3 b, Familientage.
465 StABS, PA 182d B 1 5, PA 182d B 2 4, Hartmann Stähelin.
466 Stähelin-Schwarz et al. (Geschichte), S. 133.
467 HLS, Stähelin TG.
468 Bosch (Akte), S. 7, 16.
469 Bosch (Akte), S. 16.
470 Stähelin-Schwarz et al. (Geschichte), Stammtafeln.
471 Bilanz, Daig-Spezial, 11.1984.
472 Staehelin (Früchte), S. 7, 8.
473 StABS, Sammlung biographischer Zeitungsausschnitte, Staehelin.
474 D'Henri (Frau).
475 StABS, Sammlung biographischer Zeitungsausschnitte, Staehelin. D'Henri (Frau).
476 BAR, E4264#1988/2#26881*P063519 Staehelin-Jarosy, Marie Louise.
477 Crème, Nr. 78, Okt. 1988.
478 StABS, Sammlung biographischer Zeitungsausschnitte, Staehelin.
479 Zeitlupe, Nr. 10, 2007, S. 80/81.
480 Von Rohr (Fasnacht).
481 D'Henri (Frau), 13. Auflage, Anhang.
482 Nebelspalter, Nr. 29, 1988, S. 10.
483 StABS, PA 182a A 3 b, Familientage.
484 StABS, PA 182c B 2-1 (1), Protokolle 1991.
485 StABS, PA 182a C3, Protokolle 1966.
486 StABS, PA 182a C3, Protokolle. StABS, PA 182c B 2-1 (1), Protokolle.
487 Stähelin-Schwarz et al. (Geschichte), S. 9.
488 Stähelin-Schwarz et al. (Geschichte).

SCHLUSS: FREMD- UND SELBSTBILDER EINER FAMILIE

489 Interviews mit: Charlotte Kriesemer, Daniel Staehelin, Christine Staehelin, Gerard Stehelin, Gilles Stehelin, Maria da Silva e Melo Teles, Lian Stähelin, Philipp Roland Staehelin.
490 HLS, Burckhardt.
491 Stähelin (Schablone).
492 Mäder et al. (Reiche).

DEMOGRAFIE DER FAMILIE

493 Stähelin-Schwarz et al. (Geschichte).
494 Bielmann (Bevölkerung), S. 7.
495 Letsch (Aspects), S. 297 f.
496 Letsch (Aspects), S. 297 f., 289.
497 HLS, Mortalität.
498 HLS, Nuptalität.
499 HLS, Nuptalität.
500 HLS, Ehescheidungen.

QUELLEN

Archiv der Basler Mission und Mission 21, Basel (BMA)
BMA, QQ-30.027.0431, Die Festgäste in Stähelins Garten, 1942

Firmenarchiv der Novartis AG, Basel (Novartis)
Novartis, Firmenarchiv Geigy, FB 27-/1, Staehelin, Carl A. Novartis, KL 3, Staehelin, Gaudenz

Historisches Archiv F. Hoffmann-La Roche, Basel (HAR)
HAR, PH.4.1 - 501433, Theophil Staehelin, Institut für Immunologie

Historisches Museum, Basel
Inv. 1917.23, Epitaph J.F. Wettstein, Kirche St. Theodor

Museum der Kulturen, Basel
Barockzimmer, Wandbespannungen, Eigentum Kantonale Denkmalpflege Basel-Stadt

Sammlung Kunstkredit Basel-Stadt, Basel
Ernst Wolf, Bildnis Prof. Felix Staehelin

Schweizerisches Bundesarchiv, Bern (BAR)
BAR, E2200.51-02#1000/607#3635* Stehelin, Jean und Stehelin, Jerome
BAR, E2200.66-01#1000/666#27*H.5 Schweiz. Innenpolitik; Fall Staehelin
BAR, E4001C#1000/783#3035*1076 Frau Fanny Telschow-Staehelin, Basel
BAR, E4264#1988/2#26881*P063519 Staehelin-Jarosy, Marie Louise
BAR, E4302B#1974/47#239*C.05-06 Frauenliga für Frieden und Freiheit

Schweizerisches Wirtschaftsarchiv, Basel (SWA)
CH SWA, Biogr. Albert Koechlin-Staehelin
CH SWA, Biogr. Max Staehelin-Dietschy
CH SWA, Biogr. Max Staehelin-Maeglin

Staatsarchiv Basel-Stadt (StABS)
PA 182, Archiv der Familie Stähelin und Stehelin (1696–2005)
AL 45, 9-10-5, Eröffnung des neuen Kollegiengebäudes, Festakt Münster 1939
AL 45, 9-33, Besuche von General Guisan
Hö B 168, Foto Jakob Höflinger
Kleiner Rat Protokoll, 26.9.1795
Sammlung biographischer Zeitungsausschnitte

Staatsarchiv Thurgau (StATG)
StATG, 0'02'24, LXVI/16, Gesuch des Stadtrates von Basel

Universitätsbibliothek Basel, Basel (UB)
UB, A lambda II 1a, Lebensbeschreibung, 1572 mit Nachträgen, Thomas Platter, S. 47. (Online: https://www.e-manuscripta.ch/bau/content/pageview/717768)

INTERVIEWS (MÜNDLICH, TELEFONISCH UND PER SKYPE)

Charlotte Kriesemer-Staehelin, 5.6.2019
Christine Staehelin, 24.8.2018
Daniel Staehelin, 13.8.18
Gerard Stehelin, 11.1.2019
Gilles Stehelin, 18.1.2019
Lian Stähelin, 28.3.2019
Simon Staehelin, 4.6.2019

ZEITSCHRIFTEN

Arbeiterzeitung: 21.10.1939, 9.11.1939, 10.11.1939.
Basler Magazin: 25.3.2000, Nr. 12, S. 12/13.
Bilanz: Daig-Spezial, 11.1984.
Crème: Nr. 78, Okt. 1988.
Die Weltwoche: Nr. 39, 29.9.1988.
Nebelspalter: Nr. 29, 1988.
Schweizerischer Volksfreund: 21./22.11.1879
Sonntags-Blick: August 1988.
Zeitlupe: Nr. 10, 2007.

ONLINE

Altbasel.ch von Roger Jean Rebmann, www.altbasel.ch
Arquidiocese de Florianoplis: https://arquifln.org.br
Basler Bauten, www.basler-bauten.ch
Dokumente Jacob Burckhardt, http://burckhardtsource.org
Historisches Lexikon der Schweiz, www.hls-dhs-dss.ch
Partnerschaft Schaffhausen Joinville, www.sh-joinville.ch
Personenlexikon Basel-Land, personenlexikon.bl.ch
Stehelin, Stähelin, Staehelin, www.ststst.ch
Stroux.org von Ulrich Stroux, Basler Patrizier-Stämme, https://www.stroux.org/patriz_f/qv_gabel_frqv.htm
Wikipedia, wikipedia.org

Aicher, Manuel: Das Ende des Genealogischen Instituts Zwicky. Johann Paul Zwicky von Gauen (1906–1982) und Hans Jakob Zwicky von Gauen (1921–2005), in: Familienforschung Schweiz 34 (2007), S. 49–68.

Amstutz, Irene, und Sabine Strebel: Seidenbande. Die Familie De Bary und die Basler Seidenbandproduktion von 1600 bis 2000. Baden 2002.

Anonymus: Die Basler Universität und das Basler Gemeinwesen, in: Basler Nachrichten, 11.–17. Juni 1910.

Andreetti, David: Basler Testamente des 17. und 18. Jahrhunderts; Privatrechtliche Urkunden und ihre Deutbarkeit als Selbstzeugnisse. Kempten 2011.

Arni, Caroline: Pränatale Zeiten. Das Ungeborene und die Humanwissenschaften (1800–1950). Berlin 2018.

Association pour le développement du transport ferroviaire dans la vallée de la Thur (Hg.): Le Train et l'industrialisation de la vallée de la Thur 1805–1905–2005. Uffholtz 2006.

Baur, Esther: Der Spekulant und die Kindsmagd. Online: https://www.stadtgeschichtebasel.ch/index/geschichten/2019/01/spekulant (abgerufen: 9.12.2019).

Bielmann, Jürg: Die Bevölkerung Basels vom Mittelalter bis zur Gegenwart. Begleitheft zur Ausstellung im Staatsarchiv Basel-Stadt. Basel 1974.

Boscani Leoni, Simona (Hg.): «Unglaubliche Bergwunder». Johann Jakob Scheuchzer und Graubünden. Ausgewählte Briefe 1699–1707. Institut für Kulturforschung (Cultura alpina, Bd. 9). Chur 2019.

Bosch, Stephan: Die Akte Sandimmun. Ein Pharma-Skandal. Zürich 2009.

Bonjour, Edgar: Die Universität Basel von den Anfängen bis zur Gegenwart, 1460–1960. Basel/Stuttgart 1971.

Bourdieu, Pierre: Die feinen Unterschiede. Kritik der gesellschaftlichen Urteilskraft. Frankfurt am Main 1982 (1979).

Braun, Rudolf: Das ausgehende Ancien Régime in der Schweiz. Aufriss einer Sozial- und Wirtschaftsgeschichte des 18. Jahrhunderts. Göttingen 1984.

Bürgin, Alfred: Geschichte des Geigy-Unternehmens von 1758 bis 1939. Ein Beitrag zur Basler Unternehmer- und Wirtschaftsgeschichte. Basel 1958.

Burckhardt, Jacob: Weltgeschichtliche Betrachtungen. Stuttgart 1978 (1870).

Burghartz, Susanna: Das 17. und das 18. Jahrhundert. Das Ancien Régime, in: Georg Kreis und Beat von Wartburg (Hg.): Basel – Geschichte einer städtischen Gesellschaft. Basel 2000, S. 116–147.

Burghartz, Susanna: Zeiten der Reinheit – Orte der Unzucht. Ehe und Sexualität in Basel während der Frühen Neuzeit. Paderborn u.a. 1999.

Burnett, Amy Nelson: The Reformation in Basel, in: Amy Nelson Burnett und Emidio Campi (Hg.): A companion to the Swiss Reformation. Leiden, Boston 2016, S. 170–215.

Buxtorf, Peter: Gräber und Grabinschriften im Vorderen Kreuzgang zu St. Leonhard. Basel 1944.

Christ, Heinrich: Zwischen Religion und Geschäft. Die Basler Missions-Handlungs-Gesellschaft und ihre Unternehmensethik, 1859–1917. Stuttgart 2015.

Christ-von Wedel, Christine, und Thomas K. Kuhn (Hg.): Basler Mission. Menschen, Geschichte, Perspektiven 1815–2015. Basel 2015.

Christen, Hanns U.: «Gärt es im Basler Daig?», in: Nebelspalter: das Humor- und Satire-Magazin 114, Nr. 29 (1988).

Clifford, James: Histories of the Tribal and the Modern, in: The Predicament of Culture. Cambridge 1988, S. 189–214.

Cunha, Dilney: Das Paradies in den Sümpfen: Eine Schweizer Auswanderungsgeschichte nach Brasilien im 19. Jahrhundert. Zürich 2004.

d'Henri, Diane (Pseudonym): Die Frau des Geliebten der Mutter. Bern 1988.

Foucault, Michel: Die Anormalen. Vorlesungen am Collège de France (1974–1975). Frankfurt am Main 2003.

Füglister, Hans: Handwerksregiment. Untersuchungen und Materialien zur sozialen und politischen Struktur der Stadt Basel in der ersten Hälfte des 16. Jahrhunderts. Basel 1981.

Geering, Traugott: Handel und Industrie der Stadt Basel. Zunftwesen und Wirtschaftsgeschichte bis zum Ende des XVII. Jahrhunderts, aus den Archiven dargestellt. Basel 1886.

Gestrich, Andreas: Geschichte der Familie im 19. und 20. Jahrhundert. München 2013.

Gossman, Lionel: Basel in the Age of Burckhardt. A Study in Unsaesonable Ideas. Chicago 2000.

Grimm, Jacob, und Wilhelm Grimm: Deutsches Wörterbuch von Jacob und Wilhelm Grimm. 16 Bde. in 32 Teilbänden. Leipzig 1854–1961.

Habermas, Rebekka: Frauen und Männer des Bürgertums. Eine Familiengeschichte (1750–1850). Göttingen 2000.

Habermas, Rebekka: Diebe vor Gericht. Die Entstehung der modernen Rechtsordnung im 19. Jahrhundert. Frankfurt am Main 2008.

Hafner, Urs: Albrecht von Haller: Vor 300 Jahren kam der Mann mit den vielen Eigenschaften zur Welt, in: Neue Zürcher Zeitung, 18.10.2008.

Hafner, Urs: Heimkinder. Eine Geschichte des Aufwachsens in der Anstalt. Baden 2011.

Hagenbuch, Bernadette (Hg.): «Heute war ich bey Lisette in der Visite». Die Tagebücher der Basler Pfarrersfrau Ursula Bruckner-Eglinger 1816–1833. Basel 2014.

Hebeisen, Erika: Leidenschaftlich fromm. Die pietistische Bewegung in Basel 1750–1830. Köln 2005.

Hettling, Manfred, und Stefan-Ludwig Hoffmann (Hg.): Der bürgerliche Werthimmel. Innenansichten des 19. Jahrhunderts. Göttingen 2000.

Hobsbawm, Eric: Das Zeitalter der Extreme, Weltgeschichte des 20. Jahrhunderts. München 1994.

Hofmann, Urs: Innenansichten eines Niedergangs. Das protestantische Milieu in Basel von 1920 bis 1970. Baden 2013.

Holenstein, André, Patrick Kury und Kristina Schulz: Schweizer Migrationsgeschichte. Von den Anfängen bis zur Gegenwart. Baden 2018.

Huber, Dorothee: Architekturführer Basel: die Baugeschichte der Stadt und ihrer Umgebung. Basel 2014.

Janner, Sara: Zwischen Machtanspruch und Autoritätsverlust. Zur Funktion von Religion und Kirchlichkeit in Politik und Selbstverständnis des konservativen alten Bürgertums im Basel des 19. Jahrhunderts. Basel 2012.

Johnson, Christopher H., David Warren Sabean, Simon Teuscher und Francesca Trivellato (Hg.): Transregional and transnational families in Europe and beyond: experiences since the middle ages. New York, Oxford 2011.

Klapisch-Zuber, Christiane: Stammbäume: Eine illustrierte Geschichte der Ahnenkunde. München 2004.

Koelner, Paul: O Basel, du holtselige Statt. Gedichte, Sprüche und Inschriften aus Basels Vergangenheit. Basel 1944.

König, Mario: Transit Basel. Die Basler Verbindungsbahn – Nadelöhr im europäischen Schienenverkehr. Basel 2004.

Köppli, Marcel: Protestantische Unternehmer in der Schweiz des 19. Jahrhunderts. Christlicher Patriarchalismus im Zeitalter der Industrialisierung. Zürich 2012.

Kreis, Georg, und Beat von Wartburg (Hg.): Basel – Geschichte einer städtischen Gesellschaft. Basel 2000.

Kriemler, Daniel: Basler Lesegesellschaft 1825–1915. Eine Kollektivbiographie im sozialen und politischen Kontext der Basler Geschichte des 19. Jahrhunderts. Basel 2017.

Labhardt, Robert: Kapital und Moral, Christoph Merian: eine Biografie. Basel 2011.

Lendorff, Gertrud: Kleine Geschichte der Baslerin. Basel 1966.

Letsch, Walter: Demographic aspects of the early modern times: The example of the Zurich countryside in a European perspective. Bern 2017.

Mäder, Ueli, Ganga Jey Aratnam und Sarah Schillinger: Wie Reiche denken und lenken. Reichtum in der Schweiz. Geschichte, Fakten, Gespräche. Zürich 2010.

Manz, Matthias: Zwei Augenzeugen der ‹Dreissiger Wirren› berichten, in: Georg Kreis und Beat von Wartburg (Hg.): Basel – Geschichte einer städtischen Gesellschaft. Basel 2000, S. 192–194.

Mény, Édouard: Le Siège de Belfort – 1870–1871. Paris 2016.

Mettele, Gisela: Weltbürgertum oder Gottesreich: Die Herrnhuter Brüdergemeinde als globale Gemeinschaft 1727–1857. Göttingen 2009.

Meyer, Werner: Vom 13. bis zum Ende des 15. Jahrhunderts: Basel im Spätmittelalter, in: Georg Kreis und Beat von Wartburg (Hg.): Basel – Geschichte einer städtischen Gesellschaft. Basel 2000, S. 38–77.

Meyer, Werner: Benötigt, geduldet, verachtet und verfolgt. Zur Geschichte der Juden in Basel zwischen 1200 und 1800, in: Heiko Haumann (Hg.): Acht Jahrhunderte Juden in Basel. 200 Jahre Israelitische Gemeinde Basel. Basel 2005, S. 13–55.

Mohr, Leo, und Rudolf Staehelin: Handbuch der inneren Medizin, Berlin 1911–1919.

Müller, Peter: Ein «schuolmeister» erzählt seine Lebensgeschichte: Thomas Platters Autobiographie – neu gelesen, in: Basler Zeitschrift für Geschichte und Altertumskunde 95 (1995), S. 43–55.

Neff, Mathias: Der materielle Besitz der einfachen Leute im ausgehenden 18. Jahrhundert – Eine Untersuchung anhand von Effektenlisten und Inventaren aus Strafprozessen in Basel (1790–1798). (Seminararbeit Universität Basel), Basel 2015.

Oevermann, Ulrich, und Manuel Franzmann: Strukturelle Religiosität auf dem Wege zur religiösen Indifferenz, in: Manuel Franzmann, Christel Gärtner und Nicole Köck (Hg.): Religiosität in der säkularisierten Welt. Wiesbaden 2006, S. 49–82.

o. V.: Epitaphien der Familie Stehelin und Stähelin. Zum Andenken an den 450. Jahrestag der Aufnahme des Stammvaters Hans Stehelin in das Bürgerrecht der Stadt Basel am 30. August 1520. Basel 1970.

Parker, Mike: Buried in the Woods: Sawmill Ghost Towns of Nova Scotia. Halifax 2010.

Pernet, Martin: Eine Konferenz zur sozialen Frage in Basel 1969, in: Zwingliana 42 (2015), S. 249–277.

Petry, Erik: Richard M. Wagner und das Ehepaar Staehelin. Einsatz für die Nächsten, in: Heiko Haumann, Erik Petry und Julia Richters (Hg.): Orte der Erinnerung. Menschen und Schauplätze in der Grenzregion Basel 1933–1945. Basel 2008.

Pfister, Benedikt: Die Katholiken entdecken Basel. Der Weg aus dem Milieu in die Gesellschaft. Basel 2014.

Platter, Felix: Tagebuch (Lebensbeschreibung) 1536–1567 (Basler Chroniken, Bd. 10), hg. von Valentin Lötscher. Basel 1976.

Platter, Thomas: Lebensbeschreibung, hg. von Alfred Hartmann. Basel 1999.

Riesebrodt, Martin: Cultus und Heilsversprechen. Eine Theorie der Religionen. München 2007.

Rosenow, Gottfried Ernst-Albert Gustav: Der Stand der Eugenikdebatte in der Schweiz 1938. Das Werk «Verhütung erbkranken Nachwuchses». Basel 1938 (Diss. masch.), Bern 1990.

Roth, Dorothea: Das Bild der Frau in der Basler Leichenrede 1790–1914: Erscheinungsformen des bürgerlichen Patriarchats im 19. Jahrhundert, in: Basler Zeitschrift für Geschichte und Altertumskunde 93 (1993).

Roth, Paul (Hg.): Aktensammlung zur Geschichte der Basler Reformation in den Jahren 1519 bis Anfang 1534. Bd. 3: 1528 bis Juni 1529. Basel 1937.

Röthlin, Niklaus: Die Basler Handelspolitik und deren Träger in der zweiten Hälfte des 17. und im 18. Jahrhundert (Basler Beiträge zur Geschichtswissenschaft, Bd. 152). Basel 1986.

Rothpletz, Emil: Die philhellenische Bewegung in Basel zur Zeit des griechischen Freiheitskampfes (1821–1829), in: Basler Zeitschrift für Geschichte und Altertumskunde 43 (1944), S. 119–134.

Rüegg, Walter (Hg.): Geschichte der Universität in Europa. 4 Bde. München 1993–2010.

Sabean, David Warren: German International Families in the Nineteenth Century. The Siemens Family as a Thought Experiment, in: Christopher H. Johnson et al. (Hg.): Transregional and transnational families in Europe and beyond: experiences since the middle ages. New York, Oxford 2011, S. 229–252.

Sabean, David Warren, und Simon Teuscher: Rethinking European Kinship: Transregional and Transnational Familie, in: Christopher H. Johnson et al. (Hg.): Transregional and transnational families in Europe and beyond: experiences since the middle ages. New York, Oxford 2011, S. 1–21.

Sabean, David Warren, Simon Teuscher und Jon Mathieu (Hg.): Kinship in Europe: Approaches to Long-Term Development (1300–1900). New York 2007.

Sarasin, Philipp: Stadt der Bürger. Bürgerliche Macht und städtische Gesellschaft Basel 1846–1914. Göttingen 1997.

Sarasin, Philipp: Stadt der Bürger. Struktureller Wandel und bürgerliche Lebenswelt, Basel 1870–1900. Basel, Frankfurt am Main 1990.

Schär, Bernhard C.: Tropenliebe: Schweizer Naturforscher und niederländischer Imperialismus in Südostasien um 1900. Frankfurt am Main 2015.

Schüpbach-Guggenbühl, Samuel: Schlüssel zur Macht. Verflechtungen und informelles Verhalten im Kleinen Rat zu Basel, 1570–1600. 2 Bde. Basel 2002.

Schwabe, Hansrudolf (Hg.): Schaffendes Basel. 2000 Jahre Basler Wirtschaft. Basel 1957.

Schweizer, Peter A.: Mission an der Goldküste. Geschichte und Fotografie der Basler Mission im kolonialen Ghana. Basel 2002.

Siegrist, Hannes, Mario König und Rudolf Vetterli: Warten und Aufrücken, Die Angestellten in der Schweiz 1870–1950. Zürich 1985.

Siegrist, Hansmartin: Auf der Brücke zur Moderne. Basels erster Film als Panorama der Belle Epoque. Basel 2019.

Staehelin, Andreas: Die Refugiantenfamilien und die Entwicklung der baslerischen Wirtschaft, in: Der Schweizer Familienforscher 29, Nr. 8–9 (1962).

Staehelin, Andreas: Geschichte der Universität Basel 1632–1818. Basel 1957.

Staehelin, Andreas: Geschichte der Universität Basel 1818–1835. Basel 1959.

Staehelin, Andreas (Hg.) Professoren der Universität Basel aus fünf Jahrhunderten. Bildnisse und Würdigungen. Basel 1960.

Staehelin, Balthasar: Völkerschauen im Zoologischen Garten Basel 1879–1935. Basel 1993.

Staehelin, Ernst: Die Christentumsgesellschaft in der Zeit der Aufklärung und der beginnenden Erweckung. Texte aus Briefen, Protokollen und Publikationen (Theologische Zeitschrift, Sonderband 2), Basel 1970.

Staehelin, Ernst: Die Christentumsgesellschaft in der Zeit von der Erweckung bis zur Gegenwart. Texte aus Briefen, Protokollen und Publikationen (Theologische Zeitschrift, Sonderband 4), Basel 1974.

Staehelin, Felix, und W.R. Staehelin: Bilder zur Familiengeschichte der Stehelin und Stähelin, zum Andenken an den 400. Jahrestag der Aufnahme des Stammvaters Hans Stehelin in das Bürgerrecht der Stadt Basel, 30. August 1920. Basel 1920.

Staehelin, John E.: Die Psychopathien, in: Stavros Zurukzoglu (Hg.): Verhütung erbkranken Nachwuchses. Eine kritische Betrachtung und Würdigung. Basel 1938, S. 155–170.

Staehelin, Martin: Eine Verlobung in Basel im Jahre 1810, in: Basler Stadtbuch. Basel 1965.

Staehelin, Walter: Die gesegneten Früchte. Basel 1943.

Staehelin-Burckhardt, Charlotte Louise: «Unter dem Siegel der Verschwiegenheit». Aus den Tagebüchern einer Baslerin des Fin de Siècle 1877–1918. Hg. von Christoph Hoffmann und Paul Hugger. Zürich 2003.

Staehelin-Burckhardt, Charlotte Louise: «Unter dem Siegel der Verschwiegenheit». Aus den Tagebüchern einer Baslerin des Fin de Siècle 1877–1918. Hg. von Christoph Hoffmann und Paul Hugger. Bd. 2. Zürich 2003.

Stähelin, Alfred: Sommer und Winter in Südamerika. Reiseskizzen. Basel 1885.

Stähelin, Felix: Erlebnisse und Bekenntnisse aus der Zeit der Dreissigerwirren, in: Basler Jahrbuch, 1941.

Stähelin, Konrad: Gespräch mit dem Vetter: «Ich fühlte mich in eine Schablone gepresst», in: Aargauer Zeitung, 28.12.2012.

Stähelin-Schwarz, Felix, Fritz Stähelin-Bachmann, Andreas Staehelin-Wackernagel und Simone Forcart-Staehelin: Geschichte der Basler Familie Stehelin, Stähelin und Staehelin. Basel 1995 (1903).

Stehelin, Paul Hans: The Electric City. The Stehelins of New France. The fabulous true story of a legendary family who carved out of the forest wilderness a beautiful life and prosperous business – the saga of their struggles, loves, war and dispersal. Hantsport 1983.

Steinmann, Martin: Worte der Erinnerung an Andreas Staehelin (1926–2002), in: Basler Zeitschrift für Geschichte und Altertumskunde 103 (2003), S. 5–10.

Stettler, Niklaus, Peter Haenger und Robert Labhardt: Baumwolle, Sklaven und Kredite: die Basler Welthandelsfirma Christoph Burckhardt & Cie. in revolutionärer Zeit (1789–1815). Basel 2004.

Tanner, Albert: Arbeitsame Patrioten – wohlanständige Damen. Bürgertum und Bürgerlichkeit in der Schweiz 1830–1914. Zürich 1995.

Teuscher, Simon: Property Regimes and Migration of Patrician Families in Western Europe around 1500, in: Christopher H. Johnson et al. (Hg.): Transregional and transnational families in Europe and beyond: experiences since the middle ages. New York, Oxford 2011, S. 75–92.

Turner, Victor: Vom Ritual zum Theater. Der Ernst des menschlichen Spiels. Frankfurt am Main 1995 (1982).

Vischer, Eduard: Wilhelm Vischer, Gelehrter und Ratsherr, 1808–1874, im Spiegel seiner Korrespondenz mit Rudolf Rauchenstein. Basel 1958.

VonderMühll, Johanna: Eine Verlobung und eine Hochzeit aus dem Jahre 1831, in: Basler Jahrbuch, 1947.

von Greyerz, Kaspar: Das 16. Jahrhundert. Reformation, Humanismus und offene Konfessionspolitik, in: Georg Kreis und Beat von Wartburg (Hg.): Basel – Geschichte einer städtischen Gesellschaft. Basel 2000, S. 79–114.

von Linné, Carl: Vollständiges Pflanzensystem: nach der dreyzehnten lateinischen Ausgabe und nach Anleitung des holländischen Houttuynischen Werks. Vierter Theil, Bd. 13. Nürnberg 1777–1788.

von Rohr, Felix Rudolf: Fasnacht 1989, in: Basler Stadtbuch, 1989.

von Steiger, Anne: Les Rubans Bâlois (XVIIIe–XXe siècles): composition de l'offre er mobilité de la demande. Genf 2012.

Wackernagel, Rudolf: Geschichte der Stadt Basel. Bd. III. Basel 1924.

Wanner, Gustaf Adolf: Christoph Merian 1800–1858. Basel 1958.

Wanner, Gustaf Adolf: Basler Handels-Gesellschaft AG, 1859–1959. Basel 1959.

Wanner, Gustaf Adolf: Fritz Hoffmann-La Roche, 1868–1920. Basel 1968.

Weber, Max: Die protestantische Ethik und der Geist des Kapitalismus, in: Ders.: Gesammelte Aufsätze zur Religionssoziologie. Bd. 1. Tübingen 1988 (1905), S. 1–205.

Wecker, Regina: 1833 bis 1910 – Die Entwicklung zur Grossstadt, in: Georg Kreis und Beat von Wartburg (Hg.): Basel – Geschichte einer städtischen Gesellschaft. Basel 2000, S. 196–224.

Wecker, Regina: Psychiatrie – Eugenik – Geschlecht, in: Schweizer Archiv für Neurologie und Psychiatrie 154 (2003), S. 224–234.

Wiedmer, Marcus: Als Aristokrat unter Revoluzzern. Der Sissacher Pfarrer Daniel Burckhardt im Strudel der Trennungswirren 1830–1833. Liestal 1997.

Wild, Roman: «Frau Mode ist launenhaft»: Überlegungen zum Niedergang der Basler Seidenbandindustrie in den 1920er Jahren, in: Ingo Köhler und Roman Rossfeld (Hg.): Pleitiers und Bankrotteure. Geschichte des ökonomischen Scheiterns vom 18. bis 20. Jahrhundert. Frankfurt am Main 2012, S. 287–316.

Zeller, Christian Heinrich: Rede bei der Eröffnung der Armenschullehreranstalt in Beuggen, in: Wolfgang Maaser und Gerhard K. Schäfer (Hg.): Geschichte der Diakonie in Quellen. Vom Anfang des 19. Jahrhunderts bis zur Gegenwart. Neukirchen-Vluyn 2016, S. 39–42.

Ziegler, Ernst: Genealogie an der Universität Basel, in: Der Schweizer Familienforscher, 3. Januar 1971, S. 1–12.

Ziegler-Witschi, Béatrice: Schweizer statt Sklaven: Schweizerische Auswanderer in den Kaffee-Plantagen von São Paulo (1852–1866). Stuttgart 1985.

Zwicky, Johann Paul: Zur genealogischen Tätigkeit in Basel, in: Der Schweizer Familienforscher Nr. 6–8 (1944).

Zwicky, Johann Paul: W. R. Staehelin 1892–1956, in: Der Schweizer Familienforscher 23, Nr. 10–12 (1956).

Urs Hafner, geboren 1968, ist promovierter Historiker, Journalist und Hochschuldozent in Bern. Er hat unter anderem ‹Forschung in der Filterblase. Die Wissenschaftskommunikation der Schweizer Hochschulen in der digitalen Ära› (2020) sowie ‹Subversion im Satz. Die turbulenten Anfänge der Neuen Zürcher Zeitung (1780–1798)› (2015) verfasst.

Tobias Ehrenbold, geboren 1982, führt in Basel eine Agentur für historische Projekte. Er schreibt Bücher mit den Schwerpunkten Kultur- und Wirtschaftsgeschichte, unter anderem ‹Roche in Asien und Ozeanien› (voraussichtlich 2021), ‹Samuel Koechlin und die Ciba-Geigy. Eine Biografie› (2017), ‹Bata. Schuhe für die Welt, Geschichten aus der Schweiz› (2012).

Lucas Rappo ist Historiker und Demograf in Lausanne.

Bibliografische Information der Deutschen Nationalbibliothek: Die Deutsche Nationalbibliothek verzeichnet diese Publikation in der Deutschen Nationalbibliografie; detaillierte bibliografische Daten sind im Internet über http://dnb.dnb.de abrufbar.

© 2020 Christoph Merian Verlag

Alle Rechte vorbehalten; kein Teil dieses Werkes darf in irgendeiner Form ohne vorherige schriftliche Genehmigung des Verlags reproduziert oder unter Verwendung elektronischer Systeme verarbeitet, vervielfältigt oder verbreitet werden.

Lektorat
Doris Tranter, Basel
Gestaltung
Groenlandbasel, Basel
Dorothea Weishaupt,
Sinja Steinhauser,
Sheena Czorniczek
Lithos
LAC AG, Basel
Druck
Offsetdruckerei Karl Grammlich, Pliezhausen
Bindung
Buchbinderei Spinner, Ottersweier
Schriften
Times Ten, Recta
Papiere
Kamiko suna, 120 g/m²
IBO Dünndruck, 60 g/m²

ISBN 978-3-85616-902-2
www.merianverlag.ch